Dieses dreibändige Handbuch
der Vogelwelt Mitteleuropas besteht aus:

Vögel in Wald und Garten in Farben (Band 1)
Vögel der Gewässer in Farben (Band 2)
Vögel in Feld, Heide und Gebirge in Farben (Band 3)

Ravensburger Naturbücher in Farben

D. Stefan Peters

Vögel in Wald und Garten in Farben

Handbuch zum Bestimmen
und Kennenlernen der Lebensweise
Band 1

Auswahl und Farbtafeln
von Henning Anthon

Textzeichnungen von
Henning Anthon und Elfriede Michels

Otto Maier Verlag Ravensburg

Die Reihe der »Ravensburger Naturbücher in Farben« wird herausgegeben von Hans Joachim Conert

Es sind erschienen:

Bäume und Sträucher in Farben
Flora in Farben
Gebirgsflora in Farben
Zimmerpflanzen in Farben
Speisepilze in Farben
Immergrüne Gartensträucher und Nadelbäume in Farben
Sommergrüne Gartengehölze und Rosen in Farben
Sommerblumen in Farben
Gartenstauden in Farben
Gartenschädlinge und Pflanzenkrankheiten in Farben

Säugetiere in Farben
Insekten auf Feld und Wiese in Farben
Insekten des Waldes in Farben
Insekten der Trockengebiete in Farben
Lurche und Kriechtiere in Farben

Meerestiere in Farben

Steine in Farben
Fossilien in Farben

CIP-Kurztitelaufnahme der Deutschen Bibliothek

Peters, Stefan
Vögel in Wald und Garten in Farben: Handbuch z. Bestimmen u. Kennen-
lernen d. Lebensweise Bd. 1 / Ausw. u. Farbtaf. von Henning Anthon.
Textzeichn. von Henning Anthon u. Elfriede Michels.
  (Ravensburger Naturbücher in Farben)
  Einheitssacht.: Fugle fra skov, krat og have ‹dt.›.
  Forts. bildet Bd. 2: Peters, Stefan: Vögel der Gewässer in Farben.
  ISBN 3-473-46121-0

Textteil © 1976 by Otto Maier Verlag Ravensburg
Tafelteil © 1973 by Politikens Forlag, Kopenhagen

Die Originalausgabe »Fugle fra skov, krat og have«
ist erschienen im Politikens Forlag A/S, Kopenhagen

Alle Rechte dieser Ausgabe vorbehalten durch
Otto Maier Verlag Ravensburg
Satz und Druck des deutschen Textes: Georg Appl, Wemding
Printed in Denmark and Germany 1976
ISBN 3-473-46121-0

Inhaltsübersicht

5 Vorwort

6 Über das Beobachten von Vögeln

10 Ein Wort zum Vogelschutz

12 Literaturverzeichnis

13 Tafelteil

77 Beschreibungen
77 Storchenvögel
80 Ruderfüßer
81 Greifvögel
97 Hühnervögel
104 Regenpfeifervögel
106 Taubenvögel
110 Kuckucksvögel
112 Eulenvögel
119 Schwalmvögel
120 Rackenvögel
122 Spechtvögel
132 Sperlingsvögel

213 Register

Vorwort

Das vorliegende Buch ist der erste Band eines dreiteiligen Werkes. Sein Ziel ist es, den Laien mit der ihn umgebenden Vogelwelt vertraut zu machen.

Zunächst soll ein richtiges Bestimmen ermöglicht werden. Diesem Zwecke dienen vor allem die farbigen Abbildungen auf den Tafeln und die Zeichnungen im Textteil. Es ist darauf zu achten, daß die Bilder nicht alle im gleichen Maßstab angefertigt werden konnten; die zutreffende Größe der jeweiligen Art ist im Text angegeben, wobei als Maß die Entfernung zwischen Schnabel- und Schwanzspitze gilt, gemessen am auf dem Rücken liegenden Vogel. Der Text ergänzt die Abbildungen, hier findet der Benutzer eine Betonung besonders kennzeichnender Merkmale und Vergleiche mit ähnlichen Arten. Die Texte sind nach folgendem Schema aufgebaut: Äußere Merkmale, Stimme, Verbreitung, Lebensraum, Lebensweise und Brutbiologie. Bei allen Angaben wurde der Nachdruck auf mitteleuropäische Verhältnisse gelegt. Es ist zu beachten, daß nur wenige Arten dieses Bandes auch auf Island vorkommen. Im Rahmen der Verbreitungsangaben wird diese interessante Insel auch nur in diesen wenigen Fällen genannt. Gelegegrößen, Brut- und Nestlingsdauer streuen auch innerhalb einer Art sehr stark; in solchen Fällen werden die Extremwerte in Klammern gesetzt, also die Angabe: »das Gelege enthält (3–) 4–5 (–7) Eier« bedeutet, daß im Normalfall 4–5 Eier, ausnahmsweise aber auch 3 oder 6–7 vorhanden sein können.

Als Bestimmungshilfe kann auch die Aufteilung der Arten auf drei Bände, entsprechend den verschiedenen Lebensräumen dienen, denn oft darf man schon aus dem Lebensraum, in dem eine Beobachtung stattfand, schließen, welche Arten mit großer Wahrscheinlichkeit nicht in Frage kommen können. Dieser erste Band ist Arten gewidmet, die Gehölze im weitesten Sinne bewohnen. Immerhin kann es vorkommen, vor allem außerhalb der Brutzeit, daß Vögel auch an völlig ungewohnten Orten auftauchen. Man wird deshalb in Zweifelsfällen jeweils die beiden anderen Bände zu Rate ziehen. Bei Querverweisen im Text bezieht sich eine einfache Nummer auf eine Darstellung im gleichen Band, dagegen heißt »(vgl. **3**: 74)«, daß man die Darstellung unter Nr. 74 im dritten Band vergleichen sollte. Als zusätzliche Hilfe für den Anfänger ist auch das folgende Kapitel gedacht sowie eine Kennzeichnung der einzelnen systematischen Gruppen, die im dritten Band enthalten sein wird.

Über die bloße Anleitung zum richtigen Ansprechen hinaus sollen diese Bücher Informationen über Lebensweise und ökologische Zusammenhänge vermitteln, soweit dies in so engem Rahmen möglich ist. Ein besonderes Anliegen ist es, dabei dem Naturschutz zu dienen, der ja letzten Endes auch dem Menschen nützt, allerdings nicht in dem Sinne, daß der Nutzen oder Schaden der Vögel gewogen wird. So wichtig rein wirtschaftliche Gründe auch sind, nur auf sie allein gestützt und ohne spontane Freude an den Lebewesen wird kein »Naturschutz« die Zerstörung der Natur aufhalten. Diesem Thema wird ein Abschnitt gewidmet.

Der vorliegende und die beiden folgenden Bände haben ihren Zweck erfüllt, wenn sie dem Betrachter und Leser Zugang zum Verständnis unserer Vögel verschaffen. Denn ist das Interesse erst geweckt, wird er sich der Faszination dieser Geschöpfe kaum entziehen können.

Liederbach, im September 1974   D. Stefan Peters

Über das Beobachten von Vögeln

Obwohl Vögel viel leichter zu beobachten sind als die meisten anderen Tiere und die Zahl der deutschen Arten verhältnismäßig gering ist (die deutsche Artenliste nennt 434 Arten, davon haben rund 240 Arten schon in Deutschland gebrütet; als Vergleich: es gibt in Deutschland rund 28 000 Insektenarten!), wird der Anfänger doch oft mutlos, weil ihn die Vielfalt der Formen, Farben und Laute verwirrt. Am besten begegnet man diesen Anfangsschwierigkeiten, wenn man sich einem erfahrenen Feldornithologen anschließt, aber auch im Alleingang kann man in kurzer Zeit die grundlegenden Kenntnisse erwerben. Alles, was man dazu braucht, sind ein wenig Geduld, ein Fernglas, ein Bestimmungsbuch und ein Notizblock.

Das Fernglas ist wohl das wichtigste Hilfsmittel. Es werden heute mehrere Fabrikate guter Qualität angeboten. Für Vogelbeobachtungen sind Vergrößerungen zwischen 6 und 10 mal anzuraten. Man findet auf den Ferngläsern gewöhnlich Angaben wie 6×30, 8×40 usw. Dabei gibt die erste Zahl den Vergrößerungsfaktor an, die zweite den Durchmesser des Objektivs. Für unsere Zwecke sind solche Gläser zu empfehlen, bei denen sich Werte zwischen 4 und 6 ergeben, wenn man die zweite durch die erste Zahl teilt. Beim Kauf lasse man sich von einem Fachmann beraten, denn nicht immer sind die billigsten auch die preiswertesten Gläser.

Der Notizblock soll das Gedächtnis unterstützen, wenn es darum geht, die Merkmale eines unbekannten Vogels festzuhalten, um sie später daheim mit Abbildungen und Beschreibungen vergleichen zu können. Oft ist es zweckmäßig, neben der Notiz eine Skizze anzufertigen. Wichtig sind dabei Angaben über Aufenthaltsort, Verhalten, Größe, Form von Schnabel, Flügel und Schwanz, Färbung und Zeichnung (Flügelbinden, Augenstreifen, Fleckung usw.). Zuvor sollte man sich mit den Bezeichnungen der äußeren Körperbereiche vertraut machen; die hier beigefügten Zeichnungen können dabei helfen.

Viele Leute geben das Vogelstudium nach kurzer Zeit entmutigt auf, weil sie für ihr Beginnen den falschen Zeitpunkt gewählt haben. Formenkenntnis ist großenteils eine Frage des Trainings. Kein Sportler wird aber sein Training mit der Teilnahme an der Olympiade beginnen. So ähnlich gehen aber diejenigen vor, die beeindruckt von der Vielfalt der Gesänge glauben, im Mai sei die beste Gelegenheit, alle Vögel schnell kennenzulernen. Wesentlich erfolgversprechender ist es, im Winter anzufangen. In dieser Jahreszeit fällt es leicht, sich auf einige wenige Arten zu beschränken, etwa auf die Besucher einer Futterstelle. Man versuche diese wenigen Vögel möglichst genau zu erfassen, ihre Form, Farbe, Bewegung und vor allem auch die Stimme bewußt wahrzunehmen und miteinander zu vergleichen. Vielleicht schaut man sich zur Übung der Gestaltwahrnehmung daneben gelegentlich auf dem Feld oder auf der Müllhalde auch die Krähen näher an oder die Enten auf einem Weiher, die ja gerade im Winterhalbjahr ihr Prachtkleid tragen. Ein so intensives Hinschauen und Hinhören ist keine Beschäftigung, die in Arbeit ausartet, sondern ein großes Vergnügen. Ehe man recht weiß wie, gibt es eine Reihe von Vogelarten, die man sicher

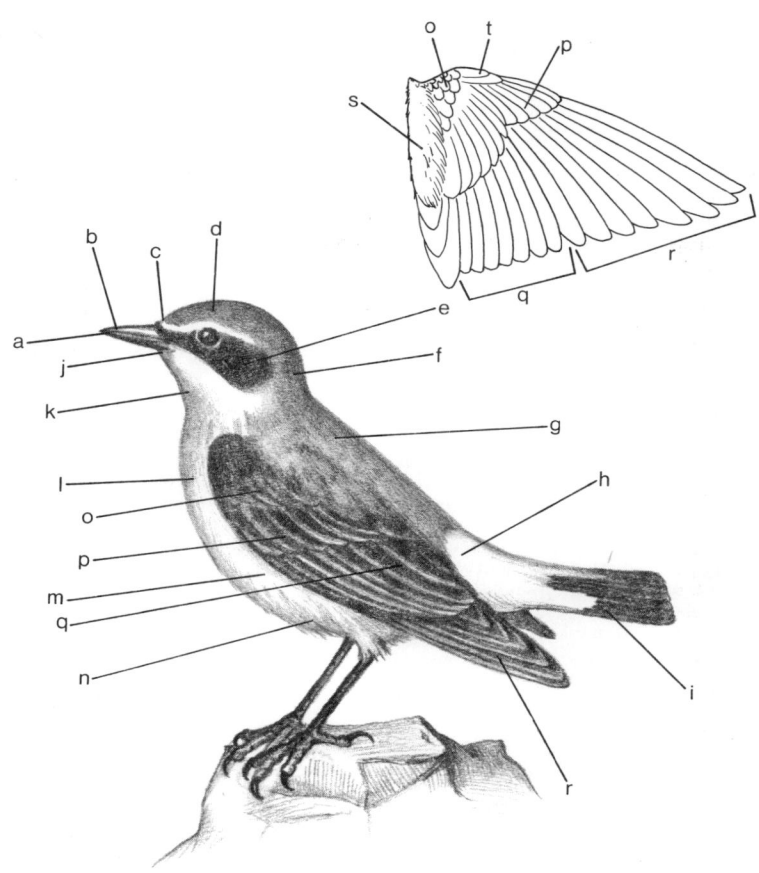

Die äußeren Körperteile des befiederten Vogels. a) Unterschnabel; b) Oberschnabel; c) Stirn; d) Scheitel; e) Ohrgegend (in weiterer Ausdehnung auch als Wange bezeichnet); f) Nacken; g) Vorderrücken; h) Bürzel; i) Schwanz (Steuerfedern), die Federn, die die Wurzel der Steuerfedern bedecken, heißen oberseits Oberschwanzdecken, unterseits Unterschwanzdecken; j) Kinn; k) Kehle; l) Brust; m) Flanken;

n) Bauch; o) Kleine Oberflügeldecken; p) Große Oberflügeldecken (sie gliedern sich nach ihrer Ursprungsstelle in Hand- und Armdecken); q) Armschwingen; r) Handschwingen; s) Schulterfedern; t) Daumenfittich. Bei den Zehen gilt die rückwärtige als erste, die übrigen werden von innen nach außen gezählt. Der dargestellte Vogel ist ein Steinschmätzer (siehe **3**: 57).

anspricht und die nun bei weiteren Beobachtungen als Vergleich dienen können. Plötzlich erkennt man fast unbewußt an der bloßen Haltung oder an der Art zu fliegen, daß es sich bei diesem Vogel nur um eine Meise, bei jenem nur um einen Finkenvogel handeln kann, und man wird es gar nicht mehr verstehen, wieso man noch vor fünf Wochen Amsel und Star miteinander verwechseln konnte. Kommen dann die Zugvögel nach und nach zurück, ist man gut gewappnet, auch sie kennenzulernen.

Bei Beobachtungsgängen ist es ratsam, Kleidung in gedeckten Farben zu tragen. Hastige Bewegungen und lautes Reden sind zu vermeiden, es sei denn, man befindet sich in einem Gebiet, in dem die Gefahr besteht, ungewollt brütende Sumpf- oder Wasservögel auf dem Nest zu überraschen. Hier sollte man sich nicht anschleichen, sondern durchaus mäßig geräuschvoll vorgehen, weil z. B. Enten vor dem Verlassen des Nestes das Gelege zudecken und dazu etwas Zeit brauchen, also das Herannahen rechtzeitig bemerken müssen.

Die meisten Arten zeigen Besonderheiten der Färbung und Zeichnung, die sie von anderen unterscheiden; man sieht das leicht, wenn man die Bilder dieses Buches miteinander vergleicht. Viele Vögel verändern ihr Aussehen im Laufe der Zeit. In der Regel ist zunächst ein Jugendkleid vorhanden, das der Vogel nach dem Flüggewerden bis zur Mauser im Sommer oder Herbst, manchmal auch darüberhinaus trägt. Beim erwachsenen Vogel, vor allem bei den Männchen, können dann Pracht- und Ruhekleider jahreszeitlich abwechseln und zwar entweder durch entsprechende Mausern oder durch allmähliche »Abnutzung« der Federn, indem unscheinbar gefärbte Federränder nach und nach abgerieben werden, so daß der farbenprächtigere Federteil sichtbar wird (vergleiche Star, Gartenrotschwanz). Es ist durchaus nicht so, daß alle Vögel während der Brutzeit am schönsten sind. Die Enten haben wir als entgegengesetztes Beispiel bereits erwähnt, aber auch andere, z. B. Meisen, zeigen im Herbst und Winter die klarsten Färbungen, werden aber während der Brutzeit mehr und mehr unansehnlich. Aus all diesen Gründen ist es nützlich, wenn man sich nicht nur auf die Färbung konzentriert, sondern auch auf andere Gestaltmerkmale und auf die Stimme.

Durch die erhältlichen Schallplatten ist das Studium der Vogelstimmen sehr erleichtert worden, auch wenn nur selten neben dem Gesang gleichfalls die Rufe mit aufgenommen wurden. Leider lassen sich die Vogelstimmen nur sehr unvollkommen schriftlich wiedergeben. Alle lautmalerischen Umschreibungen, auch in diesem Buch, können nur grobe Annäherungen darstellen. Man darf sie keinesfalls mit Stimme sprechen, sondern nur flüstern, da dann die völlig andere Klangstruktur des Vogelrufes, die oft vielstimmig wirkt, am ehesten erahnt werden kann. Wenn man im Freien eine Lautäußerung notieren will, die sich nicht mühelos pfeifen läßt, kann man sich des gleichen Kniffs bedienen. Man kann flüsternd die eigenen lautmalerischen »Nachempfindungen« testen, bis man die beste gefunden hat, und diese dann notieren. Und noch ein Wort zur Begriffsklärung. Als Gesang bezeichnet man im allgemeinen diejenigen Lautäußerungen, die dazu dienen einen Geschlechtspartner anzulocken und zum Bleiben zu veranlassen oder die als Reviermarkierung und -verteidigung eingesetzt werden. Oft fällt dieser Gesang durch besonderen Strukturreichtum und durch Lautstärke auf. Es singen keineswegs nur Singvögel, sondern z. B. auch Eulen oder Hühnervögel, und die Spechte ersetzen den Gesang sogar teilweise durch »Instrumentalmusik«, das Trommeln. Manche Arten nehmen gern fremde Stimmen auf und flechten sie in den arteigenen Gesang. Man nennt dieses

Imitieren »Spotten«, obwohl diese Vögel selbstverständlich niemanden verspotten wollen. Neben dem Gesang verfügen die Vögel über eine Vielfalt von Rufen zu verschiedenen Gelegenheiten. Diese Rufe sind meistens kurz; sie dienen etwa dem Zusammenhalt in unübersichtlichem Gelände, dem Ausdruck der Wut oder der Angst und vieles mehr. Will man die Vogelstimmen, vor allem die Gesänge, näher kennenlernen, empfiehlt es sich früh aufzustehen, im Frühjahr sollte man bereits eineinhalb bis zwei Stunden vor Sonnenaufgang draußen sein. Die meisten Vögel sind früh am besten zu hören; viele Arten haben gegen Abend einen zweiten Gesangshöhepunkt, manche singen auch oder nur in der Nacht. Die gesangärmste Zeit ist bei uns gewöhnlich der Juli und der August. Später fangen einige Arten noch einmal zu singen an, allerdings nur vorübergehend und viel weniger intensiv als im Frühjahr. Manche aber singen auch im Winter noch ausgiebig, wie etwa Rotkehlchen oder Zaunkönig.

Das Brutverhalten der Vögel zu beobachten kann besonders fesselnd sein, doch sollte man bedenken, daß viele Arten vor allem zur Zeit des Nestbaus, der Eiablage und der beginnenden Bebrütung sehr empfindlich sind und den Brutplatz leicht verlassen. Man sollte hier also größte Zurückhaltung üben. Es stimmt aber nicht, daß Vögel es riechen können, wenn man ihr Gelege berührt hat, wie immer noch viele Leute glauben. Die Vögel lassen sich jedoch durch andere Anzeichen einer Störung, wie Lärm, niedergetretene Pflanzendecke, abgebrochene Zweige usw. vergrämen. Arten der »Roten Liste« sollte man auf keinen Fall am Brutplatz aufsuchen!

Im übrigen ist es nützlich, von Anbeginn eine Kartei oder ein Ringheft anzulegen, in dem die Beobachtungen nach Arten getrennt niedergeschrieben werden. Einerseits zwingt dies zum genauen kritischen Überdenken des Wahrgenommenen, andererseits sammelt sich im Laufe der Zeit ein beachtlicher Erfahrungsschatz an. Zweifelhafte Beobachtungen sollte man als solche kennzeichnen oder ganz fortlassen. Den verständlichen Wunsch, sensationelle Beobachtungen großer Seltenheiten gemacht zu haben, sollte man nicht zum Vater des Gedankens werden lassen. Ohnehin werden von allen angesehenen Fachzeitschriften bei der Übernahme solcher Meldungen sehr strenge Maßstäbe angelegt. Schon aus diesem Grunde erscheint es zweckmäßig, Verbindung zu anderen Ornithologen aufzunehmen, um der fachgerechten Beratung gewiß zu sein.

Ein Wort zum Vogelschutz

Zur Zeit ist etwa ein Drittel der für Deutschland nachgewiesenen Brutvogelarten in der Bundesrepublik entweder bereits ausgerottet oder im Bestand bedroht. Diese und einige Arten, die bei uns nur als Wintergäste vorkommen, sind in der »Roten Liste bedrohter Vogelarten der Bundesrepublik« zusammengefaßt worden. Wir haben sie in diesem Buch bei den Beschreibungen durch ein * gekennzeichnet. Der Übersichtlichkeit halber wurde hier auf die in der »Roten Liste« durchgeführte Einteilung in verschiedene Kategorien verzichtet. Die betreffenden Arten sind in jedem Fall besonders schutzbedürftig.

Aber auch die meisten anderen Arten müssen geschützt werden. Im Bewußtsein vieler Leute beschränkt sich Vogelschutz auf Winterfütterung und das Anbringen von Nistkästen. Zweifellos ist beides sehr wichtig, aber viel vordringlicher wäre die Erhaltung der Lebensräume. Füttern Sie deshalb die Meisen im Winter ruhig weiter und hängen Sie Nistkästen auf, aber tun Sie auch folgendes: Wenn Sie einen Garten haben, räumen Sie ihn nicht auf wie einen sterilen Operationssaal, lassen Sie, wo immer es geht, z. B. das Fallaub liegen und die Hecke wuchern. Als unmittelbar nach dem Krieg sich niemand um die Parks kümmerte, siedelten sich vielerorts Nachtigallen an, wo sie seit Jahrzehnten nicht mehr gelebt hatten. Sie verschwanden wieder, sobald von »ordnungsliebenden« Parkverwaltungen auch das letzte welke Blättchen unter den Sträuchern weggekehrt wurde. Wenden Sie Chemikalien in freier Natur nur an, wenn es gar nicht mehr anders geht, keinesfalls aber nach einem »Spritzplan« ohne Bezug zu den tatsächlichen Verhältnissen. Klären Sie darüber auch Ihre Nachbarn auf. Protestieren Sie bei Behörden, Parteien und sonstigen zuständigen Gremien, wenn ein Bach begradigt, eine feuchte Wiese trockengelegt, ein Teich mit Müll zugeschüttet oder Bäume und Sträucher ohne zwingenden Grund abgeholzt werden sollen. Meiden Sie bei Bootsfahrten auf Binnengewässern alle Schilfgürtel und die Uferzonen, soweit sie nicht als Anlegestellen oder Badestrände ausgewiesen sind. Achten Sie bei Aufenthalten an der Meeresküste auf brütende Seevögel und meiden Sie die Brutgebiete. Lärmen Sie nicht im Wald und streifen Sie vor allem während der Brutzeit nicht durch Dickicht und Gebüsch. Klopfen Sie nicht an Horstbäume. Kaufen Sie keine ausgestopften Vögel und unterstützen Sie nicht durch Ihr Eintrittsgeld »Greifvogelschauen« zweifelhafter Herkunft. Melden Sie unnachsichtig Verstöße gegen unsere Naturschutzgesetze. Schließen Sie sich einer fachlichen Vereinigung an, etwa einer örtlichen vogelkundlichen Arbeitsgemeinschaft oder der »Deutschen Ornithologen-Gesellschaft« oder dem »Deutschen Bund für Vogelschutz«. Werden Sie selbst aktiv und verlassen Sie sich nicht auf andere.

Literaturverzeichnis

Die Literatur über Vögel ist, selbst wenn man nur Bücher, aber keine Zeitschriften berücksichtigt, kaum zu überschauen. Hier kann nur eine kleine Auswahl empfohlen werden. Man wird aber von diesen Werken leicht zu weiterführenden Schriften finden.

– –	Die in der Bundesrepublik Deutschland gefährdeten Vogelarten (»Rote Liste«) 2. Fassung. Stand: 31. 12. 1972. Berichte der Deutschen Sektion des Internationalen Rats für Vogelschutz. 1972. S. 8–15. Dazu die Ergänzung vom 6. 11. 1974 veröffentlicht im Journal für Ornithologie **116**, Heft 2: 227, 1975.
Berndt, R., Meise, W.:	Naturgeschichte der Vögel. 3 Bände. Stuttgart 1959–1966.
Berthold-Bezzel-Thielcke:	Praktische Vogelkunde. Greven 1974.
Glutz von Blotzheim, U., Bauer, K. M., Bezzel, E.:	Handbuch der Vögel Mitteleuropas. Frankfurt/M. (Ein grundlegendes Werk. Bisher sind 5 Bände erschienen, weitere sind geplant.)
König, C.:	Vögel. 3 Bände. Stuttgart 1966–1970.
Nicolai, J.:	Vogelleben. Stuttgart 1973.
Niethammer, G., Kramer, H., Wolters, H. E.:	Die Vögel Deutschlands. Artenliste. Frankfurt/M. 1964.
Peterson, R., Mountfort, G., Hollom, P. A. D.:	Die Vögel Europas. Hamburg und Berlin 1973 (10. Auflage).
Schildmacher, H.:	Wir beobachten Vögel. Jena 1970 (3. Auflage).
Voigt, A., Bezzel, E.:	Exkursionsbuch zum Studium der Vogelstimmen. Heidelberg 1961.

1. Schwarzstorch
Cicónia nígra

Storchenvögel/Ruderfüßer

2. Graureiher
Árdea cineréa

3. Kormoran
Phalacrocórax
cárbo sinénsis

4. Fischadler
Pandión haliáetus

5. Schlangenadler
Circáetus gállicus

Greifvögel

Jungvogel

6. Schelladler
Áquila clánga

Greifvögel

helle Farbvariante

7. Mäusebussard
Búteo búteo

dunkle Farbvariante

Greifvögel

8. Rotmilan
Mílvus mílvus

9. Schwarzmilan
Mílvus mígrans

10. Wespenbussard
Pérnis apivórus
(zwei Farbvarianten)

Greifvögel

Jungvogel

11. Habicht
Accípiter géntilis

Greifvögel

Männchen

Weibchen

12. Sperber
Accípiter nísus

13. Baumfalke
Fálco subbúteo

Hühnervögel

Weibchen

14. Fasan
Phasiánus cólchicus

Männchen

Weibchen

15. Birkhuhn
Tetráo tétrix

Männchen

Männchen

16. Auerhuhn
Tetráo urogállus

17. Haselhuhn
Bonásia bonásia
Männchen

Weibchen

Hühnervögel

Männchen im Winter

18. Moorschneehuhn
Lagópus lagópus

Männchen im Frühjahr

Weibchen im Sommer

19. Waldwasserläufer
Trínga óchropus

20. Waldschnepfe
Scólopax rustícola

Taubenvögel

21. Turteltaube
Streptopélia túrtur

22. Türkentaube
Streptopélia decaócto

23. Hohltaube
Colúmba óenas

24. Ringeltaube
Colúmba palúmbus

Weibchen, braune Farbvariante

25. Kuckuck
Cúculus canórus

Männchen

26. Uhu
Búbo búbo

27. Bartkauz
Stríx nebulósa

Eulen

29. Habichtskauz
Stríx uralénsis

28. Waldkauz
Stríx áluco

30. Waldohreule
Ásio ótus

31. Sperbereule
Súrnia úlula

32. Rauhfußkauz
Aególius funéreus

33. Sperlingskauz
*Glaucídium
passerínum*

34. Ziegenmelker
Caprimúlgus europáeus

35. Blauracke
Corácias gárrulus

36. Wiedehopf
Úpupa épops

Spechtvögel

37. Wendehals
Jýnx tórquilla

39. Kleinspecht
Dendrócopos mínor
Männchen

38. Buntspecht
Dendrócopos májor
Männchen

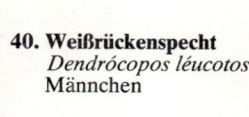

40. Weißrückenspecht
Dendrócopos léucotos
Männchen

41. Mittelspecht
Dendrócopos médius
Männchen

Spechtvögel

43. Schwarzspecht
Dryócopos mártius
Männchen

42. Dreizehenspecht
Picoídes tridáctylus
Männchen

Spechtvögel

45. Grauspecht
Pícus cánus
Männchen

44. Grünspecht
Pícus víridis
Männchen

Sperlingsvögel

46. Kolkrabe
Córvus córax

47. Dohle
Córvus monédula

Nebelkrähe

48. Aaskrähe
Córvus coróne

Rabenkrähe

Sperlingsvögel

49. Elster
Pica pica

50. Tannenhäher
Nucifraga caryocatáctes

51. Eichelhäher
Gárrulus glandárius

52. Unglückshäher
Perisóreus infáustus

Sperlingsvögel

Männchen

53. Pirol
Oríolus oríolus

Weibchen

Sperlingsvögel

Männchen, Prachtkleid

Ruhekleid

54. Star
Stúrnus vulgáris

Jungvogel

Sperlingsvögel

55. Raubwürger
Lánius excúbitor
Männchen

56. Schwarzstirnwürger
Lánius mínor
Männchen

Männchen

57. Neuntöter
Lánius collúrio

Weibchen

58. Rotkopfwürger
Lánius senátor
Männchen

Sperlingsvögel

59. Seidenschwanz
Bombycílla gárrulus
Männchen

60. Waldbaumläufer
Cérthia familiáris

61. Zaunkönig
Troglodýtes troglodýtes

Sperlingsvögel

Streifenköpfige Rasse

63. Schwanzmeise
Aegíthalos caudátus

Weißköpfige Rasse

64. Haubenmeise
Párus cristátus

62. Kleiber
Sítta europáea

65. Kohlmeise
Párus májor

66. Blaumeise
Párus caerúleus

67. Tannenmeise
Párus áter

68. Sumpfmeise
Párus palústris

69. Weidenmeise
Párus montánus

70. Lapplandmeise
Párus cínctus

Sperlingsvögel

71. Heckenbraunelle
Prunélla moduláris

Männchen

72. Gartenrotschwanz
Phoenicúrus phoenicúrus

Weibchen

73. Sprosser
Luscínia luscínia

74. Nachtigall
Luscínia megarhýnchos

75. Rotkehlchen
Eríthacus rubécula

Sperlingsvögel

Männchen

Rotsterniges Blaukehlchen

76. Blaukehlchen
Luscínia svécica

Weibchen

Männchen

Weißsterniges Blaukehlchen

Sperlingsvögel

Männchen

77. Amsel
Túrdus mérula

Weibchen

Sperlingsvögel

78. Singdrossel
Túrdus philomélos

79. Misteldrossel
Túrdus viscívorus

80. Rotdrossel
Túrdus ilíacus

81. Wacholderdrossel
Túrdus piláris

Sperlingsvögel

82. Wintergoldhähnchen
Régulus régulus

83. Sommergoldhähnchen
Régulus ignicapíllus

84. Zilpzalp
Phyllóscopus collýbita

85. Fitis
Phyllóscopus trochílus

Sperlingsvögel

86. Grünlaubsänger
Phyllóscopus trochiloídes

87. Wanderlaubsänger
Phyllóscopus boreális

88. Waldlaubsänger
Phyllóscopus sibilátrix

Sperlingsvögel

89. Klappergrasmücke
Sýlvia cúrruca

90. Dorngrasmücke
Sýlvia commúnis
Männchen

91. Sperbergrasmücke
Sýlvia nisória
Männchen

92. Gartengrasmücke
Sýlvia bórin

Männchen

93. Mönchsgrasmücke
Sýlvia atricapílla

Weibchen

Sperlingsvögel

94. Gelbspötter
Hippoláis icterína

95. Schlagschwirl
Locustélla fluviátilis

96. Feldschwirl
Locustélla náevia

Männchen

97. Trauerschnäpper
Ficédula hypoléuca

Weibchen

98. Halsbandschnäpper
Ficédula albicóllis
Männchen

Sperlingsvögel

99. Zwergschnäpper
Ficédula párva
Männchen

100. Grauschnäpper
Muscicápa striáta

101. Baumpieper
Ánthus triviális

102. Kernbeißer
Coccothráustes coccothráustes
Männchen

103. Grünling
Carduélis chlóris
Männchen

Sperlingsvögel

104. Stieglitz
Carduélis carduélis

Weibchen

105. Zeisig
Carduélis spínus

Männchen

106. Birkenzeisig
Acánthis flámmea
Männchen

Männchen

107. Hänfling
Acánthis cannábina

Weibchen

Sperlingsvögel

108. Girlitz
Serínus serínus
Männchen

Männchen

109. Karmingimpel
Carpodácus erythrínus

Weibchen

Männchen

110. Gimpel
Pýrrhula pýrrhula

Weibchen

Sperlingsvögel

Männchen

111. Hakengimpel
Pinícola enucleátor

Weibchen

Sperlingsvögel

Männchen

112. Fichtenkreuzschnabel
Lóxia curviróstra

Weibchen

113. Kiefernkreuzschnabel
Lóxia pytyopsíttacus
Männchen

Sperlingsvögel

114. Bindenkreuzschnabel
Lóxia leucóptera
Männchen

Männchen

115. Buchfink
Fringílla cóelebs

Weibchen

Männchen, Prachtkleid

Weibchen

116. Bergfink
Fringílla montifringílla

Männchen, Ruhekleid

Sperlingsvögel

Männchen

117. Goldammer
Emberíza citrinélla

Weibchen

118. Ortolan
Emberíza hortulána
Männchen

Männchen

119. Waldammer
Emberíza rústica

Weibchen

120. Zaunammer
Emberíza círlus
Männchen

121. Feldsperling
Pásser montánus

Männchen

122. Haussperling
Pásser domésticus

Weibchen

Beschreibungen

Querverweise im Text bedeuten:
(**2**: 14) verweist z. B. auf Nr. 14 in Band 2
(42) verweist z. B. auf Nr. 42 in diesem Band

Storchenvögel
Ciconiifórmes

1. Schwarzstorch*
Cicónia nígra

Länge etwa 97 cm. Erwachsene Schwarzstörche sind schwarz mit deutlichem grünem und purpurnem Metallglanz; an Bauch, Flanken und Unterschwanzdecken aber weiß. Beine, Schnabel, Zügel und ein nackter Augenring erscheinen zur Brutzeit rot, zur Ruhezeit bräunlich. Jungvögel sind nicht schwarz, sondern braun ohne Metallglanz und haben graugrüne Beine und Schnäbel. Bei Nestlingen ist der Schnabel während der ersten 5–6 Wochen gelb. Ausgewachsene Schwarzstörche wiegen etwa 3 kg, sie sind durchschnittlich ein wenig kleiner als Weißstörche. Durch ihre Größe und kennzeichnende Färbung sind sie mit keinem Vogel unseres Gebietes zu verwechseln.

Im Gegensatz zum Weißstorch verfügt der Schwarzstorch neben dem Schnabelklappern über eine Reihe verschiedener Lautäußerungen, die von reinen Pfeifsignalen bis zu heiserem Fauchen reichen. Allerdings sind diese Rufe nicht sehr oft zu hören, das Schnabelklappern scheint sogar noch seltener zu sein; am ehesten vernimmt man die Jungen im Nest, die neben anderen Tönen einen wie »chachichichi« klingenden Bettelruf hören lassen.

Das Hauptverbreitungsgebiet des Schwarzstorches erstreckt sich von Sachalin und Nordwest-China bis nach Österreich und Norddeutschland. Isolierte Vorkommen sind aus Portugal, Süd- und Westspanien sowie aus Südafrika bekannt. Vielerorts ist der Schwarzstorch in neuerer Zeit verschwunden, so etwa in Skandinavien und im westlichen Deutschland. Doch ist er in anderen Gebieten, besonders seit den vierziger Jahren, auch wieder häufiger geworden, z. B. im Zuflußgebiet der Oder.

In Mitteleuropa muß der Schwarzstorch als Waldbewohner und Kulturflüchter gelten. Er lebt hier in wasserreichen und möglichst ungestörten Wäldern. Waldbäche, feuchte Wiesen und Sümpfe bilden seine bevorzugten Jagdgründe. Hier erbeutet er seine Nahrung, die hauptsächlich aus Wasserinsekten, Molchen, Fröschen und kleinen Fischen besteht. Daneben werden gelegentlich auch andere Kleintiere und sogar Mäuse gefangen. Auf der Nahrungssuche können sich die Alttiere bis 10 km vom Horst entfernen. Bemerkenswerterweise sind die Schwarzstörche mancher Gebiete viel weniger scheu als bei uns. Bereits in Polen zeigen sie sich stellenweise wenig empfindlich gegen die Nähe des Menschen, und in Transkaukasien kennt man sie sogar als Brutvögel menschlicher Siedlungen. Möglicherweise beruhen solche Unterschiede auf der traditionsähnlichen Weitergabe von Verhaltensweisen innerhalb bestimmter Populationen. Schwarzstörche sind Zugvögel, die in Europa brütenden überwintern in Afrika, wo sie selten den Äquator überschreiten.

Schwarzstörche sind erst mit 3 Jahren geschlechtsreif. Zu Beginn der Brutzeit kreisen die Altvögel häufig über ihrem Revier, so daß sie dann besonders leicht zu entdecken sind. Ein Paar hat oft mehrere Nester, die im Lauf der Jahre abwechselnd benutzt werden können. Sie stehen in Mitteleuropa auf großen Bäumen oder auch auf Felsen und haben einen Durchmesser von 1–1,5 m. Als Baumaterial dienen dicke Äste, die schichtweise mit anderem Material (dünne Zweige, Gras, Erdklumpen) abwechseln; die Mulde wird mit Gras und Moos, manchmal auch mit Laub und Haaren ausgepolstert. Das Gelege besteht meistens aus 3–4 weißen Eiern, die frisch im Durchlicht grün erscheinen. Ende April oder Anfang Mai ist das Gelege vollständig. Die Brutdauer beträgt etwa einen Monat; beide Eltern brüten. Nach 62–69 Tagen verlassen die Jungen das Nest, das sie jedoch noch während einiger Zeit zum Übernachten aufsuchen. Schwarzstörche sind in Deutschland streng geschützt. Da sie sehr leicht vergrämt werden können, sollte man freiwillig die Nähe ihrer letzten wenigen Horste meiden.

2. Graureiher*
Árdea cinérea

Länge etwa 91 cm. Ein fast storchengroßer, hauptsächlich grauer Vogel mit schwarzen Schwungfedern und einem schwarzen Strich vom Auge bis zur Spitze des Hinterhauptschopfes. Der Schnabel ist gelblich; zu Beginn der Brutzeit kann er wie die sonst graubraunen Beine eine rötliche Färbung annehmen. Jungvögel sind dunkler und noch kontrastärmer grau gefärbt und haben einen dunkel hornfarbenen Schnabel; außerdem fehlen ihnen die langen schwarzen Schopffedern. Die Federn auf Brust und Rücken sind nicht so stark verlängert wie bei den Altvögeln. Im Flug tragen die Reiher den Hals S-förmig zurückgebogen, und ihre Flügel sind viel stärker gewölbt als bei den Störchen. In kritischen Situationen, etwa beim Angriff eines Greifvogels, fliegen aber auch die Reiher mit ausgestrecktem Hals. Wenn sie nicht fliegen, erscheinen Reiher im Vergleich mit Störchen viel graziler, aber auch starrer und sperriger. Dieser Eindruck wird verstärkt durch das oft stundenlange, stocksteife Ausharren in einer Stellung und den fast zeitlupenartigen Schleichgang auf der Jagd.

Die Stimme der Graureiher klingt rauh. Im Fluge äußern sie ein krächzendes »gräik«. Besonders laut geht es in den Brutkolonien her. Neben verschiedenen knarrenden und bellenden Rufen der Altvögel kann man hier das keckernde »quededet quededet« der Jungen hören. Ein guter Teil des Lärms rührt daher, daß jede Rückkehr zum Nest mit einer Begrüßungszeremonie zwischen den Gatten oder zwischen Eltern und Jungen verbunden ist, wobei auch bestimmte Rufe eine wesentliche Rolle spielen.

Das Brutgebiet des Graureihers erstreckt sich von Irland und den Britischen Inseln bis zum Baikalsee. Er fehlt jedoch in der südlichen Hälfte Italiens und im größten Teil der Iberischen Halbinsel, wo er nur im westlichen Süd- und im nördlichen Zentralspanien brütet. In Skandinavien geht er bis nach Südschweden und an der norwegischen Westküste etwa bis zur Breite der Lofoten. Isolierte Brutvorkommen sind auch aus Afrika bekannt.

Der Graureiher ist an die Nähe von Gewässern gebunden, die wenigstens teilweise seicht und nicht zu stark zugewachsen sind, so daß sie ihm als Jagdgebiet dienen können. Das heißt aber nicht, daß auch die Nester immer in Wassernähe stehen müßten. Da zumindest in Mitteleuropa die Reiher Bäume als Neststand bevorzugen, liegen die Nistplätze bisweilen 20–30 km vom Wasser entfernt, wenn in größerer Nähe keine geeigneten Horstbäume zu finden waren. Durch seine Bindung an ausreichende Wasserflächen kommt der Graureiher vornehmlich in den Niederungen vor, seltener auch im Mittelgebirge. (In der Bundesrepublik Deutschland leben die meisten Reiher in Niedersachsen und Schleswig-Holstein.) Die Reiherbestände sind vielerorts durch zivilisatorische Einflüsse be-

Schwarzstorch   Graureiher

droht und gehen ständig zurück, nachdem sie in der ersten Jahrhunderthälfte
vorübergehend zugenommen hatten.
Dort, wo sie nicht verfolgt werden, gewöhnen sich die Graureiher rasch an
die Nähe des Menschen und brüten sogar mitten in Städten.

Der Graureiher sucht sein Futter
hauptsächlich im Wasser, seltener auch
auf dem Land. Er wendet dabei zwei
Jagdverfahren an: einen bedächtigen
Pirschgang oder ein stilles Anstehen
auf einem Fleck. Bei beiden Methoden
kann ihm das Wasser bis zur Brust reichen. Die Beute wird mit einem blitzschnellen Vorstoßen des Schnabels er-
griffen, größere Tiere werden auch ge-
spießt. Als Nahrung dienen vor allem
Fische, daneben auch Frösche, Reptilien, Mäuse, Maulwürfe, Insekten und
andere Kleintiere. Zur Verdauungsru-
he suchen die Graureiher gern hohe
Bäume auf. Wie alle Reiher besitzen sie
nur verkümmerte Bürzeldrüsen, dafür

aber sogenannte Puderdunenfelder.
Die Dunen dieser Felder zerfallen allmählich zu einem feinen Staub, den die
Vögel statt Fett zur Gefiederpflege verwenden. Außerhalb der Brutzeit streifen die Graureiher umher, im Herbst
begeben sich die meisten auf einen re-
gelrechten Zug, der sie bis nach Südafrika führen kann, doch überwintern
sie größtenteils schon in den Mittelmeerländern, manche, wie die englischen, bleiben gar ständig in ihrer
Brutheimat.

Graureiher brüten in der Regel kolo-
nienweise. Das von beiden Gatten gebaute Nest befindet sich meistens im
oberen Teil hoher Baumkronen und
besteht in seinem Unterbau aus dickeren Zweigen, auf die dünnere Reiser,
Schilf, Stroh und Gras aufgetragen
werden. Alte Horste werden mit Vorliebe wieder benutzt. Das Gelege besteht aus (3) 4–5 (7) hell blaugrünen
Eiern, die gewöhnlich in zweitägigem

Abstand gelegt werden. Brutdauer: 25–28 Tage. Etwa mit 2 Monaten verlassen die Jungvögel die Kolonie, nachdem sie schon vorher kleinere Ausflüge unternommen haben. Graureiherkolonien werden gern von anderen Vögeln als Nestplatz gewählt, so von Kormoranen und verschiedenen Greifvögeln. Gelegentlich bauen die Graureiher ihr Nest auch im Schilf.

Ruderfüßer
Pelecaniformes

3. Kormoran*
Phalacrocorax carbo sinensis

Länge 90–92 cm. Ein großer, überwiegend dunkler, metallisch grünblau glänzender Wasservogel mit kurzen Läufen, großen Ruderfüßen und gestrecktem Hakenschnabel. Das Bild zeigt das Prachtkleid; im Ruhekleid fehlen die weißen Abzeichen an Kopf, Hals und Schenkeln. Jungvögel sind brauner, mit schwächerem Metallglanz und mit graubraunen Augen, ihre Unterseite ist individuell verschieden stark weiß gefärbt. Kormorane fliegen mit vorgestrecktem Hals und liegen beim Schwimmen ziemlich tief im Wasser, wobei der Schwanz ins Wasser taucht, der Hals aufgerichtet ist und der Schnabel etwas schräg aufwärts gehalten wird. Die Schwimmhaut verbindet alle vier Zehen des Fußes. An Land werden die Flügel oft zum Trocknen halb ausgebreitet gehalten (vgl. **2**: 14).
Die Stimme des Kormorans ist gewöhnlich nur am Brutplatz zu hören. Er verfügt über eine Reihe tiefer, rauher Rufe, wie »krao« und »chrochrochro«; die Nestjungen betteln mit winselndem Quietschen.
In Europa trifft man zwei Unterarten des Kormorans an. Die hier dargestellte Unterart bewohnt hauptsächlich den eurasischen Kontinent von Nordfrankreich und Südwestschweden bis zum Ussuri und außerdem noch Indien und Ceylon. Allerdings ist dieses riesige Verbreitungsgebiet in viele kleine isolierte Areale zerrissen. In Mitteleuropa finden wir Kormorane in Nordpolen, Norddeutschland (in der Bundesrepublik nicht einmal 50 Paare), in den Niederlanden, in Belgien, der Tschechoslowakei, Österreich und Ungarn. Überall treten sie aber lokal auf. Der vielerorts beobachtete Rückgang der Bestände geht zum großen Teil auf unmittelbare Verfolgung zurück, da der Kormoran als Fischereischädling gilt.
Von seinem Biotop verlangt der Kormoran zweierlei: größere, einigermaßen fischreiche stehende oder fließende Gewässer, in denen er jagen kann, und Wälder oder wenigstens Gruppen hoher Bäume, auf denen er nistet. Besonders gern siedelt er sich dort an, wo auch Graureiher brüten.
Kormorane sind ausgezeichnete Taucher, die ihre Beute, vornehmlich Fische, unter Wasser fangen. Sie können über eine Minute lang untergetaucht bleiben und erreichen Tiefen von über 10 m (verbürgt sind 16 m). Da sie außerdem auch gut fliegen, können ihre Jagdgründe bis 50 km vom Brutplatz entfernt sein. Sie treten gewöhnlich in Gesellschaften auf, und oft jagen sie sogar gemeinsam. Beim gemeinschaftlichen Fliegen formieren sie sich zu einem V. Die mitteleuropäischen Kormorane sind Zugvögel, die meistens in den Mittelmeerländern überwintern, einige bleiben aber auch schon weiter nördlich, etwa in den Niederlanden.
Kormorane brüten in Kolonien; sie sind gewöhnlich erst im 4. Jahr geschlechtsreif. Im März oder April, manchmal auch schon im Februar, beziehen sie die Nistplätze. Oft werden Graureiherhorste benutzt, deren rechtmäßige Besitzer sogar vertrieben werden können. Bauen Kormorane selbst, so brechen sie Zweige von Bäumen ab oder sie stehlen das Nistmaterial aus anderen Horsten. Die Auspolsterung besteht aus verschiedenen Wasserpflanzen. Der Nestbau wird während der ganzen Brutzeit fortgesetzt. Das

Gelege enthält 3–4 (–6) Eier, die wie mit Kalk beschmiert aussehen; wo der Kalküberzug dünner ist, erscheint die Schale hellblau. Nach 23–24 (29?) Tagen schlüpfen die Jungen. Sie werden an heißen Tagen von den Alten auch mit Wasser versorgt. Nach 7 Wochen sind sie flügge. Schon vorher können sie erstaunlich geschickt im Geäst herumklettern. Durch die ätzenden Ausscheidungen der Vögel sterben die Nistbäume früher oder später ab, so daß sie brüchig werden. Deshalb müssen Kormorane auch ohne menschliche Störung von Zeit zu Zeit ihre Brutplätze verlegen.

Greifvögel
Falconifórmes

4. Fischadler*
Pandíon haliáetus

Länge 51–58 cm. Der einzige einheimische Greifvogel, der oberseits dunkel, unterseits und am Kopf, mit Ausnahme eines dunklen Augenstriches und Brustbandes, weiß gefärbt ist. Im Flug fallen die schlanken, häufig gewinkelten, fast möwenartigen Flügel und die oft herabhängenden Beine auf. Im Sitzen werden die Hinterhauptsfedern und Nackenfedern meistens haubenartig gesträubt. Die nackten Beinteile sind anders als bei der Mehrzahl der Greifvögel grau. Die innere Zehe ist eine Wendezehe, die sowohl nach vorn als auch nach hinten gerichtet werden kann. Fischadler rütteln und fliegen langsam über Gewässern, in die sie zum Fischfang hinabstoßen.

Der Fischadler läßt verschiedene pfeifende Rufe hören. Am Brutplatz vernimmt man oft eine wie »kji-kji-kjü-kjü-kjö-kjö« klingende, in der Tonhöhe abfallende Rufreihe. Beim Balzflug erklingt ein schnell gereihtes »jip-jip-jip ...«. Daneben gibt es noch andere Rufe. Kleine Nestjunge geben gluckende und fiepende Bettellaute von sich.

Die Art ist nahezu weltweit verbreitet, kommt aber meistens nur zerstreut und lokal vor und fehlt im größten Teil Südamerikas und in den Polargebieten ganz. In Mitteleuropa brütet dieser schöne Greifvogel heute regelmäßig nur noch im polnisch-deutschen Tiefland (vor allem in Mecklenburg und Brandenburg).

Das Brutgebiet des Fischadlers muß offene, möglichst klare Gewässer und hohen Baumbestand aufweisen, obwohl beides nicht unmittelbar aneinanderzugrenzen braucht. Zwar bevorzugt er Binnengewässer, doch brütet er auch an der Meeresküste. Auf dem Zuge kann er sich bei den verschiedensten Gewässern einstellen, unter Umständen sogar mitten in Ortschaften. Die nord- und mitteleuropäischen Populationen ziehen im Herbst südwärts und überwintern größtenteils in Westafrika.

Fischadler sind sehr gute Flieger, die sowohl in Aufwinden zu segeln verstehen als auch in zügigem Ruderflug große Strecken zurücklegen können (Zuggeschwindigkeiten bis 50 km/h). Bei der Jagd fliegt der Adler langsam und oft rüttelnd mit gesenktem Kopf in 10–40 m Höhe über dem Wasserspiegel und späht nach Fischen. Hat er einen entdeckt, stürzt er mit vorgestreckten Fängen in rasendem Stoß ins Wasser, worin er meistens völlig verschwindet. Doch dringt er kaum mehr als 1 m tief ein. Mit kräftigen Flügelschlägen erhebt er sich danach wieder aus den Fluten. Die Beute besteht fast ausschließlich aus Fischen. Kräftige Zehen, die unterseits durch spitze Schuppen rauhflächig sind und sehr lange, nadelspitze und stark gekrümmte Krallen tragen, befähigen den Fischadler, seine schlüpfrige Beute festzuhalten. Die Technik des Fischfangens ist diesen Adlern in ihren Grundzügen angeboren, doch stoßen sie anfangs oft vorbei und lernen offenbar durch Erfahrung hinzu. Der Schaden des Fischadlers wird meistens stark übertrieben, er macht in Wirklichkeit nur einen Bruch-

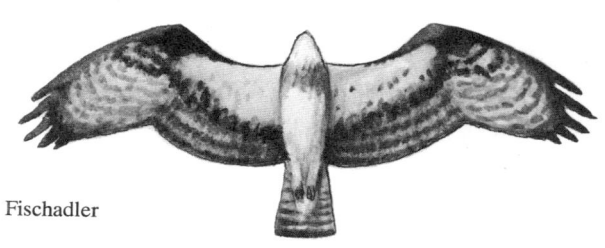

Fischadler

Schlangenadler

Schelladler

Mäusebussard

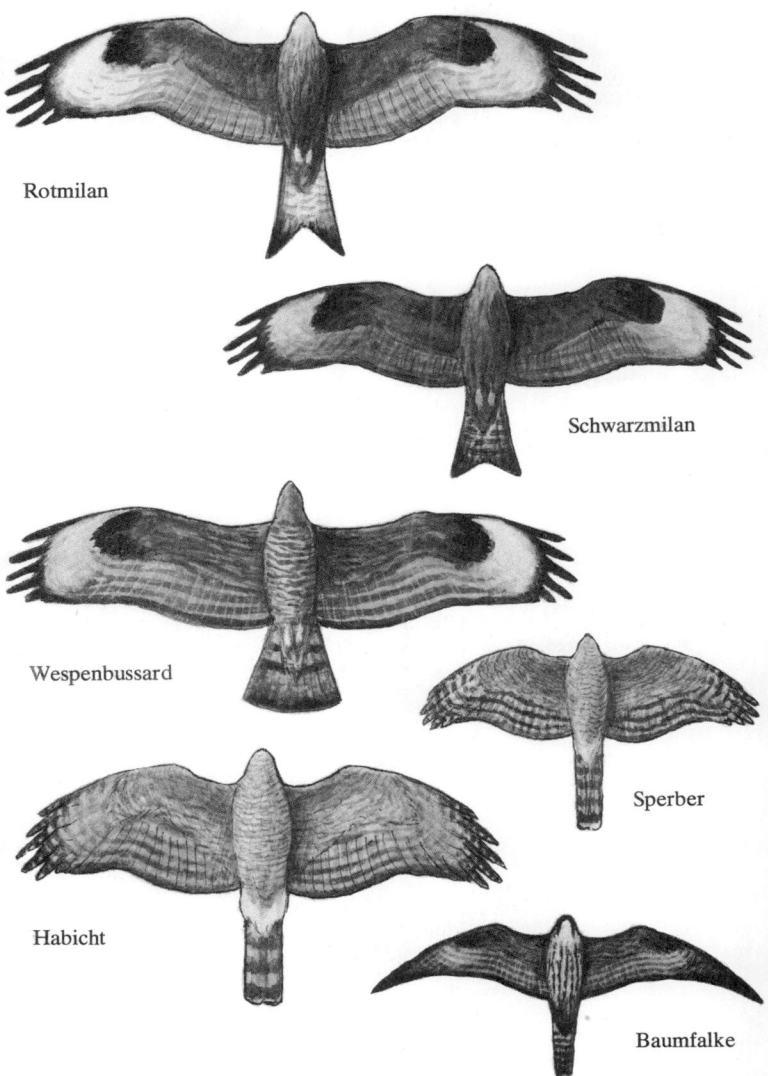

Rotmilan

Schwarzmilan

Wespenbussard

Sperber

Habicht

Baumfalke

83

teil des an Karpfenteichen ohnehin angesetzten »Normalverlustes« aus. Wenn die Umstände sie dazu treiben, fangen Fischadler ebenfalls andere Kleintiere wie Mäuse, Vögel, Frösche und größere Insekten.

Anfang April treffen die Adler bei uns im Brutgebiet ein, die Männchen vor den Weibchen. Das Männchen beginnt sofort mit Flugspielen, die seinen Revierbesitz anzeigen und ein Weibchen anlocken sollen. Der Horst ist ein mächtiger Bau von 120–150 cm Durchmesser, der allerdings nur selten sehr hoch wird. Meistens steht er auf dem Wipfel hoher Bäume, vor allem auf Kiefern, aber sogar auch auf Hochspannungsmasten. Alte Nester werden immer wieder benutzt. In den letzten Jahren hat man den Fischadler mit künstlichen Horsten manchmal erfolgreich ansiedeln können. Das Nest besteht aus dicken Ästen, die sehr flache Mulde wird mit weicherem Material ausgelegt. Die Eier sind rahm- oder grauweiß mit verschieden großen, unregelmäßigen, rostbraunen und graubraunen Flecken. Das Gelege besteht aus (1–) 3 (–4) Eiern, die 35–41 Tage bebrütet werden. Nach 50–71 Tagen sind die Jungen flügge, wobei nicht alle Jungen das Nest am gleichen Tag verlassen. Erst mit 3 Jahren scheinen sie geschlechtsreif zu sein.

5. Schlangenadler*
Circáetus gállicus

Länge um 65 cm. Ein gedrungener Greifvogel, größer als der Mäusebussard, mit auffallend dickem Kopf, eulenartig großen, gelben oder orangegelben Augen und unbefiederten grauen Läufen und Zehen. Im Flug erinnert er an einen übergroßen Bussard, doch ist er meistens an der sehr hellen Unterseite zu erkennen, von der die dunklen Spitzen der Schwingen und der mehr oder minder deutlich braun gefärbte Brustlatz abstechen, letzterer kann aber ebenfalls stark aufgehellt

sein. Die Flügel werden häufig angewinkelt. Die Oberseite des fliegenden Vogels zeigt einen deutlichen Kontrast zwischen den dunklen Schwingen und den viel helleren, graubraunen Flügeldecken und Schultern.

Die Rufe des Schlangenadlers, vor allem des Männchens, sind vielfältig und zeichnen sich durch eine Tonqualität aus, die manchmal an ein Xylophon oder an den Pirol erinnert. Am häufigsten hört man ein »hiiijök«, wobei die erste, lange, pfeifende Silbe ansteigt, während die zweite kurz und abgehackt, aber sehr voll und rund klingt. Bei Störungen ertönt ein »jo-jo-jo« oder »jök-jök-jök«.

Das Verbreitungsgebiet des Schlangenadlers erstreckt sich von Afrika, Süd- und Osteuropa über Kleinasien, Kasachstan, Persien bis nach Indien und in die nördliche Mongolei. In diesem Gebiet kann man mehrere Unterarten unterscheiden. In Mitteleuropa brüten noch einige wenige Paare in der Schweiz, der Tschechoslowakei, in Ungarn und Polen, doch sind auch da die Brutplätze oft nur sporadisch besetzt. Die letzten regelmäßigen deutschen Brutvorkommen sind bereits zu Beginn dieses Jahrhunderts erloschen, seitdem scheinen nur vereinzelte und vorübergehende Brutversuche stattgefunden zu haben. Auch auf dem Zug ist dieser Vogel in Deutschland nur selten zu beobachten.

Wälder, umgeben von offenen, möglichst wenig kultivierten Flächen, verlangt der Schlangenadler als Biotop. Besonders günstig sind Gegenden, in denen zusätzlich gute Aufwindverhältnisse herrschen, da der Schlangenadler sich mit Vorliebe segelnd fortbewegt. In dieser Flugart ist er ein wahrer Meister. Er kann stundenlang einen Berghang nach Beute absuchen, ohne einen Flügelschlag zu tun. Den sich ändernden Windverhältnissen paßt er sich durch dauernde Veränderung der Flügel- und Schwanzfläche an, dabei vermag er mehrere Minuten wie festgenagelt an einer Stelle zu schweben. Die Nahrung besteht größtenteils aus Reptilien, besonders aus Schlangen. Da diese Tiere erst mit steigender Wärme aktiv werden, beginnen auch die Schlangenadler ihre Jagd später als die meisten Greifvögel. Ab und zu werden auch Lurche und Insekten, noch seltener Vögel und Kleinsäuger geschlagen. Die großen Beutetiere werden durch Bisse in den Kopf getötet und kopfvoran verschluckt. Die Schuppen findet man großenteils in den Gewöllen wieder. Allein die Nahrungszusammensetzung macht deutlich, warum bei uns Schlangenadler kaum mehr Lebensmöglichkeiten finden, haben doch Reptilien und Lurche durch Umweltschädigung in erschreckendem Maße abgenommen. Den Winter verbringen die europäischen Schlangenadler in den afrikanischen Trockensavannen der Sahelzone.

Das Nest steht auf hohen Bäumen. Es ist verhältnismäßig klein, so daß der Schwanz des brütenden Vogels darüber hinausragt. Als Nestmaterial dienen Äste, die nur locker zusammengefügt werden. Wie bei vielen Greifvögeln, findet man auf dem Nest häufig frischgrünes Reisig. Die Mulde bleibt ohne dichte Polsterung. Ein einziges Ei bildet das Gelege. Es ist weiß und erstaunlich groß, übertrifft es doch die Eier des viel größeren Seeadlers an Länge und Umfang. Die Brut fällt in Europa in den April und Mai, über ihre Dauer gehen die Angaben auseinander; es werden Zeiten von 35 bis 47 Tagen genannt. Das Junge verläßt nach 70–80 Tagen das Nest. Schlangenadler beanspruchen gewöhnlich ein umfangreiches Revier, dessen Größe aber wohl vom Nahrungsangebot abhängt, denn während in einer Gegend fremde Artgenossen noch im Umkreis von 5 km vertrieben werden, stehen andernorts die Horste keine 2 km voneinander entfernt.

6. Schelladler
Áquila clánga

Länge 66–74 cm. Die erwachsenen Vögel sind gewöhnlich mehr oder minder einheitlich tiefbraun, sie wirken aus der Entfernung sehr dunkel, fast schwarz. Wie bei allen echten Adlern sind die Läufe bis zu den Zehen befiedert. Im Flug fallen manchmal helle Oberschwanzdecken und helle Basisteile der Handschwingen auf. Das Jugendkleid zeigt oberseits zahlreiche helle Flecken, es fehlt ihm aber ein rostfarbener Nackenfleck. Es ist zu betonen, daß dieser Adler im Feld sehr schwer vom Schreiadler zu unterscheiden ist. Denn nicht nur die Größen beider Arten überschneiden sich, es gibt auch Schelladler, die heller und kontrastreicher gefärbt sind und somit dem Schreiadler sehr ähneln.

Der auffallende Ruf des Schelladlers klingt wie das Kläffen eines kleinen Hundes. Daneben läßt er verschiedene Pfiffe hören, sehr ähnlich denen des Schreiadlers.

Der Schelladler ist als Brutvogel von der Mandschurei und dem Ussurigebiet bis nach Polen und Südwestfinnland verbreitet. Mehr oder minder regelmäßig brütet er vielleicht auch noch in Ungarn und in der Slowakei. Das Überwinterungsgebiet reicht von Ägypten bis nach Vietnam. Einzelne Stücke überwintern aber auch in Südeuropa. Der Schelladler besiedelt nicht zu dichte Wälder, die an Moore, feuchte Wiesen und Gewässer grenzen. Seine Bindung an Wasser ist ausgeprägter als beim Schreiadler.

Die Jagd betreibt er vom Ansitz, im Suchflug oder zu Fuß. Wie der Schreiadler vermag er verschiedene Beutetiere geschickt am Boden zu verfolgen, anders als dieser schlägt er jedoch auch Beute auf dem Wasser (z. B. Bläßhühner). Den Hauptanteil seiner Beute bilden Kleinsäuger und Vögel, außerdem fängt er noch Reptilien, Lurche, kleine Fische und Insekten. Er

Abb. rechts
Die Bestimmung der Greifvögel in freier Natur kann mitunter recht schwierig sein. Eine brauchbare Erkennungshilfe liefert manchmal die Flügelhaltung des segelnden Vogels. Die Abbildung veranschaulicht schematisch die Besonderheit einiger Arten. a) Rotund Schwarzmilan (noch stärker durchgebogen erscheinen die Flügel des Fischadlers). b) Mäusebussard. c) Wespenbussard (der Unterschied ist wesentlich im Vergleich mit dem Mäusebussard). d) Schreiadler.

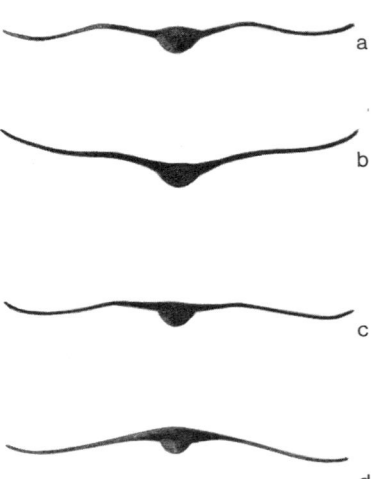

geht auch an Aas. Die Kenntnisse über Verhalten und Lebensweise dieser Art weisen noch viele Lücken auf. Man nimmt an, daß sie in vielem mit dem Schreiadler übereinstimmen.

Das Nest steht gewöhnlich im unteren Teil alter Baumkronen und ist aus Ästen gebaut. Die Auspolsterung besteht aus Gras, dem kleine Reiser und Rindenstückchen beigemengt sind (Unterschied zu Schreiadler und Mäusebussard). Der Nestrand wird mit frischen Zweigen belegt. Das Gelege besteht aus 1–2 Eiern, diese sind glanzlos, weiß mit lilagrauen und rotbraunen Flecken, jedoch schwächer gefleckt als beim Schreiadler. Nach etwa 40tägiger Brutdauer schlüpfen die Jungen, die weitere (42?) 60–67 Tage im Nest bleiben. Anders als beim Schreiadler werden häufig beide Jungen flügge.

6a. Schreiadler*
Áquila pomarína

Länge 61–66 cm. Wie bereits erwähnt, ist diese Art von der vorigen nur schwer zu unterscheiden. Gewöhnlich ist der Schreiadler kleiner und etwas zierlicher. Er wirkt auch nicht so einfarbig; bei günstiger Beleuchtung kontrastieren im Flug die dunklen Schwingen mit den helleren Flügeldecken. Häufig sind auch Oberkopf, Nacken und Hinterhals heller gefärbt. Jungvögel haben einen rostgelben Nackenfleck. Dafür ist die weiße Fleckung des Gefieders wesentlich schwächer als beim jungen Schelladler. Mit dem Schelladler gemeinsam hat er die brettartige Form der Flügel, die nach der Spitze nicht schmäler werden und beim Segeln im Handgelenk schwach nach unten gebogen sind, wobei die gespreizten Handschwingen sich allerdings oft wieder aufwärts biegen. Unter günstigen Umständen kann die Anzahl der sichtbar gespreizten Handschwingen ein Erkennungsmerkmal sein, beim Schelladler sind 7, beim Schreiadler nur 6 zu sehen. Vor allem im Frühjahr bis zum Schlüpfen der Jungen ist der Schreiadler sehr ruffreudig, was ihm auch zu seinem Namen verholfen hat. Die Rufe klingen ähnlich wie beim Schelladler: gereihte Kläfflaute, die aus der Entfernung dennoch recht angenehm klingen, und langgezogene Pfiffe.

Der Schreiadler zeigt eine merkwürdige Verbreitung, die sich auf zwei weit voneinander getrennte Gebiete verteilt. Das eine liegt in den locker bewaldeten, trockenen Ebenen Indiens, das andere umfaßt die norddeutsche Tiefebene, Polen, das Baltikum, Westrußland, die Tschechoslowakei, den Balkan, die Türkei und Kaukasien. Durch sinnlose Bejagung und Zerstörung der Horste ging die Anzahl der mitteleuropäischen Schreiadler in der ersten Hälfte unseres Jahrhunderts stark zurück. Nach dem letzten Krieg haben sich die Populationen an manchen Orten wieder etwas erholt. In der Bundesrepublik brütet der Schreiadler aber auch heute noch nicht wieder. Etwa im September ziehen die Schreiadler südwärts, sie überwintern größtenteils in Afrika, jenseits des Äquators und kehren im April wieder zu ihren Brutplätzen zurück. Schreiadler brüten zwar auch gern in Wäldern, die von Gewässern oder feuchten Wiesen durchsetzt sind, doch sind sie weniger an diesen Biotop gebunden als der Schelladler, und man findet sie auch in trockenen Waldungen.

Zur Jagd sucht der Adler offene Flächen auf. Hier verfolgt er seine Beute teils zu Fuß, teils in einem kreisenden Suchflug. Im Unterschied zum Schelladler scheint er nie im oder auf dem Wasser Beute zu schlagen. Häufig werden die Beutetiere im Schnabel und nicht in den Fängen zum Horst getragen. Den größten Teil der Beute bilden Kleinsäuger, besonders Mäuse. Daneben schlägt der Schreiadler regelmäßig Vögel (vorwiegend junge, die noch nicht gut fliegen) sowie Amphibien, Reptilien, wobei er auch vor Giftschlangen nicht zurückschreckt, und große Insekten. An Aas geht er sehr selten.

Nest und Brutverhalten gleichen weitgehend denen des Schelladlers. Wie bei diesem vollführen die Paare zu Beginn der Brutzeit auffallende, von lautem Rufen begleitete Flugspiele. Meistens bilden (1) 2 (–3) Eier Ende April/Anfang Mai das Gelege. Sie sind zwar Schelladlereiern ähnlich, aber in Färbung und Fleckung variabler. Wie beim Schelladler wird ab erstem Ei gebrütet, obwohl nachfolgende Eier jeweils im Abstand von 3–4 Tagen gelegt werden. Von ganz wenigen Ausnahmen abgesehen, wird beim Schreiadler nur ein einziges Junges flügge, da der zweite oder dritte Nestling schon vorher stirbt. »Schuld« daran scheint das ältere Geschwister zu sein, das den später schlüpfenden keine Lebensmöglichkeit läßt. Über den genauen Zusammenhang und den Sinn dieses biologisch völlig sinnlos erscheinenden Sachverhaltes besteht noch keine Klarheit. Die Brutdauer beträgt 38–43 Tage. Die Nestlingsdauer 49–57 Tage.

6b. Zwergadler*
Hieraaëtus pennátus

Länge: 46–53 cm. Der Zwergadler tritt in zwei Farbphasen auf. Die dunkle ist überwiegend braun gefärbt mit helleren Schattierungen auf Flügeln, Nakken und Unterschwanzseite. Aus der Ferne wirken solche Vögel einfarbig dunkelbraun mit ± abstechendem hellem Schwanz. Im Flug fällt die zuvor kaum sichtbare Weißfärbung der vorderen Schulterpartien auf. Außerdem ist auch die Stirn oft hell gefärbt. Die helle und viel häufigere Phase ist unterseits weißlich mit einzelnen zerstreuten, dunklen Längsflecken auf der Brust. Die Oberseite ist bräunlich, aber heller als bei der dunklen Phase. Im Flug heben sich die dunklen Schwingen sehr deutlich vom restlichen Gefieder ab. Die Flügel sind kürzer und schmaler als beim Mäusebussard; sie werden beim Segeln horizontal gehalten. Der Schwanz ist relativ lang, gerade abgeschnitten und bei beiden Phasen nur sehr schwach oder gar nicht gemustert. Die Rufe sind sehr vielfältig und meistens wohllautend; manche erinnern an Kleiber oder andere Kleinvögel. Vor allem während der Balz werden lange ab- und aufsteigende Rufreihen vorgetragen wie »wi-wi-wi wü-ü-ü-ü-ü-ü-.....«. Außerdem hört man verschiedene gackernde und miauende Laute. Der Zwergadler ist ruffreudiger als die meisten Adler.

Er bewohnt in Europa die Iberische Halbinsel, die Balkanländer und Süd-Rußland. Möglicherweise brütet er ab und zu heute noch in Österreich und Ostpolen. Im Westen liegen isolierte Vorkommen in Frankreich und möglicherweise in Belgien. Aus Deutschland sind keine Brutnachweise bekannt. Außerhalb Europas lebt dieser Adler in Nordafrika und in weiten Gebieten Asiens. Europäische Vögel überwintern in Afrika.

Laub- und Mischwälder sind sein Lebensraum. Besonders bevorzugt er hügeliges Gelände. Der Zwergadler jagt im und über dem Wald, gelegentlich begibt er sich auf Waldblößen und andere freie Flächen, entfernt sich aber selten weit von Bäumen. Er schlägt kleine Vögel, Säuger und Reptilien manchmal auch Insekten. Sein Flug ist wendig und rascher als der des Mäusebussards, die Angriffe sind mitunter rasant.

Während der Balz vollführt das Männchen Flugspiele und läßt ausdauernd seine schönen Rufe hören. Das Paar baut gewöhnlich ein Nest anderer großer Vögel aus, gelegentlich wird aber auch der ganze Horst neu errichtet. Dazu verwenden die Zwergadler Zweige, die auch noch grün sein können. Der Horst steht sowohl auf Bäumen wie auf Felsen. Der Nestplatz ist meistens gut gegen Sicht geschützt. Das Gelege enthält (1–) 2 (–3) Eier; sie sind

weißlich und nur selten ein wenig graubraun gefleckt. Die Brutdauer beträgt etwa 35 Tage. Die Brut wird hauptsächlich vom Weibchen bestritten, das nur für kurze Zeit vom Männchen abgelöst wird. Die Jungen sind ungefähr mit 7 Wochen flügge.

7. Mäusebussard
Búteo búteo

Länge 51–56 cm. Neben dem Turmfalken der wohl häufigste einheimische Greifvogel. Sein Gesamteindruck ist eher schwerfällig. Im Flug wird der Kopf zwischen die Schultern gezogen, so daß er viel weniger vorsteht als bei Adlern. Segelnd hält der Mäusebussard die Flügel ein wenig über der Horizontalen. Der Schwanz ist relativ kurz und gerundet. In der Färbung gleichen sich kaum zwei Bussarde; es gibt zwischen größtenteils weißen und überwiegend schwarzbraunen Stücken alle Übergänge. Von dem sehr ähnlichen und ebenfalls veränderlichen Rauhfußbussard (vgl. 3 : 4) lassen sich Mäusebussarde an den unbefiederten Läufen und häufig auch an dem eng, wenn auch nicht immer sehr deutlich quer gebänderten Schwanz unterscheiden.

Unter den Rufen des Mäusebussards ist ein miauendes »hijää« oder »wijä« am bekanntesten, da die Vögel es das ganze Jahr über hören lassen, wenn auch im Frühjahr und Sommer besonders häufig. Bei Ärger mit ihresgleichen oder anderen großen Vögeln vernimmt man oft kurze piepende Laute. Besonders ruffreudig, wie bei vielen Greifvögeln, sind die Jungen, deren Bettellaute mit wachsendem Alter immer lauter werden und schon aus größerer Entfernung zu hören sind. Sie klingen wie ein durchdringendes »bijüi-bijüi....« oder auch nur »jüi, jüi...«.

Der Mäusebussard ist in einer Vielzahl von Unterarten von den Kapverden, Azoren und Kanaren über den größten Teil der paläarktischen Region bis nach Japan und auf die Bonin-Inseln verbreitet. In Mitteleuropa kommt die namengebende Rasse, also *Buteo buteo buteo* vor, die außerdem auch noch die Britischen Inseln, Frankreich, Belgien, Holland und die südliche Hälfte Skandinaviens besiedelt. In Nordskandinavien, dem Baltikum und in der europäischen UdSSR schließt sich das Gebiet der Rasse *Buteo buteo vulpinus* (Falkenbussard) an, die sich durch schlankeren Bau, spitzere Flügel und häufig roströtliche Färbung auszeichnet und ziemlich oft auf dem Zug in Mitteleuropa erscheint. Die Bussarde unseres Gebiets sind nur teilweise Zugvögel, die hauptsächlich in Südwesteuropa überwintern; dafür rücken im Winter Bussarde aus nördlicheren und östlicheren Gegenden nach.

Der Mäusebussard brütet im Wald, braucht aber für die Jagd offene Flächen. Deshalb wird man ihn auch am ehesten in der Nähe der Waldränder und nicht mitten in großflächigen Forsten finden. Die in Mitteleuropa häufige »Parklandschaft« mit ihrer Abwechslung von Gehölzen oder Waldungen und landwirtschaftlichen Nutzflächen bietet dem Mäusebussard gute Lebensmöglichkeiten, wenn wir einmal von der Verfolgung oder den Zivilisationsgiften absehen. Im Winter trifft man den Mäusebussard auch in weithin baumfreien Gegenden an.

Obwohl tagaktiv, dehnt der Mäusebussard seine Jagd mitunter auch auf die Dämmerung aus. Meistens jagt er vom Ansitz aus, von dem er in kurzem Gleitflug auf die Beute stößt. Er kann aber auch in langsamem Ruderflug eine Fläche absuchen; ab und zu sieht man ihn dann schwerfällig rüttelnd an einer Stelle verharren, um sich einen genaueren Überblick zu verschaffen. Er ist recht anpassungsfähig und kann bei Knappheit der üblichen Nahrung unverhoffte Auswege finden. So hat man ihn schon Fische aus dem Wasser fangen sehen, oder er jagt anderen Greifvögeln die Beute ab. Obwohl sein Speisezettel also sehr umfangreich sein

kann, bilden doch Wühlmäuse, vor allem die Feldmaus, seine Hauptbeute. Daneben fängt er noch verschiedene andere Kleintiere bis hinab zum Regenwurm. Nur selten schlägt er fliegende Vögel, denen er meistens an Gewandtheit nicht gewachsen ist. Wie wohl bei den meisten Greifvögeln ändert sich die Beuteliste mit den Jahreszeiten. Im Frühjahr und Frühsommer, wenn die Vegetation gute Deckung bietet, fällt zum Beispiel der Anteil der Mäuse, während der der Insekten ansteigt. Wenn dann mit der Ernte die Felder übersichtlicher werden, erhöht sich die Zahl der gefangenen Mäuse wieder erheblich. Neben der lebenden Beute wird auch Aas nicht verschmäht. In Mitteleuropa balzen die ersten Mäusebussarde bereits im Februar. Wie viele Greifvögel haben Mäusebussarde eine Saisonehe. Da sie aber oft zäh an ihrem Brutplatz festhalten und nach Möglichkeit stets zu ihm zurückkehren, können sich über Jahre immer wieder die gleichen Partner treffen. Das Nest steht meistens auf Bäumen, gewöhnlich nahe am Hauptstamm. Manchmal werden die Nester anderer Vögel als Unterlage benutzt. Jahrelang benutzte Horste können bis 1,2 m hoch und 1,8 m breit werden. Zum Bau werden nicht zu dicke Äste und Zweige verwendet; letztere können gebogen in den Nestrand eingebaut werden, was bei Milanhorsten nie vorkommt. Die Mulde wird mit Gras und dünnen Reisern gepolstert. Während der Brut werden grünbelaubte Zweige auf das Nest gelegt. (1–) 2–3 (–6) Eier bilden das Gelege. Die Grundfarbe der Eier reicht von weiß über grünlichweiß zu hell rostfarben. Darauf befinden sich Flecken, die sowohl in der Farbe (violettgrau, hell- bis dunkelbraun) wie in der Anordnung sehr verschieden sein können. Das Gelege wird etwa 33 Tage bebrütet. Nach weiteren 41–49 Tagen verlassen die Jungen das Nest. Nicht alle geschlüpften Jungen werden auch flügge. Wie bei vielen Greifvögeln hängt dies vom

Nahrungsangebot ab. Da bereits gebrütet wird, ehe das letzte Ei gelegt ist, schlüpfen auch die Jungen nicht gleichzeitig. Das älteste Junge ist also schon recht kräftig, wenn das letzte schlüpft. Ist das Futter nun knapp, so drängen die stärkeren, und das sind die älteren, das Nesthäkchen beiseite, so daß es schließlich zugrunde geht. Reicht das Futter, dann kommt auch das Nesthäkchen hoch. Ein größeres Gelege stellt also gewissermaßen einen Puffer dar, der in Abhängigkeit von den äußeren Gegebenheiten die jeweils höchstmögliche Nachwuchszahl garantiert.

8. Rotmilan
Mílvus mílvus
Länge 61 cm. Ein prächtiger Vogel, unverkennbar durch seinen langen, tief gegabelten Schwanz; die Gabelung ist selbst bei stark gespreiztem Schwanz noch zu sehen. Auffallend ist auch die überwiegend rotbraune Färbung, von der sich der hellgraue Kopf abhebt. Im Flug erscheint die Unterseite der Flügel recht kontrastreich, vor allem durch die unterseits weitgehend weißlichen Handschwingen. Fliegende Milane wirken viel eleganter, schlanker und langflügeliger als Mäusebussarde. Die Flügel sind meistens leicht gewinkelt und beim Segeln im Handgelenk schwach abwärts gebogen, der lange Schwanz ist unaufhörlich in Bewegung. Jungvögel sind den Alten ähnlich, aber am Körper heller, am Kopf dunkler gefärbt als diese.
Die Stimme des Rotmilans ist außerhalb der Brutzeit selten zu hören. Sie ist nicht sehr klangvoll. Meistens hört man schwer wiederzugebende Rufe, die vielleicht als wimmerndes Quietschen und jammernd tremolierende Pfiffe zu bezeichnen sind.
Das Brutgebiet des Rotmilans erstreckt sich von den Kanaren und Nordwestafrika nördlich des Atlas über die Iberische Halbinsel, Italien, Frankreich, Südbelgien, Deutschland bis nach Lettland, Weißrußland und die Ukraine.

Der Verlauf der südlichen Verbreitungsgrenze in Transkaukasien, der Türkei und dem Balkan ist zur Zeit nicht genau bekannt. Isolierte Populationen brüten noch in Wales und in Südschweden. Früher war die Art in England und Skandinavien weit häufiger. In Westdeutschland ist der Rotmilan ein regelmäßiger und lokal nicht seltener Brutvogel; er fehlt aber in den Alpen und an der Nordseeküste. Den Winter verbringen die Rotmilane überwiegend im Mittelmeerraum, einige bleiben auch schon in Deutschland und sogar in Schweden.
Der Rotmilan bevorzugt abwechslungsreiche Landschaften und Wassernähe, obwohl er nicht so eng an Wasser gebunden ist wie der Schwarzmilan. Häufiger als dieser nistet er im Bergland. Zum Brüten sucht er Laub- oder Mischwälder auf. Nur selten findet man seinen Horst auch in kleineren Baumbeständen unter 10 ha.
Der Speisezettel des Rotmilans ist erstaunlich umfangreich und weist ihn als sehr vielseitigen Greifvogel aus. Einerseits vermag er als gewandter Flieger Tauben und Elstern zu fangen oder selbst wehrhafte Tiere zu schlagen, wie etwa Hamster, die stellenweise den Hauptteil der Beute darstellen können, andererseits geht er auch sehr gern an Aas und Abfälle. So findet man ihn auf Mülldeponien, oder er sucht Straßen nach den Resten überfahrener Tiere ab. Oft schmarotzt er bei anderen, indem er Greifvögeln oder Krähen ihre Beute abjagt. Größere selbst geschlagene Tiere tötet er durch Schnabelhiebe auf den Kopf; seine Fänge sind verhältnismäßig schwach und kurz bekrallt. Wesentlich seltener als der Schwarzmilan jagt er am Wasser, so daß Fische als Beute nur eine untergeordnete Rolle spielen. Außerhalb der Brutzeit versammeln sich die Rotmilane oft zu Gesellschaften; an den Schlafplätzen können mehrere Dutzend, im Süden sogar mehrere hundert zusammenkommen.

Der Horst der Rotmilane steht meistens im oberen Kronenabschnitt hoher Bäume, so daß freier Anflug gewährleistet ist. Als Baumaterial dienen dicke, auch verzweigte Äste und Zweige, aber auch Erdklumpen. Die flache Mulde wird mit Gras, Haaren und Viehdung ausgepolstert. Kennzeichnend für beide Milane ist die Verwendung von Lumpen und Papier. Wie viele Greifvögel bauen die Milane auch während der Brut ständig an ihrem Nest. Das Gelege enthält (1–) 2–3 (–4) Eier, die auf weißlichgelbem oder hell rostgelblichem Grund verschiedenartig sepiabraun gefleckt sind. Von ähnlichen Mäusebussardeiern sind sie an der deutlicheren Porenbildung und dem geringeren Glanz der Schale zu unterscheiden. Die Brut nimmt 28–35 Tage in Anspruch. Auch hier schlüpfen die Jungen in Abständen einiger Tage. Sie sind mit 40–60 Tagen flügge. Die Familien halten auch danach noch kurze Zeit zusammen.

9. Schwarzmilan*
Milvus migrans

Länge etwa 56 cm. In Flügelhaltung und Flugtechnik dem Rotmilan ähnlich, aber der Schwanz ist schwächer gegabelt, so daß der Ausschnitt bei gespreiztem Schwanz oft nicht mehr zu erkennen ist. Gesamtfärbung dunkler, der Kopf sticht farblich nicht so deutlich vom übrigen Gefieder ab. Die Iris der Augen ist rotbraun. Jungvögel sind oft heller und durch blasse Federsäume auf dem Vorderrücken »geschuppt« aussehend, sie zeigen mitunter auch hellere Flecken auf der Flügelunterseite, ähnlich dem Rotmilan.

Ruft ähnlich wie der Rotmilan, die Stimme klingt aber etwas härter. Neben den wiehernden Ruffolgen ist auch ein etwas melodischeres Trillern zu hören.

Die Art ist in etwa 6 Unterarten über große Teile der Alten Welt verbreitet, vor allem in Eurasien, aber auch in Afrika und in Teilen Neuguineas und Australiens. In Europa fehlt der Schwarzmilan auf den Britischen Inseln, im Nordwesten Frankreichs und Deutschlands, in den Benelux-Ländern, in Skandinavien und dem größten Teil Finnlands sowie in Südgriechenland und auf vielen Mittelmeerinseln. Die europäischen Schwarzmilane sind Zugvögel, die im tropischen Afrika überwintern.

Sie siedeln sich gewöhnlich in Wassernähe an. Besonders beliebt sind Auwälder. Als Ausnahme findet man aber auch Horste bis 25 km vom nächsten Fischgewässer entfernt. Nicht selten horsten Schwarzmilane in oder bei Graureiherkolonien.

Der Schwarzmilan ist noch ausgeprägter als der Rotmilan Aasfresser und Schmarotzer, der anderen Vögeln die Beute abjagt. Bei großem Nahrungsanfall, etwa auf Müllplätzen oder bei Fischsterben sammeln sich große Scharen dieser Milane, ähnlich wie man es von Geiern kennt. Daneben jagt der Schwarzmilan aber auch lebende Beute, die hauptsächlich aus Fischen besteht, die er von der Wasseroberfläche aufnimmt. Meistens handelt es sich also um kranke Stücke. Daneben schlägt er Vögel (meistens junge) und Kleinsäuger. Im Durchschnitt sind diese Beutetiere kleiner als die des größeren Rotmilans. Der Schwarzmilan jagt auch zu Fuß und läuft sogar wie eine Krähe hinter dem Pflug her, wobei ihm Insekten, Regenwürmer und Mäuse zum Opfer fallen. Sein Flug wirkt nicht ganz so elegant wie bei der verwandten Art, ist aber immer noch ungemein geschickt. Mit verblüffender Wendigkeit vermag er selbst zwischen dichten Baumkronen hindurchzuschweben. Merkwürdigerweise ist der Schwarzmilan dem Rotmilan bei Auseinandersetzungen überlegen. Für manche Gegenden bringt man sogar den Rückgang der Rotmilane mit dem Anwachsen von Schwarzmilanpopulationen in Verbindung.

Die Brutbiologie beider Milan-Arten gleicht sich weitgehend. Bei beiden fehlen beispielsweise frische beblätterte Zweige im Nest, und beide verwenden Papier, Lumpen, Plastiktüten und ähnliche Abfälle zum Bau. In Schwarzmilanhorsten findet man aber häufig Fischreste, die bei der anderen Art nicht auftreten. Die (1) 2 – 3 (– 5) Eier des Geleges sind von denen des Rotmilans nicht zu unterscheiden. Die Brut dauert wohl meistens 28–31 Tage, doch liegen auch Angaben über wesentlich kürzere und längere Brutzeiten vor. Die Jungen sind nach 42–45 Tagen flügge; gewöhnlich fällt dieser Termin auf die letzten Juni- oder ersten Julitage. Die Nachwuchsrate liegt nur selten über 2 Junge pro Brutpaar.

10. Wespenbussard
Pérnis apívorus

Länge 51–58 cm. Mäusebussardähnlich und mit diesem oft verwechselt. Ist aber am Flugbild zu erkennen. Der Schwanz ist deutlich länger als beim Mäusebussard und zeigt in der Basishälfte zwei Querbinden; eine weitere Querbinde liegt unmittelbar vor dem Schwanzende. Kopf und Hals werden fast taubenartig vorgestreckt, die Flügel sind schmaler und stärker parallelseitig. Der Wespenbussard segelt seltener, sein Ruderflug ist leichter und fördernder, die Flügel werden dabei tief durchgeschlagen. Beim Segeln hält er die Flügel horizontal, den Handabschnitt sogar ganz schwach abwärts gebogen, während der Schwanz wie bei den Milanen häufige Steuerbewegungen ausführt. In der Färbung sind Wespenbussarde sehr veränderlich, wie schon unsere beiden Abbildungen andeuten. Bei guten Sichtverhältnissen fällt der »sanfte« Gesichtsausdruck (»Schafsgesicht«) auf, hervorgerufen von der dichten schuppenförmigen Befiederung zwischen Schnabel und Auge (Schutz gegen den Stachel der Beutetiere). In Erregung versetzt, stellen Wespenbussarde die Hinterkopf- und Nackenfedern zu einer kleinen Haube auf.

Wespenbussarde sind im allgemeinen schweigsamer als Mäusebussarde. Der häufigste Ruf ist ein melancholisch klingendes »dlüüiilüü«, die »ii« etwas höher. Aus der Ferne klingt dieser Ruf nur zweisilbig: »wiihüü«. Außerdem vernimmt man kurze Pfiffe und gikkernde Rufreihen. Besonders lärmend gebärden sich die ausgeflogenen Jungen.

Die Art ist in Europa weit verbreitet mit Ausnahme des größten Teils der Iberischen Halbinsel, wo sie nur im Norden und Südwesten vorkommt, der südlichen Hälfte Italiens, der Britischen Inseln (nur im Süden Englands in geringer Zahl) sowie des westlichen und nördlichen Skandinaviens. Im Osten reicht das Brutgebiet des Wespenbussards wahrscheinlich bis Westsibirien. Als Zugvogel überwintert er im tropischen Afrika.

Wälder mit Lichtungen und angrenzenden offenen Flächen bilden den Lebensraum des Wespenbussards. Da er eine eher unauffällige Lebensweise führt, wird er oft übersehen. Doch gehört der Wespenbussard zu den ungewöhnlichsten Greifvögeln. Wo immer die Möglichkeit besteht, bilden Insekten, vor allem große Hautflügler *(Hymenopteren)* wie Wespen und Hummeln samt ihrer Brut den Hauptteil der Nahrung. Als Anpassung an diese Beutetiere erwähnten wir bereits die starke Befiederung der Zügel; zu nennen wären in diesem Zusammenhang auch die engen, schlitzförmigen Nasenlöcher und die schwach gekrümmten, verhältnismäßig flachen Krallen, die gut beim Scharren eingesetzt werden können. Der Wespenbussard gräbt nämlich die Boden-Nester von Wespen und Hummeln mit den Füßen scharrend aus, um an die Larven und Puppen zu kommen. Er findet die Nester, indem er im Suchflug oder vom Ansitz aus auf aus- und einfliegende Insekten achtet. Wenn bei

Schlechtwetter Wespen und Hummeln ihre Betriebsamkeit einstellen, verlegt sich der Wespenbussard auf andere Beute, vor allem auf andere Insekten sowie Frösche und junge Vögel oder Eier, daneben kann er aber auch Reptilien und kleine Säuger fangen. Dasselbe gilt natürlich auch für Zeiten, in denen noch nicht genügend Wespen vorhanden sind, also etwa im Frühjahr bis Mitte Juni. So gut der Wespenbussard den Umgang mit seiner wehrhaften Beute auch versteht, so sind doch Ausnahmen bekannt geworden, in denen Hornissen ihrem Feind den Garaus gemacht haben. Wespenbussarde sind gut zu Fuß. Bei der Nahrungssuche können sie Hunderte von Metern an einem Stück gehend zurücklegen. Im Spätsommer fressen sie auch Früchte wie Kirschen, Pflaumen und verschiedene Beeren.

Am Brutplatz sind Wespenbussarde ausgeprägt territorial und vertreiben jeden Artgenossen selbst in kilometerweiter Entfernung vom Horst. Dieser wird oft auf Nestern von Krähen oder anderen Greifvögeln errichtet und besteht aus dünneren und längeren Zweigen als beim Mäusebussard. Häufig werden grüne Zweige verbaut. Im Nest findet man oft leere Wespen-Waben. Das Gelege umfaßt (1–) 2 (–3) Eier. Diese sind rundlich und auf weißlichgelbem Grund äußerst dicht in verschiedenen Brauntönen gefleckt, wobei die Flecken verwischt wirken. Tatsächlich läßt sich die Färbung teilweise abwaschen. Die Brutzeit, die Ende Mai oder Anfang Juni beginnt, dauert 30–37 Tage. Die Jungen sind mit 35–48 Tagen flügge. Der Bruterfolg hängt auch hier vom Nahrungsangebot ab, in wespenreichen Jahren werden mehr Junge groß als in wespenarmen.

11. Habicht*

Accípiter géntilis

Länge 47–61 cm. Die weite Spanne der Längenmaße kommt daher, daß die Männchen durchschnittlich etwa 10 cm kleiner sind als die Weibchen; sie erreichen auch nur etwa zwei Drittel des Gewichtes der Weibchen. Erwachsene Habichte sind oberseits dunkelgrau oder graubraun, unterseits weiß mit dichter Querbänderung, die Unterschwanzdecken sind rein weiß. Über dem Auge zieht sich ein weißlicher Streifen. Jungvögel sind oben dunkelbraun, unten rostgelb mit kräftigen dunkelbraunen Längsstrichen. Vom etwa gleichgroßen Bussard unterscheiden sie sich im Flugbild durch den viel längeren Schwanz und die kürzeren abgerundeten Flügel. Unter einigermaßen guter Beleuchtung fallen bei alten Vögeln auch die weißen Unterschwanzdecken auf. Wegen seiner andersartigen Lebensweise ist der Habicht viel unauffälliger und leichter zu übersehen als der Mäusebussard. Häufig stellt man seine Anwesenheit zuerst anhand von Rupfungen fest.

Die Stimme des Habichts ist am ehesten in Horstnähe zu hören. Man vernimmt ein an Mäusebussarde erinnerndes »hihe« und Rufreihen verschiedener Klangfarbe, etwa »jak-jak-jak . . .« oder »gik-gik-gik . . .«. Die großen Jungen rufen durchdringend »wüje, wüje . . .« oder »klijäh, klijäh«.

Die Art ist in zahlreichen Unterarten in der Nadelwaldzone Nordamerikas und in den Nadel- und Laubwaldzonen Eurasiens verbreitet. In Europa fehlt sie nur im Westen Belgiens und der Niederlande sowie auf den Britischen Inseln. Allerdings nehmen die Habichtbestände vielerorts stark ab. So ist der Habicht in manchen Gegenden Deutschlands nahezu verschwunden. Dort, wo er noch vorkommt, sollte er als Kleinod unserer Fauna geschützt werden. In Nord- und Osteuropa ist er oft Zugvogel, bei uns überwiegend Standvogel.

Der Habicht liebt eine reichgegliederte Landschaft. Wälder, die er besiedelt, müssen durch Lichtungen, Schneisen oder Bachläufe aufgelockert sein; auf Feldern, die zu seinem Jagdgebiet gehören, schätzt er Hecken, Baumreihen, Buschgruppen und ähnliches, wo er Deckung finden kann.

Mehr noch als anderen einheimischen Greifvögeln haftet dem Habicht ein schlechter Ruf an, und viele Jäger, Taubenzüchter und Kleinviehhalter pflegen ihn so darzustellen, als könnte ein einziger Habicht den Ruin ganzer Bevölkerungsteile herbeiführen. Diese maßlosen Übertreibungen wirken umso lächerlicher, wenn man die Vernichtung der heimischen Tier- und Pflanzenwelt durch menschliche Unvernunft dagegenhält. In der Tat ist der Habicht ein beachtlicher Jäger, der Säuger von Mäuse- bis Hasengröße und Vögel von Goldhähnchen- bis Reihergröße schlägt. Untersuchungen zeigten, daß die Arten, die besonders häufig in seinem Jagdrevier vorkommen, auch den Hauptteil der Nahrung darstellen, daß also keineswegs Seltenheiten von ihm ausgerottet werden. Den Schaden, den er beim Niederwild anrichtet, gleicht er zum großen Teil durch das Schlagen von Eichelhähern, Krähen und Elstern wieder aus. Der Habicht ist ein Pirschjäger, der aus der Deckung heraus blitzschnell und überraschend hervorstößt. Nur selten kreist ein jagender Habicht hoch in der Luft. Meistens fliegt er dicht über dem Boden, die Deckung von Hecken, Büschen usw. nutzend. Hat er eine Beute erspäht, beschleunigt er in Sekundenschnelle seinen Flug und greift an. Die hohe Geschwindigkeit dieses Jagdfluges kann er aber nur über kurze Entfernungen (bis etwa 500 m) durchhalten. Die kurzen Flügel und der lange Schwanz verleihen dem Habicht eine große Wendigkeit, so daß er geschickt zwischen Hindernissen hindurchmanövrieren kann. Dennoch kommen Unfälle durch Aufprallen vor, bei denen der Habicht verletzt oder gar getötet wird. Oft jagt er auch vom Ansitz aus; Kleinsäuger werden mitunter aus einem sehr langsamen niedrigen Suchflug heraus gefangen. Gewöhnlich tötet der Habicht seine Opfer mit den Krallen, die besonders an Hinter- und Innenzehe stark ausgebildet sind. Vor dem Kröpfen wird die Beute gerupft. Die Rupfungsplätze des Habichts liegen meistens weiter verstreut als beim Sperber, da aber die Beutetiere oft recht groß sind, sind die einzelnen Rupfungen doch auffällig und bleiben auch länger erhalten.

Habichte leben in Einehe und halten zäh an ihrem Brutrevier fest. Die Balz fällt in den März, beginnt aber bei günstigem Wetter bereits Ende Januar. Dabei führen die Partner Balzflüge aus, bei denen sie zeitweilig die blendend weißen Unterschwanzdecken spreizen (»Flaggen«). Girlandenförmige Flugbahnen wechseln mit imponierenden Sturzflügen ab. Der Horst steht in den Kronen älterer Bäume; oft dienen Nester von Bussarden, Milanen oder Raben als Unterlage. Häufig stehen in einem Brutrevier mehrere Horste. Bei ständiger Wiederbenutzung können einzelne Horste Reisigburgen von 1 m Höhe und 1,3 m Breite werden. Während der Brutzeit wird das Nest mit frischgrünen Zweigen, bevorzugt von Nadelbäumen, belegt. Das Weibchen mausert während der Brut, so daß häufig seine abgeworfenen Federn beim Horst zu finden sind. (1) 3–4 (–6) Eier bilden das Gelege. Sie sind grünlichweiß und ungefleckt. Die Brut dauert 35–38 Tage. Nach weiteren 36–43 Tagen sind die Jungen flügge, die aber noch einige Zeit im Brutrevier bleiben. Das Brüten versieht das Weibchen, das nur selten für kurze Zeit vom Männchen abgelöst wird. Das Männchen versorgt jedoch vom Beginn der Eiablage (manchmal schon vorher) das Weibchen und später auch die Jungen mit Futter. Das Weibchen zerteilt die Beute und hält sie den Jungen im Schnabel vor. Erst wenn die Jungen schon beträchtlich herangewachsen sind, jagt auch das Weibchen wieder.

12. Sperber*
Accípiter nísus

Länge 28–38 cm. Das Weibchen gleicht einer kleinen Ausgabe des Habichts. Der Schwanz ist verhältnismäßig noch länger, er wird im Flug fast nie gefächert und ist hinten gerade abgestutzt. Die weißen Unterschwanzdecken sind viel unauffälliger als beim Habicht. Das Männchen ist wesentlich kleiner und nur etwa halb so schwer wie das Weibchen. Mit seiner blaugrauen Oberseite, den rostbraunen Wangen und der rostbraunen Querbänderung der Unterseite ist es ein hübscher Vogel. Jungvögel sind oberseits braun, unterseits braun gebändert, sie weichen in ihrem Aussehen also nicht so stark von Altvögeln ab wie beim Habicht. Sperber haben wie der Habicht kurze, abgerundete Flügel und ähneln ihm auch in ihrem Verhalten. Daran sind sie verhältnismäßig leicht von anderen etwa gleichgroßen Greifvögeln (Turm-, Baumfalke, Merlin) zu unterscheiden (siehe auch 25). Ihre langen, dünnen Läufe und Zehen stellen eine Anpassung an den Vogelfang dar.

Außerhalb der Brutzeit sind Sperber recht schweigsam, am Brutplatz hört man sie dagegen ab und zu rufen. Sie äußern Rufreihen verschiedener Tonqualität und Lautstärke, je nach Anlaß, etwa »gickgickgick ....« oder »wäk wäk wäk ...«. Besonders ruffreudig sind die ausgeflogenen Jungen, die mit hellen, schneidenden »wiii wiii ....« ihre Anwesenheit bekunden. Zu dieser Zeit sind Sperber, die sich sonst der Aufmerksamkeit leicht entziehen, am ehesten zu bemerken.

Die Art lebt in der Paläarktis von Irland bis nach Japan und bildet in diesem Gebiet etwa ein halbes Dutzend Unterarten. In Europa fehlt der Sperber nur im äußersten Norden. Er ist teilweise Zugvogel. Die deutschen Brutvögel bleiben meistens im Lande. Im Winter kommen häufig Gäste aus dem Norden und Osten hinzu.

Sperber bevorzugen geschlossene, nicht zu alte (20–50 Jahre) Nadelgehölze, die an Lichtungen, Schneisen oder andere kleinere offene Flächen grenzen. Seltener leben sie auch in Wäldern mit hohem Laubbaumanteil. Noch seltener als der Habicht zeigen sie sich im offenen Gelände, dringen aber auf der Jagd mitunter in Dörfer und Vorstädte ein, wo sie vor allem dem Haussperling nachstellen. Die größte Siedlungsdichte erreicht der Sperber in Mitteleuropa in den unteren Lagen der Mittelgebirge. Wie der Habicht ist der ehemals gar nicht seltene Sperber in den letzten zwei Jahrzehnten bedrohlich zurückgegangen. Vielerorts, wo er einst eine alltägliche Erscheinung war, ist er heute verschwunden. Strenge Schutzmaßnahmen sind zur Bestandserhaltung dringend erforderlich.

Er jagt ähnlich wie der Habicht. Äußerst geschickt wird jede Deckung genutzt, und die Gewandtheit, vor allem des Männchens, mit der die eng stehende Hindernisse umgangen werden, ist staunenswert. Manchmal findet auch ein Suchflug statt, bei dem der Sperber in der Luft kreisend die Umgebung mustert. Die Angriffe erfolgen überraschend und rasant. Sperber sind hauptsächlich Vogeljäger. Das Entsetzen der Singvögel ist denn auch angesichts keines anderen Greifvogels so groß wie beim Erscheinen des Sperbers. Schlagartig sind dann ganze Waldteile von den Warnrufen erfüllt, denen häufig eine lähmende Stille folgt. Oft kann man an dieser Reaktion der Singvögel erkennen, daß ein Sperber in der Nähe ist. Die Zusammensetzung der Beuteliste hängt weitgehend vom Angebot ab, häufige und auffallende Arten werden bevorzugt gefangen. Zeitweise kann der Haussperling über die Hälfte der gesamten Nahrung ausmachen. Dem Größenunterschied entsprechend, haben Weibchen und Männchen verschiedene Beutespektren. Nur das Weibchen ist in der Lage, größere Vögel, etwa Häher, zu schlagen. Der Sperber ist kein Jagdschädling, der Anteil jagdbarer Tiere (Rebhuhn, Fasan) an seiner Beuteliste macht nur etwa 0,5 % aus, der Anteil an Hausgeflügel liegt sogar noch viel niedriger. Neben Vögeln fallen dem Sperber auch Kleinsäuger, vor allem Mäuse, seltener auch Reptilien und Insekten zum Opfer. Sperber rupfen ihre Beute häufig am gleichen Ort (»Rupfungsfeld«), der meistens unweit des Horstes liegt.

Bereits im Vorfrühling beginnt die Balz. Der Horst, ein nicht sehr fest gefügter Bau aus dünnen Zweigen, steht meistens auf Fichten nahe am Stamm, und zwar bevorzugt auf den obersten trockenen Zweigen. (Eng stehende Fichten tragen oft nur am obersten Stammabschnitt grünende Zweige, während die unteren verdorren). Da das Weibchen während der Brut mausert, sind das Nest und seine Umgebung mit ihren Federn bestreut. Die Eier sind auf weißem, manchmal grau oder grünlich getrübtem, Grunde in wechselndem Ausmaß violettgrau und hell- bis dunkelbraun gefleckt; die Flecken sind auf dem Ei ungleichmäßig verteilt. Das Gelege besteht aus (2–) 4–6 (–7) Eiern. Nach einer Brutzeit von 31–38 Tagen schlüpfen die Jungen, die nach 24–31 Tagen (die Weibchen später als die Männchen) flügge sind. Der Bruterfolg ist in den letzten Jahren stark gefallen, wahrscheinlich im Zusammenhang mit Insektiziden. Es brütet nur das Weibchen, das vom Männchen mit Futter versorgt wird. Später verteilt das Weibchen das Futter für die Jungen. Geht die Mutter zugrunde, solange die Nestlinge die Beutetiere noch nicht selbst auseinandernehmen können, verhungern sie inmitten der vom Männchen herangebrachten Nahrung.

13. Baumfalke*
Fálco subbúteo

Länge 30–36 cm. Ähnelt einem kleinen Wanderfalken, ist aber kleiner, unterseits kräftig längsgestreift, hat rostrote »Hosen« und Unterschwanzdecken sowie lange, spitze Flügel und kurzen Schwanz, so daß er im Flug fast wie ein riesiger Mauersegler wirkt. Jungvögeln fehlt die rostrote Färbung der Schenkel und Unterschwanzdecken, während sonst allgemein bräunlicher gefärbt sind, jedoch nie so hell rotbraun wie die gleichgroßen Turmfalken, die stets an den warm zimtfarbenen Rücken und Flügeloberseiten sowie am viel längeren Schwanz von Baumfalken zu unterscheiden sind.

Die Stimme klingt wie ein gezogenes »gji-gji-gji . . .« oder »gägägä«, daneben auch turmfalkenähnlich »kiki-kikí«.

Der Baumfalke ist in der Paläarktis weit verbreitet. In Europa fehlt er auf den Britischen Inseln (außer Südengland), in Norwegen, dem größten Teil Schwedens, auf Sizilien, Sardinien und anderen Mittelmeerinseln. Bereits Ende August ziehen die ersten Vögel südwärts, um im tropischen Afrika oder Asien zu überwintern.

Bevorzugter Lebensraum sind lichte Wälder oder kleinere Baumgruppen, umgeben von feuchten Wiesen, Mooren, Heiden und Gewässern. Schon daraus ergibt sich, daß der Baumfalke bei uns vor allem in den Niederungen zu Hause ist. Doch besiedelt er ebenfalls, wenn auch in geringerer Zahl, die Mittelgebirge. Als entsprechend abwechslungsreiche und aufgelockerte Landschaft erscheinen ihm offenbar auch manche menschlichen Siedlungen, denn er hat wiederholt in Parks, Alleen und größeren Gärten gebrütet. Der Baumfalke ist ein ungemein guter Flieger, der seine Beute im freien Luftraum schlägt. Dabei fallen ihm sogar die flinken Mauersegler und Schwalben zum Opfer. Vögel, die durch Genickbiß getötet werden, und Insekten bilden die Hauptnahrung, doch schlägt er auch Kleinsäuger und Reptilien. Häufig jagt der Baumfalke auch in der Dämmerung, vor allem, wenn er einen Schlafplatz von Vögeln (Schwalben,

Stare) entdeckt hat oder wenn größere Insekten (z. B. Maikäfer) schwärmen. Mit großem Geschick jagt er Libellen. Auch die Insekten werden nicht mit dem Schnabel, sondern mit den Fängen gegriffen. Mitunter nimmt er anderen Greifvögeln, besonders dem Turmfalken, die Beute ab; wahrscheinlich stammt der größte Teil der von ihm verzehrten Säuger aus solchen Überfällen. Rupfungen des Baumfalken sind selten zu finden, da er stets auf hohen Bäumen oder in der Luft rupft, so daß die Federn im weiten Umkreis zerstreut werden. Manchmal kröpft der Falke auch im Flug, indem er viertelstundenlang im Ruderflug weite Bogen und Kreise fliegt und in eingeschobenen Gleitstrecken Stücke von der Beute reißt.

Baumfalken bauen kein eigenes Nest, sondern übernehmen bereits verlassene von Krähen, Bussarden und anderen großen Vögeln. Das Weibchen legt (1–) 3–4 Eier, die auf gelblichweißem bis rostfarbenem Grund dicht mit kleinen unregelmäßigen rotbraunen Flekken bedeckt sind. Die Brut dauert 28 Tage. Nach 23–32 Tagen sind die Jungen flügge. Es brütet hauptsächlich das Weibchen, das erst ungefähr zwei Wochen nach dem Schlüpfen der Jungen wieder mit der Jagd beginnt; bis dahin versorgt das Männchen die Familie.

Hühnervögel
Gallifórmes

14. Fasan
Phasiánus cólchicus

Länge 53–89 cm. Die Hähne sind gewöhnlich größer (um 80 cm) als die Hennen (um 60 cm). Der Fasan gehört zu den am leichtesten zu erkennenden einheimischen Vögeln, obwohl die Färbung der Hähne beträchtlich variiert. So kann etwa der weiße Halsring weiter ausgedehnt sein als auf unserem Bild oder ganz fehlen, und die Körperbefiederung kann sehr verschiedene Tönungen aufweisen bis hin zur überwiegend blaugrünen Färbung. Die nackten roten Gesichtsteile der Hähne schwellen während der Balz stark an. Die Hennen sind wesentlich eintöniger gefärbt, doch lassen auch sie sich stets an dem langen Schwanz erkennen. Junge Fasanen sind von Rebhühnern am kontrastreicheren Gesicht (helles Augenfeld, dunkler Wangenstreifen) und den nicht rostrot gefärbten seitlichen Schwanzfedern zu unterscheiden, außerdem zeigt der Schwanz schon sehr früh einen keilförmigen Schnitt.

Fasanen verfügen über vielfältige Lautäußerungen, von denen die meisten jedoch nur aus der Nähe zu hören sind. Nicht zu überhören ist das Krähen der Hähne: ein zweisilbiger rauher Ruf wie »görr-gock«, dem ein trommelndes oder raschelndes Geräusch folgt, hervorgerufen durch einen kurzen aber heftigen Flügelwirbel, der aber nicht so weit zu hören ist, wie der Ruf selbst. Aufgescheuchte Hähne rufen gellend »gögök, gögök …«; Hennen lassen in ähnlicher Situation nur heiser piepende Laute wie »chi-chik« hören. Abends beim Aufbaumen rufen die Hähne weithin vernehmbar »tagatak« oder »toketok«, manchmal auch nur zweisilbig »tagat«.

Der Fasan ist in einer verwirrenden Formenfülle von Japan bis zur östlichen und südlichen Schwarzmeerküste (Kolchis, daher der Artname) verbreitet, wobei sein Vorkommen vor allem in der westlichen Hälfte des Gebietes in viele mehr oder minder isolierte Inseln zerfällt. In Europa wurde der Fasan vom Menschen eingebürgert (auf dem Balkan vielleicht natürliche Vorkommen). Es sind verschiedene Rassen nach Europa gebracht worden, die sich miteinander kreuzten. Dadurch erklärt sich die große Veränderlichkeit der europäischen Populationen.

Der Fasan ist kein Waldvogel im strengen Sinn. Er sucht sein Futter auf Feldern und anderen offenen Flächen, braucht aber andererseits Deckung und liebt als Schlafplätze Bäume oder wenigstens Sträucher. Besonders im Winter reicht ihm die Deckung auf den kahlen Feldern nicht aus, so daß er dann eher im Wald zu finden ist. In Mitteleuropa ist der Fasan größtenteils als nur halbwilder Vogel zu betrachten, da er hier durch Fütterung und andere Schutzmaßnahmen an Stellen gehalten wird, an denen er sonst kaum vorkäme. Unter Umständen lebt er in unmittelbarer Nachbarschaft des Menschen, etwa in Parks oder in dörflichen Gärten. Der Fasan ist ein sehr schöner Vogel, der unsere Fauna bereichert, doch erscheint es kaum gerechtfertigt, wenn von Jägern, die eine gute »Strecke« haben wollen, zum Schutze des Fasans andere einheimische Vögel unverantwortlich dezimiert werden, so durch Abschuß von Greifvögeln oder Auslegen von Gifteiern, denen keineswegs nur Krähen, sondern viele seltene und geschützte Arten zum Opfer fallen.

Die Aktivität der Fasane verteilt sich vornehmlich auf die frühen Morgen- und späten Nachmittagstunden. Die Nacht verbringen sie meistens auf Bäumen, wo man sie in hellen Nächten gut von unten sehen kann. Vor allem in der kalten Jahreszeit können sich umfangreiche Schlafgesellschaften zusammenfinden. Die Nahrung besteht aus pflanzlichen Stoffen vielerlei Art, wie Blätter, Beeren (darunter auch die für den Menschen giftigen Beeren des Nachtschattens oder des Seidelbasts), Körner, Nüsse und Eicheln. Daneben fangen sie auch Insekten, Würmer, Schnecken und kleine Wirbeltiere. Als Kücken fressen sie sogar hauptsächlich Insekten. Fasanen fliegen nur in Not, dann aber starten sie mit großer Beschleunigung und erheblichem Lärm. Beides zusammen erleichtert ihnen eine Flucht in kritischen Situationen. Häufiger ziehen sie sich zu Fuß zurück oder sie drücken sich eng an den Boden, so daß sie nur schwer zu entdecken sind.

Das Nest steht gewöhnlich auf dem Boden, nur selten auch etwas erhöht, z. B. auf Kopfweiden. Es besteht aus einer Mulde, die gar nicht oder nur sehr dürftig mit Pflanzenteilen ausgelegt ist. Das Weibchen legt (6) 8–12 (–16) olivgraue bis olivbraune Eier, die sie 23–25 Tage bebrütet. Die Jungen sind Nestflüchter und werden von der Mutter geführt. Sie drücken sich bei Gefahr auf den Boden, sind aber schon mit 10 Tagen flugfähig. Gelege kann man von Mitte März bis August finden; die späten sind aber in der Regel Nachgelege, wenn die erste Brut mißlungen ist. Die Hähne zeigen während der Brutzeit Revierverhalten. Kämpfe mit Nebenbuhlern sind nicht selten.

15. Birkhuhn*
Tetráo tétrix

(Wird von manchen Autoren in einer besonderen Gattung *Lyrúrus* untergebracht).

Länge: Männchen etwa 54, Weibchen etwa 41 cm. Der Hahn ist mit seinem schwarzen, bläulich glänzenden Gefieder, dem beidseitig nach auswärts gekrümmten Schwanz, den weißen Unterschwanzdecken sowie der weißen Binde und ebensolchem Bugfleck der Flügel nicht zu verkennen. Die Henne trägt ein gelb- bis dunkelbraun gebändertes Gefieder, das eine vorzügliche Verbergetracht darstellt. Von der Auerhenne unterscheidet sie sich durch geringere Größe, einen schwach gegabelten Schwanz, das Fehlen eines ungebänderten Brustflecks und eine schmutzigweiße Flügelbinde. Beide Geschlechter haben über den Augen nackte rote Hautwülste (»Rosen«), die beim Hahn während der Balz stark anschwellen, bei der Henne meistens nicht oder kaum zu sehen sind. Die Läufe sind im Winter dicht, im Sommer dünn befiedert.

Das Birkhuhn verfügt über eine Reihe gackernder und fiepender Rufe mit mehr oder minder nasalem Klang.

Kücken piepen. Am bekanntesten ist aber der »Gesang« balzender Hähne, der unter Umständen 3 km weit zu hören ist. In der Hauptsache besteht er aus schwer zu lokalisierenden, dumpf sprudelnden tiefen Lauten (»Kollern«), bei denen die aufgeblasene Speiseröhre als Resonator dient. Dazwischen ertönt ein lautes »tschuiischt«, ähnlich einem Niesen.

Das Birkhuhn ist in mehreren Rassen in der borealen (nördlichen) Waldzone der Paläarktis weit verbreitet. In Europa lebt es in Wales, Nordengland und Schottland, dann von Ostfrankreich über Deutschland, Skandinavien, Polen bis Rußland, fehlt aber, abgesehen von einigen Vorkommen auf dem Balkan, in Südeuropa.

Es beansprucht offene, nicht zu trockene, locker mit Bäumen oder Gebüsch bestandene Flächen, kommt in den Niederungen vornehmlich in Heiden und Mooren, im Gebirge auch an der Waldgrenze vor. Die mitteleuropäischen Populationen sind in neuerer Zeit rasch geschrumpft, vielerorts sogar ausgestorben.

Birkhühner sind gesellige Vögel; nur während der Brutzeit sondern sich die einzelnen Weibchen ab. Sie bewegen sich hauptsächlich zu Fuß fort und können auch auf dünnen Zweigen geschickt das Gleichgewicht halten. Der Flug ist rasch und recht wendig, dabei geräuschvoll, aber nicht sehr ausdauernd. Hangabwärts, mit langen Gleitstrecken können sie trotzdem Entfernungen von mehreren Kilometern fliegend überbrücken. Durch abgespreizte Schuppen an den Zehenrändern vermögen sie auch auf Schnee zu laufen, ohne einzusinken. Sie ruhen auf Bäumen oder unter guter Deckung am Boden; bei Schneetemperaturen unter −4 °C graben sie sich als Ruheplatz einen Gang mit anschließender Höhle im Schnee. Während sich Kücken fast ausschließlich von Insekten ernähren, besteht die Nahrung später hauptsächlich aus Pflanzenteilen (Sämereien, Be-

eren, Bucheckern, Blatt- und Blütenknospen, Triebspitzen, Blätter und Nadeln, sogar Farne und Sporenkapseln von Moosen).

Die Balz der Birkhähne gehört zu den eindrucksvollsten Schauspielen, die die einheimische Vogelwelt zu bieten hat; angeblich hat sie sogar dem alpenländischen Schuhplattler zum Vorbild gedient. Die Hähne versammeln sich auf Gemeinschaftsplätzen (»Arena«), wo sie, jeder für sich, ein kleines Revier besetzen und verteidigen. Aufgeblasen, mit hängenden Flügeln, gestelztem und gespreiztem Schwanz, so daß die weißen Unterschwanzdecken weithin zu sehen sind, lassen sie ihren sonderbaren stimmungsvollen Gesang hören. Sie trippeln umher, vollführen Luftsprünge und fechten mit Nachbarn mehr oder weniger ritualisierte Kämpfe aus. Es findet keine Paarbildung statt, sondern die Hennen suchen sich einen bestimmten Hahn aus, von dem sie sich treten lassen, dabei scheinen sie den im Zentrum der Arena befindlichen Hähnen den Vorzug zu geben. Die Balz findet in den Morgenstunden und – nicht so intensiv – am Abend statt. Ihren Höhepunkt erreicht sie im April und Mai, doch finden sich die Hähne auch zu anderen Jahreszeiten auf den Balzplätzen ein, lediglich im Juli (Mauser!) und im Januar stellen die Hähne ihr Balzverhalten völlig ein. Die Henne legt (3) 7–10 (−16) Eier auf den Boden; sie sind auf rostgelblichem Grund zerstreut und ziemlich fein bräunlich gefleckt. Das Nest ist eine ganz flache Mulde mit wenigen Grashalmen und Federn, seltener auch Blättern ausgelegt, die mehr oder minder zufällig hineingeraten, da die Henne das unfertige Gelege beim Verlassen zudeckt. Nach einer Brutdauer von 24–28 Tagen schlüpfen die Jungen, die Nestflüchter sind. Sie werden allein von der Mutter betreut und sind bereits mit 4 Wochen selbständig, bleiben aber noch einige Wochen im Familienverband. Gelegentlich kommen Kreuzungen zwischen Birk- und Auerhuhn vor, die ja im Verhalten Ähnlichkeiten zeigen. Die Bastarde sind steril und als »Rackelhühner« bekannt. Seltener sind Kreuzungen mit Moorschneehuhn und Fasan.

16. Auerhuhn*
Tetráo urogállus

Länge: Hahn um 86 cm, Henne um 62 cm. Der größte europäische Hühnervogel ist kaum zu verwechseln. Selbst die Henne, deren Gefieder dem der Birkhenne ähnelt, ist an ihrer Größe, dem langen, abgerundeten Schwanz und dem rostfarbenen, ungefleckten Brustfleck gut zu erkennen. Beim Hahn fallen der weißliche Schnabel, die nackte rote Hautstelle über den Augen, der »Kinnbart« (im Ruhekleid kleiner und ohne Glanz) und die grünlich glänzende Brust auf. Die weiße Fleckung auf Bauch und Schwanz ist individuell verschieden ausgebildet (siehe auch 18a). Jungvögel sind ähnlich gefärbt wie das Weibchen.

Wer nach den zahllosen Schilderungen der Auerhahnbalz diesen Vogel für einen stimmgewaltigen Sänger hält, täuscht sich. Die Strophe des Auerhahns ist viel leiser als die des Birkhahns und kaum 350 m weit zu hören. Sie besteht aus einem immer schneller werdenden hölzernen Ticken, das mit einem schnalzenden »tock« (ähnlich gedämpftem Sektkorkenknall) endet und dem ein mehrmaliges Wetzen (Schleifen) »tischeddedde« folgt. Die ganze Strophe dauert normalerweise etwa 6 Sekunden. Bei anderen Anlässen kann der Hahn kehlig gackernde und fauchende Laute von sich geben. Die recht schweigsamen Hennen gakkern in näselndem Tonfall. Kücken piepen.

Das Auerhuhn ist in Mitteleuropa ebenfalls stark zurückgegangen und kommt hier nur noch lokal in den Alpen, den Mittelgebirgen und dem östlichen Teil der deutsch-polnischen Tief-

ebene vor. Weitere Vorkommen liegen in den Pyrenäen, den Karpaten, in Jugoslawien, in Schottland und von Norwegen und Ostpolen bis zum Baikalsee.

Auerhühner leben in großen, möglichst ungestörten und naturnahen Waldungen mit hohem Nadelbaumanteil; reine Laubwälder meiden sie. Als ihr ursprünglicher Biotop ist wohl die Taiga zu betrachten. Für den besorgniserregenden Bestandsrückgang sind in erster Linie Zerstörungen des Lebensraumes (einseitige Holzwirtschaft, Straßenbau, Freizeitrummel) verantwortlich, daneben auch der unsinnige »Brauch«, die Jagd ausgerechnet während der Fortpflanzungszeit zu betreiben. Neuere Untersuchungen zeigten, daß ein zu großer Rehbestand sich ebenfalls negativ auswirkt, da Rehe und Auerhühner zeitweilig Nahrungskonkurrenten sind. Offensichtlich beeinflussen auch Klimaschwankungen die Bestandsentwicklung. So verbessert kontinentales Klima (warme Sommer, kalte Winter) die Lebensmöglichkeiten.

Auerhühner sind ausdauernde und geschickte Läufer, die sich bei Gefahr lieber zu Fuß als fliegend entfernen. Sie verstehen es vorzüglich, sich zu drükken. Trotz ihrer Größe sind sie aber auch im Flug zwischen den Waldbäumen recht wendig. Sie baden gern und ausdauernd im Sand. Ihre Nahrung suchen sie sowohl am Boden wie auf Bäumen, wo selbst die schweren Hähne erstaunlich sicher auf dünnen Ästen balancieren. Das Gehen auf Schnee erleichtern ihnen die »Zehenstifte«, schmale, verlängerte und seitwärts abstehende Schuppen an den Zehenrändern. Bei hohem Schnee (mindestens 40–50 cm) graben sie sich zum Ruhen eine Höhle. Wie beim Birkhuhn ernähren sich auch hier die Kücken während der ersten drei Wochen hauptsächlich von Insekten und ähnlichen Kleintieren, später überwiegend von pflanzlichen Stoffen. Der Speisezettel ändert sich mit den Jahreszeiten. Von Ende Oktober bis April bilden Koniferennadeln, vornehmlich von der Waldkiefer, den Hauptanteil, dann folgen allmählich anderen Pflanzen, von denen Knospen, Blätter und Blüten gefressen werden. Im Spätsommer und Herbst schließlich gilt die Vorliebe verschiedenen Beeren (vor allem Preißel- und Blaubeeren) sowie anderen Früchten (Erdbeeren, Himbeeren, Hagebutten, Eicheln usw.). Als Beikost werden Insekten, hauptsächlich Ameisen, und gelegentlich Schnecken, Eidechsen und Frösche gefangen.

Die Balz der Hähne beginnt im zeitigen Frühjahr, wenn das Wetter es erlaubt bereits im Februar, und dehnt sich mitunter bis in den Juni hinein. Nach einer Sommerpause balzen die Hähne nochmals, wenn auch viel schwächer, im Herbst. Im frühen Morgengrauen finden sich die Hähne auf den Balzplätzen ein. Zunächst »singen« sie auf einem Baumast, später auch auf dem Boden. Ihre Balzstellung ist häufig dargestellt worden: Hals und Kopf werden hochgereckt, der »Bart« ist gesträubt, die Flügel hängen leicht herab, und der Schwanz ist radförmig gefächert. Ab und zu vollführt der balzende Hahn kurze »Flattersprünge«, bei denen die Flügel sehr geräuschvoll geschlagen werden. Während des »Schleifens«, des letzten Teils der Balzstrophe, hören die Hähne nichts. Wie und warum das geschieht, ist noch nicht bekannt. Ältere Hähne balzen intensiver und erfolgreicher als junge, so daß unter natürlichen Umständen wohl erst im dritten Lebensjahr stehende Hähne sich erstmals fortpflanzen, obschon sie bereits viel früher geschlechtsreif sind. Die Hennen suchen sich den Hahn aus, von dem sie sich treten lassen. Als Nest dient eine flache Mulde am Boden; nur ausnahmsweise ist es höher gelegen. Sein Sichtschutz ist oft nur sehr unvollkommen. Bei uns ist das Gelege frühestens Mitte April vollständig; es besteht dann aus 5–12 Eiern, die Birkhuhn-

eiern ähneln, aber größer sind und in der Grundfärbung mehr ins Rötliche neigen, während Birkhuhneier eher einen Graustich zeigen. Wie beim Birkhuhn brütet das Weibchen allein. Nach etwa (19?) 24–26 Tagen schlüpfen die Jungen. Diese werden rasch selbständig, bleiben jedoch bis zum September mit der Mutter als Gesperre beieinander.

17. Haselhuhn*
Bonásia bonásia

(Wird häufig auch in die Gattung *Tetrástes* gestellt).
Länge etwa 34–36 cm. Der Größenunterschied zwischen den Geschlechtern ist nicht so ausgeprägt wie bei den beiden vorhergehenden Arten. Die Weibchen sind weniger kontrastreich gefärbt als das abgebildete Männchen, sie haben eine helle Kehle und eine viel kürzere Haube, die in Ruhestellung kaum zu bemerken ist. Beide Geschlechter stellen die Haube bei Erregung auf. Im Flug ist die schwarze, mitten unterbrochene Binde knapp vor dem Ende des Schwanzes ein gutes Kennzeichen. Im übrigen sind Färbung und Musterung veränderlich, indem bald die braunen, bald die grauen Tönungen überwiegen. Haselhühner sind eher unauffällig und werden oft übersehen.

Die Stimme klingt für einen Hühnervogel ganz ungewöhnlich. Am ehesten kann man sie mit den hohen, dünnen Pfeiftönen der Meisen und Goldhähnchen vergleichen. Der Balzgesang des Hahnes läßt sich nur sehr unvollkommen mit »tsie-tsie-tsiseriesisisi-tsuisi« wiedergeben. Auch die meisten anderen Rufe sind einsilbige oder gereihte hohe Pfiffe, die nicht weit zu hören sind. Bei manchen Gelegenheiten (Gefahr, Anwesenheit von Nebenbuhlern) vernimmt man auch leises, heiseres Krächzen wie »räh« oder »str-str«. Die Hähne verursachen darüberhinaus durch rasche Flügelschläge ein surrendes oder trommelndes Geräusch, das wahrscheinlich der Reviermarkierung dient.

Die Art lebt in der paläarktischen Nadelwaldzone mit Ausstrahlung in den Laubwaldgürtel. Man unterscheidet zahlreiche, durch Übergänge miteinander verbundene Rassen; vier davon kommen auch in Mitteleuropa vor. Das Haselhuhn wird hier bereits seit längerer Zeit immer seltener. In der Bundesrepublik findet man es heute noch in den Alpen, im Bayerischen Wald, im Schwarzwald und in einigen Gegenden des Saarlandes sowie des Rheinischen Schiefergebirges. Vielleicht leben auch an anderen Stellen (hessische Mittelgebirge?) noch letzte Reste einstiger größerer Populationen.

Haselhühner bevorzugen stark gegliederte Mischwälder, vor allem artenreiche Niederwälder mit gutem Unterwuchs, der beerentragende Sträucher enthalten soll. Unter den Laubgehölzen sagen ihnen Erlen, Birken und Hasel besonders zu. Intensiv bewirtschaftete Wälder meiden sie.

Über die Lebensweise des Haselhuhns ist weniger bekannt als über die der vorangegangenen Rauhfußhuhn-Arten. Im Unterschied zu diesen sind Haselhühner nur wenig gesellig. Nur vorübergehend finden kleine Gruppen zusammen und auch dies nur außerhalb der Brutzeit. Der Flug des Haselhuhns ist wendig und zeichnet sich durch sehr rasche Flügelschläge aus (etwa 12–14 pro Sekunde). Im Sommer halten sich Haselhühner vornehmlich am Boden auf, doch schlafen sie meistens aufgebaumt. In dichter Vegetation springen sie ab und zu bis 1,5 m in die Höhe, um zu sichern. Mit der gleichen Technik pflücken sie auch hoch hängende Beeren. Häufig, besonders bei Erregung, knicksen sie und wippen mit dem Schwanz. Sie fressen während der warmen Monate Blätter, Blüten und Früchte einer Vielzahl verschiedener Pflanzen. Besonders beliebt sind Beeren aller Art. Im Winter nehmen Knospen und Zweigspitzen verschiedener Bäume und Sträucher (vor allem Birke, Erle, Hasel) den ersten Platz ein. Ebenso werden Blätter und Beeren der Mistel verzehrt. Die Kücken fressen bis zum 10. Tag fast ausschließlich Insekten, wobei sie, wie bei Birk- und Auerhuhn, zunächst nach oben picken, also die Kerbtiere von Blättern und Halmspitzen ablesen. Die Futteraufnahme vom Boden erlernen sie erst mit der Zeit.

Haselhühner leben monogam, doch heißt dies nicht, daß ein Paar für Jahr aus den gleichen Partnern bestünde. Jeder Hahn verteidigt ein eigenes Revier, in dem auch die Henne brütet. Die Paarbildung erfolgt oft bereits im Herbst. Um die Brut kümmert sich allein die Henne. Sie scharrt im April stets in guter Deckung eine Mulde, die nur dürftig mit trockenen Pflanzenteilen ausgelegt wird. Mit (5–) 7–11 (–14) Eiern ist das Gelege vollständig. Es wird 21–27 Tage bebrütet. Die Eier zeigen auf ockerfarbenem, leicht rotbräunlich überhauchtem Grund zerstreut rundliche braune Flecken unterschiedlicher Tönung. Die Jungen sind vor Ablauf eines Monats bereits selbständig, bleiben aber noch einige Wochen beisamen.

18. Moorschneehuhn
Lagópus lagópus

Länge etwa 40 cm. Schneehühner machen im Jahr mehrere Mausern durch (Hahn 4, Henne 3), die ihr Aussehen sehr veränderlich gestalten. Im Winter sind sie rein weiß, nur die Steuerfedern, mit Ausnahme des mittleren Paares, sind schwarz oder dunkelbraun. Im Frühling und Sommer ist das Gefieder überwiegend braun, jede Feder mehr oder minder stark gemustert. Die Flügel bleiben jedoch stets weiß. Der Hahn ist auch meistens an Beinen, Bauch und Unterschwanzdecken weiß, darüberhinaus kann auf der Oberseite die Ausbildung des dunklen Brutkleides stellenweise unterdrückt werden, so daß ein »gescheckter« Eindruck entsteht, wie er auch während der Mauser die Regel ist. Die Hennen sind kräftiger gemustert und im Farbton etwas gelblicher als die Hähne. Die Unterscheidung vom sehr ähnlichen Alpenschneehuhn ist schwierig (vgl. **3**: 13). Am leichtesten ist noch der Alpenschneehahn zu erkennen, da er zwischen Schnabel und Auge schwarz gefärbt ist. Moorschneehühner haben dickere Schnäbel und sind in den dunklen Kleidern mehr braun, während Alpenschneehühner vor allem im Herbst stärkere Grautöne zeigen. Aufgescheuchte Schneehühner haben außerdem die Gewohnheit, im Flug den Kopf zu heben und sich umzuschauen. Dort, wo beide Arten nebeneinander vorkommen, besiedeln Moorschneehühner stets die tieferen Lagen.

Der häufigste Ruf klingt wie »err-rack-gack-gack«. Während der Balz ruft der Hahn wiederholt »kawaor«. Außerdem sind manchmal gluckende und gackernde Laute zu hören.

Das Moorschneehuhn ist holarktisch verbreitet. In Europa lebt es in Irland und auf den Britischen Inseln (das Schottische Moorschneehuhn, eine besondere Rasse, die keine weißen Flügel und kein weißes Winterkleid aufweist) sowie in Norwegen, Schweden, Finnland und der nördlichen Sowjetunion. Die ursprünglichen Brutvorkommen Mitteleuropas (Ostpreußen) sind heute erloschen. Wiederholte Einbürgerungsversuche an verschiedenen Stellen schlugen fehl. Lediglich im Hohen Venn hat sich gegen Ende des vorigen Jahrhunderts aus eingebürgerten Schottischen Schneehühnern eine Population entwickelt, die bis in die sechziger Jahre überdauerte.

Das Moorschneehuhn ist ein Vogel der nordischen Tundra. Es besiedelt Moore, Heiden und lockere Birken- oder Weidenbestände. Die Nahrung sucht es im Sommer hauptsächlich am Boden. Sie besteht größtenteils aus pflanzlichen Stoffen, von Blättern bis zu Früchten und Sämereien. Daneben werden auch Insekten gefangen. Im Winter spielen Knospen die Hauptrolle. Die Moorschneehühner scharren Gänge in den Schnee, um an Futter zu gelangen, doch ungleich häufiger als das Alpenschneehuhn weichen sie auch auf Bäume und Sträucher aus. Bei strengem Winterwetter wandern sie in tiefere Lagen. Sie ruhen in selbstgegrabenen Schneehöhlen oder lassen sich einschneien. Außerhalb der Brutzeit können sie sich zu größeren Gesellschaften zusammenschließen.

Moorschneehühner sind monogam. Der Hahn balzt mit hängenden Flügeln und gespreiztem Schwanz und läßt unter Verbeugungen seinen Balzruf hören. Die Henne scharrt eine Nestmulde aus, die sie mit wenigen Halmen auskleidet. Das Gelege besteht aus (5–) 6–11 (–12) Eiern, die auf braungelblichem Grund dicht dunkelrotbraun gefleckt sind. Da das Weibchen stellenweise bereits im April oder gar im März mit dem Legen beginnt, kann die Henne samt Gelege noch eingeschneit werden. Die Brut dauert etwa 22–24 Tage. Beide Eltern führen die Jungen, die sich sehr schnell entwickeln. Bereits nach wenigen Tagen können sie kurze Strecken fliegend zurücklegen.

18a. Truthuhn
Meleágris gallopávo

Dieser größte aller Hühnervögel wird in manchen Gegenden Deutschlands fälschlich »Auerhahn« genannt, mit dem er jedoch nichts zu tun hat. Truthühner leben in Mexiko und den südlichen Staaten der USA. Sie sind die Stammart des bekannten Hausgeflügels (»Puten«). Da wiederholt, wenn auch mit wenig Erfolg, versucht wurde, wilde Truthühner in Europa anzusiedeln, kann man unter Umständen einem solchen Vogel begegnen. Er ist sofort von allen einheimischen Hühnervögeln durch seinen nackten Kopf zu unterscheiden.

Regenpfeifervögel
Charadriifórmes

19. Waldwasserläufer*
Trínga óchropus
Länge etwa 23 cm. Die Bestimmung der Wasser- und Strandläufer kann dem Anfänger einige Schwierigkeiten bereiten (vergleiche Band 2). Die vorliegende Art ist besonders mit dem etwas kleineren Bruchwasserläufer zu verwechseln; beide haben im Flug keine helle Binde im Flügel. Die Unterscheidung gelingt am leichtesten bei fliegenden Vögeln. Der Waldwasserläufer hat schwärzliche Flügelunterseiten (Bruchwasserläufer: helle), und der Schwanz zeigt wenige breite dunkle Querbinden (Bruchwasserläufer: zahlreiche schmale Querbinden). Darüberhinaus hat der Waldwasserläufer dunklere grünliche Beine, die im Flug, wenn überhaupt, nur ganz knapp über den Schwanz hinausragen (Bruchwasserläufer: Beine heller gelblichgrün und relativ länger). Seine Oberseite erscheint dunkler und weniger gemustert, sie kontrastiert stark mit dem weißen Bürzel (Bruchwasserläufer: Oberseite heller und reicher gefleckt).
Die Stimme klingt angenehm. Kennzeichnend ist vor allem ein beim Auffliegen geäußertes »dlüi-tit-tit«. Der Balzgesang besteht hauptsächlich aus dreisilbigen Flötenrufen »dididüi«, die zu trillernden Folgen gereiht sein können.
Die Verbreitung des Waldwasserläufers erstreckt sich vom östlichen Norddeutschland und Südnorwegen ostwärts bis Ostsibirien. In der Bundesrepublik ist er gegenwärtig ein sehr seltener Brutvogel. Einzelne Exemplare überwintern hier ohne zu brüten. Er ist ein Zugvogel, der bis nach Afrika zieht, aber auch schon in West- und Südeuropa übersommert; mehr oder minder regelmäßig findet man solche Wintergäste auch in Westdeutschland.
Zur Brutzeit bezieht er ältere, feuchte Wälder, die von Mooren, Sümpfen und Gewässern mit Verlandungszonen durchsetzt sind. Auf dem Zug findet man ihn an Gewässern aller Art, auch fern von Wäldern. Besonders scheinen ihm dann eingetiefte Gewässer zuzusagen, so etwa Wasserflächen in Kiesgruben oder Kanäle und Bäche mit Steilufern.
Waldwasserläufer sind recht ungesellig. Vor allem während der Brutzeit bleibt jedes Paar für sich, und auch sonst sieht man oft nur einzelne Vögel. Ähnlich anderen Wasserläufern ist er ein ausgezeichneter Flieger, der mit raschen Schlägen seiner spitzen Flügel rasant davonstiebt, aber auch in eleganten Schwenkungen zwischen Bäumen zu manövrieren weiß. Wie bei vielen Schnepfenvögeln beginnt der Herbstzug sehr früh, nämlich bereits im Juli, und dauert bis Oktober. Auf dem Frühjahrszug trifft man ihn im April und Mai.
Der Beginn der Brutzeit fällt in den April. Als einziger einheimischer Wasserläufer brütet er regelmäßig auf Bäumen, und zwar meistens in verlassenen Nestern anderer Arten (Krähe, Elster, Eichelhäher, Turteltaube, Drossel usw.). Das Gelege enthält 4, seltener 3 Eier. Diese sind auf graugrünlichem Grund graulila und braun gefleckt. Nach 20–23 Tage dauernder Bebrütung schlüpfen die Jungen. Sie springen am zweiten Tag aus dem Nest, um auf den Boden zu gelangen, dabei kann ihnen der Mutter helfen. Etwa nach 4 Wochen sind sie flügge. Zuvor schon verläßt das Weibchen die Familie, wie es bei vielen Schnepfenvögeln üblich ist. Die Jungvögel ziehen erst fort, nachdem die Altvögel längst nach Süden geflogen sind.

20. Waldschnepfe
Scólopax rustícola
Länge: 34–36 cm. Unter den Waldvögeln ist sie nicht zu verwechseln. Kennzeichnend sind der lange Schnabel, die weit nach hinten gerückten Augen und die verblüffend an Fallaub erinnernde

Waldschnepfe

Färbung und Zeichnung der Oberseite. Die Geschlechter sind gleich gefärbt. Im Flug zeigt der Schwanz einen hellen Endsaum und davor eine dunkle Binde. Die Flügel wirken relativ breit und abgerundet. Im Vergleich mit anderen Schnepfen fallen auch die Kurzbeinigkeit und der gedrungene Körperbau auf. Von den Lautsignalen der Waldschnepfe vernimmt man in der Regel nur die Rufe während des Balzfluges der Männchen, es sind dies ein tiefes, bauchrednerisches »quorr« und ein hohes »pssieb« oder »pwiz«.

Das Verbreitungsgebiet erstreckt sich von Irland und Nordspanien (hier nur isolierte Vorkommen) durch Mittel- und das südliche Nordeuropa weiter durch Asien bis nach Japan. Isolierte Brutgebiete liegen auf den Azoren, Madeira und den Kanaren sowie im Kaukasus und Himalaja. Obwohl stellenweise viel seltener geworden, brütet sie doch noch regelmäßig in Mitteleuropa. Völlig absurd ist der Brauch, die Schnepfen zur Brutzeit zu jagen, wie dies immer noch in der Bundesrepublik geschieht. Was die Jäger »Schnepfenstrich« nennen, ist oft die Balz der Waldschnepfen. Gerade dabei werden die fortpflanzungswilligen Tiere erlegt.

Unter allen Schnepfenvögeln ist dies der einzige echte Waldbewohner. Unterwuchsreiche Laub- und Mischwälder werden bevorzugt, vor allem, wenn sie etwas feucht sind und Lichtungen aufweisen. Auf dem Zug kann sie auch in kleineren Gehölzen und sogar in Stadtparks auftauchen. Die Waldschnepfen sind teilweise Zugvögel. Die meisten überwintern in West- und Südeuropa, manche bleiben auch bei uns.

Die Waldschnepfe hält sich auf dem Boden auf und wird erst in der Dämmerung aktiv. Dieses Verhalten und die einzigartige Verbergetracht bewirken, daß man sie oft übersieht. Sie sucht ihr Futter am und im Boden. Es setzt sich hauptsächlich aus Insekten, Würmern und Schnecken zusammen. Der Schnabel ist für das Herumstochern im Substrat ein ideales Werkzeug, denn er besitzt an seiner Spitze Tastkörperchen und kann aufgrund seines spezialisierten Baues, falls nötig, nur an der Spitze geöffnet werden. Dadurch kann die Schnepfe auch bei im Boden steckendem Schnabel unterirdisch Beute machen. Die Anordnung der Augen gewährt ein Sehfeld von 360°, das heißt, die Waldschnepfe kann um ihren Kopf herum schauen. Der Flug ist eulenartig lautlos, nicht so schnell wie bei anderen Schnepfen, aber sehr wendig.

Im März oder April beziehen die Männchen ihre Reviere, über denen sie in der Dämmerung ihre Runden fliegen und dabei die erwähnten Rufe hören lassen. Sie werden von den Weibchen am Boden erwartet. Lichtungen und Schneisen werden für den Balzflug bevorzugt. Nur das Weibchen kümmert sich um die Brut. Eine flache Mulde auf dem Waldboden polstert es mit trockenem Gras, abgefallenen Blütenkätzchen der Bäume und altem Laub. Die Polsterung ist viel reicher als in dem etwa gleichgroßen Nest des Haselhuhns. In das Nest legt das Weibchen 2–4 Eier; größere Gelege lassen vermuten, daß zwei Weibchen in ein Nest gelegt haben. Die Eier sind auf lehmgelbem Grund unregelmäßig grau und braun gefleckt. Das Weibchen ist am Nest sehr vorsichtig. Feinde versucht es fortzulocken, indem es sich flügellahm stellt. Die Brutzeit beträgt 20–24 Tage. Die Jungen sind Nestflüchter. Bei Gefahr kann das Weibchen die kleinen Jungen im Schnabel oder zwischen den Beinen forttragen. Etwa mit 4 Wochen sind sie selbständig. Waldschnepfen brüten zweimal (April und Juli).

Taubenvögel
Columbiförmes

21. Turteltaube
Streptopélia túrtur

Länge 27–30 cm. Die kleinste und zierlichste einheimische Taubenart. Von der nur wenig größeren Türkentaube ist sie leicht am rostbraunen, schwarz gefleckten Rücken und dem aus schwarz-weißen Längsstreifen zusammengesetzten Fleck der Halsseiten zu unterscheiden. Der Schwanz ist relativ kürzer und im Flug sowohl oben wie unten sehr dunkel mit deutlich abgesetzter und mitten mehr oder minder deutlich unterbrochener weißer Endbinde, die besonders bei der Landung, wenn der Schwanz gespreizt wird, auffällt. Jungvögeln fehlt der Halsfleck.

Sehr kennzeichnend ist die Stimme des Taubers, der von seiner Ankunft bis in den Hochsommer hinein ein angenehm schnurrendes »turrr-turrr-turrr« hören läßt. Dieser zwar eintönige, aber doch stimmungsvolle Gesang kann mit Unterbrechungen stundenlang vorgetragen werden.

In Europa fehlt die Turteltaube im größten Teil Irlands, in Schottland, Norddänemark, Norwegen, Schweden, Finnland und Nordrußland. Sie lebt auch in Nordafrika und von Kleinasien bis Turkestan. Hohe Gebirge meidet sie und kommt auch innerhalb ihres Verbreitungsgebietes in ungleichmäßiger Verteilung vor. In der Bundesrepublik fehlt sie beispielsweise in Teilen des Voralpengebietes. Als Zugvögel überwintern die europäischen Populationen vornehmlich im tropischen Afrika.

Die Turteltaube besiedelt lichte, aber unterwuchsreiche Gehölze, aufgelockerte Wälder (vor allem Auwälder) und Parks. Wassernähe sagt ihr zu. Zur Nahrungssuche fliegt sie oft auf Felder und andere offene Flächen.

Ihr Flug ist schnell und reißend, wobei die Flügel eigentümlich ruckartig geschlagen werden, wie es in so ausgeprägter Weise unsere anderen Tauben nicht tun. Als Nahrung dienen pflanzliche Stoffe, vor allem Sämereien, die großenteils auf Feldern gesucht werden. Außerdem nimmt die Turteltaube die Samen verschiedener Bäume (Fichte, Kiefer, Birke) zu sich sowie Insekten und gelegentlich kleine Schnecken. Turteltauben sieht man meistens paarweise, außerhalb der Brutzeit auch in kleinen Schwärmen.

Ende April kehren die Turteltauben aus dem Winterquartier zurück. Jeder Tauber wählt sich ein Revier, in dem er durch ausdauerndes Gurren und gelegentliche kurze Schauflüge seine Anwesenheit anzeigt. Das Nest steht auf Büschen oder jungen Bäumen, oft recht niedrig (1–5 m) über dem Boden. Es wird aus einigen Dutzend dürrer Zweige gebaut und wirkt wie die meisten Taubennester ziemlich hinfällig. Die beiden Eier des Geleges sind weiß und glänzend; ihre Pole sind nur wenig voneinander verschieden. Nach einer Brutzeit von 14–17 Tagen schlüpfen die Jungen, die Nesthocker sind. Sie werden von beiden Eltern gefüttert, und zwar, wie bei allen Tauben üblich, zunächst mit einer Absonderung der Kropfwände, der sogenannten »Kropfmilch«, später mit im Kropf vorgequollenem Futter. Nach 2–3 Wochen verlassen die Jungen das Nest.

22. Türkentaube
Streptopélia decaócto

Länge 28–32 cm. Sie ähnelt in der Gestalt etwas der Turteltaube, ist aber langschwänziger. Kennzeichnend sind der ungemusterte isabellfarbene (»beige«) Rücken und das schmale schwarze, weiß eingefaßte Nackenband. Von allen unseren Tauben macht sie den einfarbigsten Eindruck, auch die Schwanzoberseite sticht nicht vom Rücken ab. Im Flug allerdings zeigt der Schwanz unterseits eine breite weiße Endbinde und dunkle Wurzel. Die Oberflügeldecken sind meistens etwas grauer, die Schwingen dunkler gefärbt als der Rücken. Den Jungvögeln fehlt das Nackenband.

Die Stimme dürfte sogar vielen Städtern vertraut sein. Der häufigste Ruf ist ein dreisilbiges »duduudu«, mit starker Betonung der zweiten Silbe. Bei bestimmten Gelegenheiten wechselt aber die Betonung. Oft, vor allem von fliegenden Vögeln, hört man auch ein näselndes »wäh« oder »quä«, ähnlich dem Ton einer kleinen Jahrmarktstrompete.

Die Türkentaube hat in diesem Jahrhundert ihr Verbreitungsgebiet gewaltig vergrößert. Diesem Umstand verdankt sie es, daß ihre Lebensweise so intensiv erforscht wurde wie nur bei wenigen Vögeln. Aus der Türkei und vom Balkan kommend, drang sie zunächst nach Mitteleuropa vor. 1943 wurde sie in Wien, 1946 erstmals in Deutschland festgestellt (wenn man frühere Irrgäste außer acht läßt). Heute ist sie bei uns vielerorts sehr häufig und hat bereits Irland, Skandinavien und Finnland erreicht. Als Neuansiedler und »Pioniere« treten meist Jungvögel auf. Es bleibt abzuwarten, ob die Ausbreitung weiter fortschreitet. Man kennt auch von anderen Arten Ausweitungen des Areals, aber bei keiner verlief dieser Prozeß so explosionsartig wie bei der Türkentaube. Über die Gründe gibt es viele Mutmaßungen, die aber naturgemäß nicht zu beweisen sind. Obwohl sie aus dem warmen Südasien stammt, ist die Türkentaube in Europa kein Zugvogel.

Die Türkentaube ist bei uns ein Kulturfolger, das heißt, man findet sie selten weit von menschlichen Siedlungen entfernt. Besonders beliebt sind Dörfer und Vorstädte, in denen Hausgeflügel gehalten wird, doch dringt sie sogar in Großstädte ein, solange nur Bäume und ausreichend Futterplätze (z.B. Bahnhöfe) vorhanden sind.

Wo sie nicht gestört werden, sind Türkentauben wenig scheu und leicht zu beobachten. Im Winter verbringen sie einen Teil des Tages an gemeinsamen Nahrungsstellen, an denen sich die Population eines ganzen Villenviertels oder eines Dorfes treffen kann. Ein solcher Platz kann ein Hühnerhof oder eine Verladestelle für Getreide, aber auch ein Schulhof sein. Als Futter dienen ihnen Getreide, Sonnenblumenkerne, verschiedene Beeren, vor allem Holunder, grüne Pflanzenteile und gelegentlich Insekten. Die einzelnen Paare beanspruchen ein eigenes Revier, wenn es auch unter Umständen sehr klein sein mag. Viel Zeit wendet der Tauber für seinen Gesang auf, bereits früh am Morgen beginnt er damit. Häufig wählt er dafür den Dachfirst oder den Schornstein eines Hauses, wodurch er für schlecht schlafende Leute zum ungebetenen Wecker werden kann. Während des Rufens senkt er den Schnabel und bläst den Hals auf. Der Reviermarkierung dient auch ein Schauflug, bei dem der Tauber zunächst mit einigen kräftigen Flügelschlägen aufsteigt, um dann mit weit ausgespannten Flügeln und gefächertem Schwanz langsam abwärts zu gleiten (»Achtungsflug«).

Türkentauben pflegen mehrmals im Jahr zu brüten, 3–4 Bruten sind nicht selten. Bei mildem Wetter kann das Brutgeschäft sogar im Winter fortgesetzt werden. Das Nest steht auf Bäumen, selten auch an Gebäuden. Es wird aus so wenigen Zweigen gebaut, daß man meistens ohne Mühe hindurchschauen kann. Auffällig oft verwenden diese Tauben beim Nestbau Draht; man kennt zahlreiche Nester, die nur aus Drahtstücken bestanden. Die beiden weißen Eier werden 14–15 Tage bebrütet. Die brütenden Vögel sitzen sehr fest. Während der Fütterungsperiode verhalten sich die Alten vorsichtiger als sonst. Nach 17–21 Tagen sind die Jungen flügge.

Hohltaube

23. Hohltaube*
Colúmba óenas

Länge um 33 cm. Die Hohltaube ist am ehesten mit der Felsentaube oder mit verwilderten Haustauben zu verwechseln, doch haben Felsentauben immer, Haustauben meistens einen weißen Bürzel, während er bei der Hohltaube grau ist. Außerdem kommt die Felsentaube kaum im Lebensraum der Hohltaube vor. Der Flügel der Hohltaube zeigt zwei schmale und kurze Binden, die bei der Felsentaube lang und breit sind. Von der Ringeltaube ist die Hohltaube sofort am Fehlen der weißen Zeichnung an Hals und Flügel zu unterscheiden (vgl. 24 und **3**: 31).

Der Tauber ist recht ruffreudig. Man hört einzelne zweisilbige »huhu«, wobei die zweite Silbe gesenkt oder gehoben werden kann. Diese Rufe können auch gereiht ertönen. Am eindrucksvollsten ist eine aus etwa 10 hu-Silben zusammengesetzte Strophe, die von unten ansteigt und dann eine heulende Klangfarbe annimmt.

Die Hohltaube ist in Europa mit Ausnahme des nördlichen Skandinaviens, Nordrußlands und großer Teile Portugals, Italiens und Griechenlands weit verbreitet. Ostwärts geht sie bis zum Altai. Einige inselartige Vorkommen, etwa auf Sizilien und im Atlas, deuten vielleicht auf eine früher viel ausgedehntere Verbreitung hin. Unsere Hohltauben überwintern in Südwesteuropa, einige bleiben auch hier. Die Zieher kehren frühestens Ende Februar zurück und ziehen spätestens im November fort.

In Deutschland bewohnt sie hauptsächlich Wälder, seltener Parks mit alten Bäumen. In Mitteleuropa kann man sie mit einiger Sicherheit dort erwarten, wo Schwarzspechte leben. Anderswo, beispielsweise in England, tritt sie auch in anderen Lebensräumen, etwa in Dünen und Klippen auf. In den letzten Jahren scheint sie vielerorts seltener geworden zu sein.

Hohltauben sieht man meistens einzeln oder paarweise. Im Herbst aber können sie sich zu Schwärmen zusammenschließen, die sich auch mit anderen Taubenarten, besonders mit Ringeltauben vergesellschaften. Die Nahrung besteht hauptsächlich aus pflanzlichen Stoffen, vor allem Samen und Früchten, die sie zum großen Teil in offenem Gelände suchen. Sie trinken auch wie alle Tauben saugend, das heißt, sie heben nicht nach jedem Schluck den Kopf, um das Wasser hinunterrinnen zu lassen. Ihr Flug ist schnell und wendig. Beim Abflug ist oft ein Flügelklatschen zu hören, besonders laut bei den Schauflügen des Taubers.

Hohltauben sind Höhlenbrüter, worauf der Name schon hinweist. Bevorzugt werden Baumhöhlen, und oft sind die Tauben die Nachmieter des Schwarzspechts, manchmal auch des Grünspechts. Lokal brüten sie an alten Gebäuden und in Felshöhlen oder -nischen. Sogar in Kaninchenbauen hat man ihr Nest schon gefunden. Unter günstigen Verhältnissen können mehrere Paare in enger Nachbarschaft brüten. In der Höhle bauen sie ein lockeres Nest aus dünnen, biegsamen Zweigen, denen eine sehr dürftige »Polsterung« aus Reisern und Moos beigefügt sein kann. Auch hier besteht das Gelege aus nur 2 Eiern, die weiß und glänzend sind. Die Bebrütung nimmt 16–17 Tage in Anspruch. Die Altvögel sind während dieser Zeit still und vorsichtig.

Ringeltaube

Etwa nach 3 Wochen fliegen die Jungen aus. Da die Alten den Kot des Nachwuchses nicht entfernen, bleibt das Nest sehr verschmutzt zurück. Es finden 2–3 Bruten jährlich statt, gewöhnlich jeweils in einer neuen Höhle.

24. Ringeltaube
Colúmba palúmbus

Länge 40–44 cm. Diese weitaus größte und häufigste einheimische Taube ist eigentlich kaum zu verwechseln. Die Altvögel sind sehr schmucke Tiere, ihr bestes Erkennungszeichen ist der weiße Halsfleck. Den Jungvögeln fehlt er, doch zeigen auch diese schon das andere unfehlbare Kennzeichen, das allerdings nur im Flug deutlich zu sehen ist, nämlich die weiße Binde im Flügel, die sonst bei keiner Taube vorkommt. Auffallend sind im Alterskleid auch der gelb-rötliche Schnabel und die gelben Augen, die den Blick der Ringeltaube stechend erscheinen lassen. Im Vergleich mit Hohl- und Haustaube ist der Schwanz länger, auf der Unterseite ziert ihn in der Mitte eine weiße Querbinde, die mit der dunklen Endbinde kontrastiert.
Der Tauber läßt vom zeitigen Frühjahr bis in den Spätsommer seinen sehr bezeichnenden Gesang hören. Es ist ein tiefes »gruhgruuugruh grugru«, bei dem die zweite Silbe betont und deutlich (etwa eine Sekunde) höher gebracht wird, während die beiden letzten

Töne schwächer und »entspannt« klingen. Diese Folge, die individuell leicht abgeändert werden kann (4- oder 6silbig), wird meistens 3–5 mal hintereinander vorgetragen und oft mit einem höhergestimmten »gru« abgeschlossen.
Die Ringeltaube bewohnt ganz Europa mit Ausnahme des Nordens; ostwärts anschließend geht sie bis zum Himalaja. Im Norden und Osten ihres europäischen Verbreitungsgebietes ist sie Zugvogel, der vor allem in West- und Südwesteuropa überwintert. Bereits in Westdeutschland überwintern viele Ringeltauben. Bei strengem Wetter weichen sie gegebenenfalls in günstigere Gebiete aus.
Wir können die Ringeltaube sowohl im Wald, wie in Feldgehölzen oder in Parks finden. Sie ist in den letzten Jahrzehnten zunehmend »verstädtert« und in den Grünanlagen vieler Ortschaften keine Seltenheit mehr. Zur Futtersuche fliegt sie häufig auf Felder hinaus.
Während die Ringeltauben im Wald oder im Feld sehr scheue Vögel sind, die frühzeitig auffliegen, ist die Fluchtdistanz bei Stadtvögeln auffallend klein geworden, so daß man bis auf wenige Meter an sie herankommen kann. Beim Auffliegen klatschen Ringeltauben noch kräftiger mit den Flügeln als Hohltauben. In der Brutzeit paarweise lebend, schließen sie sich im Spätsommer zu Schwärmen zusammen, die Hunderte, ja Zehntausende Tauben umfassen können. Unter Umständen richten diese Vögel dann auf Feldern fühlbaren Schaden an. Sie fressen Getreide, Mais, Hülsenfrüchte und andere Sämereien; im Wald gilt ihre Vorliebe den Samen der Nadelbäume, doch bewältigen sie auch größere Happen, wie Eicheln oder Bucheckern, ohne Schwierigkeit. In Ortschaften nehmen sie außerdem Überbleibsel menschlicher Nahrung oder Streufutter.
Während der Brutzeit zeigen die Tauber neben ihrem rhythmischen Gesang einen auffallenden Schauflug. Sie

schwingen sich mit weitausholenden Flügelschlägen von ihrem Sitz, 10–20 m hoch in die Luft, schlagen im höchsten Punkt, auf dem sie kurz zu verharren scheinen, klatschend die Flügel zusammen und gleiten darauf in schönem Bogen abwärts. Oft landen sie nicht sofort, sondern schließen noch einen oder mehrere solcher Flüge an, so daß sich eine girlandenförmige Flugbahn ergibt. Nebenbuhler, die sich durch solche Aktionen nicht beeindrucken lassen, werden angegriffen, wie ja Tauben überhaupt recht streitbare Vögel und keineswegs »sanft« sind. Bei hoher Bevölkerungsdichte können die häufigen Balgereien, denen die kräftigen Flügelhiebe einige Lautstärke verleihen, sogar das Brutverhalten stören und so den Bruterfolg herabsetzen. Das Nest wird aus Zweigen und Reisern gebaut, wobei die Vögel, wie alle unsere Tauben, jeden Zweig einzeln im Schnabel zum Bau tragen. Oft werden alte Nester anderer Vögel, z. B. von Drosseln, als Unterlage genommen. Der gleiche Nistplatz wird gern wiederbenutzt, oft sogar über Jahre hinweg. Ein großer Horst wie bei vielen Greifvögeln kann sich aber nicht bilden, da die Herbst- und Winterstürme das Nest ganz oder großenteils fortblasen. Außerdem scheinen die Tauben bei noch vorhandenen Resten entsprechend weniger zu bauen. Der brütende Vogel ist auf dem Nest meistens gut zu sehen. Das Nest steht gewöhnlich auf Bäumen, bei Stadtvögeln auch auf Gebäuden. Die zwei Eier werden 17–19 Tage bebrütet. Die Jungen sind mit 21–28 Tagen flügge. Jedes Paar brütet in der Regel zweimal pro Jahr.

Kuckucksvögel
Cuculiformes

25. Kuckuck
Cúculus canórus
Länge 32–37 cm. Erwachsene Vögel sind hauptsächlich taubengrau mit weißer, dunkel gesperrter Unterseite.

Anscheinend nur bei den Weibchen kommt manchmal eine rostbraune Färbungsvariante vor, die dann auch oberseits gesperrt ist. Jungvögel sehen ähnlich aus wie diese rotbraune Phase, können aber auch grauer sein und haben stets einen deutlichen hellen Nakkenfleck. Im Flug erinnern Kuckucke an manche Greifvögel, so an den Sperber und in der rotbraunen Phase an den Turmfalken. Kennzeichnend ist aber der andere Schnabel und der seitlich stark gestufte Schwanz, der überdies weiß gefleckt ist. Der Kuckuck hat auch spitzere Flügel als der Sperber, die er kaum über die Horizontale hebt, aber ziemlich tief abwärts schlägt. Die Beine sind kurz, erste und vierte Zehe sind nach hinten, zweite und dritte nach vorn gerichtet.
Viele Menschen haben nie einen Kuckuck gesehen, aber doch seine Stimme gehört. Das Männchen ruft das bekannte »kuckuck«, bei dem der zweite Ton meistens eine kleine Terz tiefer als der erste liegt. Doch gibt es von dieser Regel Abweichungen, das Intervall kann größer oder kleiner werden, oder der zweite Ton liegt sogar höher als der erste. In gesteigerter Erregung ertönt der Ruf mitunter dreisilbig. Das Weibchen ruft völlig anders, nämlich ein kicherndes »wickwickwickwick«, das recht wohltönend, aber seltener zu hören ist. Daneben verfügen beide Geschlechter noch über eine Reihe verschiedener Laute, die aber leise und gedämpft und deshalb nur ausnahmsweise vernommen werden; am ehesten fällt noch ein kehliges »quachachachach« auf, das häufig von fliegenden Kuckucken gerufen wird. Während der Hauptfortpflanzungszeit ruft der Kuckuck gelegentlich auch in der Nacht.
Der Kuckuck bewohnt mit Ausnahme der nördlichsten Gebiete und Südasiens fast ganz Eurasien und einen großen Teil Afrikas. Er ist in Mitteleuropa ein recht häufiger Vogel.
In seinem riesigen Verbreitungsgebiet besiedelt der Kuckuck die verschieden-

Kuckuck

sten Biotope, vom Regenwald bis zur Tundra, vom Park bis zur baumarmen Steppe. Er dringt selbst in kleine Gärten vor, und manchmal kann man auf Hausdächern rufende Kuckucke beobachten. Europäische Kuckucke überwintern im tropischen Afrika. Sie ziehen im August und September südwärts.

In Deutschland kann man gegen Mitte April bis Anfang Mai die rückkehrenden Kuckucke erwarten. Die Männchen besetzen Reviere, in denen sie fleißig rufen. Häufig stelzen und fächern sie dabei den Schwanz und senken die Flügelspitzen. Sie paaren sich mit den Weibchen, die ihr Revier aufsuchen. Eine Ehe gibt es nicht. Kukkucke sind, abgesehen von den kurzen Kontakten während der Fortpflanzungszeit, Einzelgänger. Für die Aufzucht ihrer Jungen sind sie auf verschiedene kleine Singvögel angewiesen. Bisher hat man über 100 Wirtsvögel nachweisen können, doch sind es kaum zwei Dutzend Arten, die als Hauptwirte in Frage kommen, so z.B. Bachstelze, Baumpieper, Teich- und Sumpfrohrsänger, verschiedene Grasmücken, Neuntöter und Rotkehlchen. Obwohl der Kuckuck ein stattlicher Vogel ist, legt er erstaunlich kleine Eier, die kaum größer sind als die der Wirtsvögel. Außerdem sind die Eier sehr verschieden gefärbt, wenn auch die Eier eines Weibchens stets die gleiche Färbung zeigen. Auffallenderweise legen die einzelnen Kuckucksweibchen mei-

stens in die Nester solcher Arten, deren Eier den ihren gleichen oder ähneln, also beispielsweise einfarbig himmelblaue Eier zum Gartenrotschwanz, dagegen auf lehmgelbem Grunde kräftig braun gefleckte Eier zum Baumpieper und so fort. Ein Weibchen legt in einem Jahr 16–22 Eier einzeln in verschiedene Nester. Bereits nach einer Brutzeit von 10–13 Tagen schlüpft der junge Kuckuck. Während der ersten 3–4 Tage drängt ihn eine angeborene Verhaltensweise, alle kleinen Gegenstände auf seinen Rücken zu laden und aus dem Nest zu werfen. Dadurch kommen auch die Eier oder Jungen der Wirtsvögel um. Der Kuckuck wird nun allein gefüttert und übertrifft bald seine Pflegeeltern an Körpergröße. Die Wirtsvögel scheinen offensichtlich große Befriedigung zu empfinden, wenn sie unentwegt Futter in den leuchtend roten Sperrachen des jungen Brutparasiten stopfen können, sie sind also keineswegs, vermenschlichend, zu bedauern. Mit 20–24 Tagen verläßt der Kuckuck das Nest, das zum Schluß kaum noch unter ihm zu sehen war; er wird noch einige Tage von seinen Wirten weiter gefüttert. Er zieht allein nach Süden. Die erwachsenen Kuckucke sind bereits früher aufgebrochen.

Kuckucke fressen fast ausschließlich Insekten, darunter auch solche – etwa stark behaarte Raupen – die von anderen Vögeln gemieden werden.

25 a. Hopfkuckuck
Cúculus saturátus

Länge um 31 cm. Diese asiatische Art stößt mit einem keilförmigen Areal bis zum oberen Dnjepr vor. Sie hat eine dunklere und breitere Sperberung der Unterseite, ist aber schwer von unserem Kuckuck zu unterscheiden, es sei denn an der Stimme. Der häufigste Ruf erinnert an den Wiedehopf und klingt wie »hud-hud-hud-hud«. Der Hopfkuckuck lebt vorwiegend in Nadelwäldern und ist ebenfalls Brutparasit bei verschiedenen Vogelarten.

Häherkuckuck

25 b. Häherkuckuck
Clamátor glandárius

Länge um 39 cm. Ein auffallender Vogel, der in den letzten Jahren zunehmend als Irrgast in Deutschland aufgetaucht ist. Regelmäßig lebt er auf der Iberischen Halbinsel und (selten und zerstreut) in Jugoslawien und vielleicht weiter bis Bulgarien sowie in Südfrankreich, außerdem in Kleinasien und Afrika. Oberseits ist er graubraun mit weißen Flecken, unterseits gelblichweiß; besonders kennzeichnend erscheinen die helle Kopfhaube und der lange weiß gerandete Schwanz. Jungvögel haben eine dunklere Kopfoberseite mit kaum angedeuteter Haube und teilweise rotbraune Handschwingen. Die Stimme klingt laut und rauh schackernd oder tief krächzend. Der Häherkuckuck schiebt seine Eier Krähenvögeln unter, vor allem der Elster. Es können mehrere Eier in ein Nest gelegt werden.

Eulenvögel
Strigifórmes

26. Uhu*
Búbo búbo
Länge 66–71 cm. Das Weibchen ist im Durchschnitt etwas größer und schwerer als das Männchen. Diese größte europäische Eule ist kaum zu verwechseln. Vom fast gleichgroßen Bartkauz unterscheidet sie sich sofort durch die Federohren, die größeren orangefarbenen Augen, die abweichende Gesichtszeichnung und den relativ kürzeren Schwanz. Wie bei allen »Ohreulen« haben die Federbüschel auf dem Kopf eigentlich nichts mit den Ohren zu tun, die viel tiefer an den Seiten des Kopfes sitzen.

Der wissenschaftliche und auch der deutsche Name sind einem Ruf des Uhus nachgebildet, und zwar dem dumpfen, aber voll- und weittönenden »wuoh« oder »buho«, die erste Silbe betont, die zweite abfallend. Aus der Ferne kann der Ruf fast einsilbig klingen. Außerdem gibt der Uhu verschiedene andere krächzende und glucksende Laute von sich.

Das ursprüngliche Verbreitungsgebiet erstreckt sich über den größten Teil des nördlichen und gemäßigten Eurasiens und Nordafrikas; lediglich auf den Britischen Inseln und in der nordischen Tundra fehlt er. Man unterscheidet zahlreiche Rassen. Heute ist er allerdings vor allem in Mitteleuropa in weiten Bereichen ausgerottet, so daß hier nur mehr oder minder isolierte Brutvorkommen bestehen. Seit einigen Jahren versucht man – teilweise recht erfolgreich – in Gefangenschaft aufgezogene Uhus an geeigneten Stellen wieder anzusiedeln. Er ist Standvogel.

Der Uhu bevorzugt als Lebensraum möglichst ungestörte Landschaften, großflächige, alte Wälder mit Felswänden oder in der Nähe von Gewässern. Die nordafrikanische Rasse lebt auch in der Wüste.

Er ist vor allem nachtaktiv. Den Tag verbringt er auf einem Baum oder in einer Felsnische sitzend. Selbstverständlich sieht er auch am Tage. Feinden gegenüber nimmt er eine Abwehrstellung ein, bei der er die Flügel lüftet und das Gefieder sträubt, wodurch er noch größer wirkt. Der prächtige Vogel ist ein beachtlicher Jäger, der hauptsächlich Säuger schlägt, dabei können ihm auch größere Tiere, wie Hasen oder Katzen, zum Opfer fallen, doch nehmen Wühlmäuse die erste Stelle auf dem Speisezettel ein. Nur halb so häufig wie Säuger werden Vögel gefangen, unter denen Krähen eine große Rolle spielen. Selbst wehrhafte Greifvögel wie Bussarde und Habichte sind dem nächtlichen Jäger willkommene Beute. In geringen Mengen werden auch Kriechtiere, Lurche und Fische gefangen. Wie bei den Greifvögeln gibt es unter den Uhus Spezialisten, die eine bestimmte Beuteart besonders bevorzugen. Die langen, nadelspitzen Krallen bringen den Opfern einen schnellen Tod. Die Gewölle der Uhus können sehr umfangreich sein und ganze Eichhörnchenschädel oder Schenkelknochen von Kaninchen enthalten. Da der Uhu seine Beute oft auf dem Boden zubereitet, hinterläßt er Rupfungen häufiger als andere Eulen.

Die Brutzeit fällt in das zeitige Frühjahr. Bereits gegen Winterende ruft das balzende Männchen häufiger. Bei jedem Ruf bläht sich die Kehle, so daß die gesträubten weißen Federn besonders deutlich aufleuchten. Das Weibchen legt (2–) 3–4 (–5) Eier auf den Boden oder in den verlassenen Horst anderer großer Vögel. Die großen rundlichen Eier sind weiß und etwas rauh; sie werden 32–37 Tage bebrütet.

Da die Brut mit dem ersten Ei beginnt, die einzelnen Eier aber in Abständen von 2–3 Tagen gelegt werden, sind die Jungen verschieden groß. Es gilt hier ähnliches wie bei den Greifvögeln (vergleiche 7). Es dauert etwa 6 Wochen, ehe die Jungen flügge sind.

In Anbetracht der Seltenheit und Gefährdung dieser eindrucksvollen Eule sollte man die wenigen Brutplätze, die es bei uns noch – oder wieder – gibt, möglichst meiden, um Störungen auszuschließen und dadurch zur Vermehrung der Population beizutragen.

27. Bartkauz
Strix nebulósa

Länge etwa 65–70 cm. Diese riesige Eule könnte man wegen ihrer Größe mit dem Uhu verwechseln, doch ist sie grauer gefärbt, hat einen längeren Schwanz, keine »Federohren«, auffallend kleine schwefelgelbe Augen und eine Zeichnung des Gesichtsschleiers, die an Baumjahresringe erinnert. Unterhalb des Schnabels befindet sich ein schwarzer Fleck. Jungvögel tragen ein dunkelbraunes, heller gemustertes Kleid.

Der Balzgesang des Männchens besteht aus einer tiefen, abfallenden Reihe: »huwe-huwe-huwe …«, die in einem fast brummenden »huhuhu« ausläuft. Der Ruf des Weibchens wird als nasales »njau« beschrieben.

Der Bartkauz ist von Nordskandinavien durch Nordrußland, Nordasien bis ins nordwestliche Nordamerika verbreitet, wo er in der Regel das ganze Jahr über bleibt. Manchmal allerdings streicht er südwärts, so daß er invasionsartig in Gegenden erscheinen kann, in denen er sonst nicht lebt.

Er ist ein Vogel der Nadelwaldtaiga, der sowohl urwüchsige oder doch naturnahe Kiefern- wie Fichtenwälder besiedelt, wobei die Anwesenheit anderer großer Vögel wichtig ist, da er in deren Horsten nistet. Ähnlich wie andere nordische Eulen, jagt auch der Bartkauz oft am Tage. Seine Hauptnahrung bilden Waldmäuse, Lemminge und andere kleine Säuger bis zur Größe eines Eichhörnchens. Sehr viel seltener schlägt er auch Vögel, die aber kaum größer als ein Schneehuhn sein dürfen. Vom Futterangebot hängt seine Seßhaftigkeit ab. In schlechten Jahren kann er sein Brutgebiet verlassen und südwärts streichen. In der Regel schlägt er seine Beute vom Ansitz aus; er kann aber auch auf Pirschflügen sein Jagdrevier absuchen.

Bartkäuze werden im zweiten Lebensjahr geschlechtsreif, brüten aber oft erst später. Sie machen jährlich eine Brut. Zum Nitzplatz wählen sie gewöhnlich den Horst eines Greifvogels, ausnahmsweise auch den ausgefaulten, stehengebliebenen Stamm eines vom Wind abgebrochenen Baumes. Das Gelege besteht, je nach den jährlichen Nahrungsverhältnissen, aus 3–5 (–6) Eiern. Sie sind wie alle Euleneier weiß und werden allein vom Weibchen einen knappen Monat lang bebrütet. Nach etwa 5 Wochen sind die Jungen flügge. Sie werden noch einige Zeit von den Eltern betreut.

28. Waldkauz
Strix áluco
Länge 37–40 cm. Diese häufigste einheimische Eule ist in der Färbung veränderlich. Der farbliche Grundton kann individuell rostbraun oder grau sein. Auch Zwischentöne kommen vor. Die Zeichnung bleibt jedoch größtenteils die gleiche. Der ebenfalls dunkeläugige Habichtskauz ist wesentlich größer und langschwänziger, seine Augen sind im Verhältnis kleiner. Die Schleiereule wiederum hat gänzlich andere Gesichtsform und Gefiederfärbung (vgl. **3**: 32). Der Waldkauz wirkt plumper und kurzflügeliger als alle anderen etwa gleichgroßen Eulen unseres Gebietes.

Seine Stimme dürfte bekannter sein als sein Aussehen. Der Balzgesang der Männchen ist ein klangvolles »huu, hu, huuuuu«, die letzte Silbe schön tremolierend und einmal leicht an- und absteigend. Man kann die Strophe mit tiefem vollem Pfeifen gut nachahmen. Außerdem hört man oft ein lautes »huijk«. Am Nistplatz sind auch noch etliche andere leisere Laute zu vernehmen. Die Jungen quietschen wie eine ungeölte Tür. Besonders lärmend sind sie kurz nach dem Ausfliegen.

Von Südskandinavien und Südfinnland südwärts bewohnt der Waldkauz ganz Europa, ausgenommen Irland. Daran anschließend finden wir ihn in Nordafrika und von Kleinasien und Südsibirien bis nach Korea, Südchina und Nordindien. Ein Zug findet nicht statt. Der Waldkauz hat wohl ursprünglich aufgelockerte Wälder und parkähnliche Landschaften besiedelt, wo er auch heute noch anzutreffen ist. Darüberhinaus aber hat er sich als sehr anpassungsfähig erwiesen, so daß er heute auch in Parks und größeren Gärten unserer Dörfer und Städte zu finden ist. Manchmal tritt er sogar an Gebäuden fern von nennenswerten Baumbeständen auf.

Den Tag verdöst und verschläft der Waldkauz auf einem Baum oder in einer Mauer- oder Felsnische. Besonders auf Bäumen ist er wegen seiner rindenartigen Färbung nicht leicht zu entdecken. Wie alle Eulen ist er bei Kleinvögeln nicht beliebt. Entdecken sie ihn, belagern sie ihn schimpfend und stoßen sogar auf ihn. Durch dieses Verhalten kann man oft zu einer Eule geführt werden, die man sonst übersehen hätte. Der Waldkauz wechselt seine Ruheplätze öfter, so daß man nicht erwarten kann, ihn stets am gleichen Ort zu treffen. Erst in der späten Dämmerung wird der Kauz aktiv. Mit lautlosem Flug begibt er sich auf Jagd, die er sowohl nach dem Gesicht wie nach dem Gehör betreibt. Die Liste der Tiere, die als Beute in Frage kommen, ist sehr umfangreich. Den Hauptanteil bilden Kleinsäuger, vor allem Mäuse, daneben Lurche und Vögel, unter denen Haussperlinge, Grünlinge und Buchfinken bevorzugt werden. Zusätzlich nimmt der Waldkauz eine Vielzahl verschiedener Insekten, Tausendfüßler, Asseln, Würmer und Schnecken zu sich. Die Beute kann manchmal recht groß sein, so greift er auch Eichelhäher, Ringeltauben oder Kaninchen an. Nachgewiesenermaßen kann er für die meistens nur individuenarmen Populationen kleinerer Eulen, wie Rauhfuß- und Sperlingskauz, eine ernste Gefahr darstellen, so daß man in entsprechenden Waldgebieten nicht unbedingt seine Häufigkeit zusätzlich fördern sollte. In der Nähe menschlicher Siedlungen ist er aber durch die Dezimierung der Mäuse ein äußerst nützlicher Vogel.

Bereits im Winter beginnt das Männchen mit der Balz. Jetzt läßt es oft schon bei Tageslicht seinen wohltönenden Gesang hören, der besonders intensiv vorgetragen wird, wenn zwei oder mehrere Männchen in Hörweite singen. Durch Nachahmung der Strophe kann man die Käuze zu sich heranlocken. Als Nistplatz dienen Baumhöhlen, alte Schornsteine, Dachböden, Felshöhlen oder alte Nester von Krähen und Elstern. Er nimmt auch Nistkästen entsprechender Größe an. Waldkäuze sind zur Brutzeit in Nestnähe stets bereit, ihren Platz gegen wirkliche oder vermeintliche Feinde zu verteidigen. Äußerst beherzt greifen sie manchmal sogar Menschen an, und da sie sehr zielsicher mit ihren ungemein spitzen Krallen ins Gesicht greifen, sind ihre Attacken für den Angegriffenen gar nicht ungefährlich. Die (2–) 3–4 (–6) Eier legt das Weibchen auf die bloße Unterlage. Nach einer Brutzeit von 28–30 Tagen schlüpfen die Jungen. Sie werden, solange sie klein sind, sehr ausgiebig gehudert. Nach etwa 4–5 Wochen sind sie flügge, sitzen aber oft schon früher außerhalb des Nestes herum. Manchmal findet im Juni eine zweite Brut statt.

29. Habichtskauz*
Strix uralénsis

Länge um 60 cm. Der Habichtskauz ist neben dem Uhu die stattlichste in Mitteleuropa brütende Eule. Vom Waldkauz unterscheidet er sich durch die bedeutende Größe, den langen deutlich quergebänderten Schwanz und die kräftige Längsfleckung. Auch sind die Augen relativ kleiner. Vom Bartkauz unterscheiden ihn unter anderem die dunklen Augen und der einfarbige Schleier.

Der Balzruf des Männchens ist ein tiefes und lautes »wuhu« (erste Silbe betont), dem nach etwa 3–4 Sekunden ein etwas leiseres »huw-hu« folgt. Beunruhigt, rufen sie »quäk« oder »kauweck«. Auffallend ist auch ein laut bellendes »gwaoh«.

Das geschlossene Verbreitungsgebiet erstreckt sich von Mittel- und Nordschweden, Finnland, Ostpreußen und den baltischen Staaten bis nach Japan. Davon isoliert leben Populationen in den Karpaten, den Beskiden, den Gebirgen Jugoslawiens und Albaniens sowie im Böhmerwald. Der Habichtskauz hat auch im Bayerischen Wald gebrütet, doch ist mit einem Erlöschen dieses Vorkommens zu rechnen. Er ist zweifellos die seltenste Eule Mitteleuropas und ein Standvogel, der nicht zieht.

Alte, hochstämmige Wälder mit nicht zu üppigem Unterwuchs bilden den Lebensraum des Habichtskauzes. In reinen Laubwäldern ist er seltener als in Nadel- oder Mischwäldern. In der Lebensweise ähnelt er dem Waldkauz. Wie dieser ist er ein vielseitiger Jäger. Er schlägt Kleinsäuger bis Eichhorngröße und Vögel bis Haselhuhngröße, daneben auch Frösche und Insekten. Die Ansitzjagd ist die Regel.

Die Balz beginnt sehr früh im Jahr bei noch winterlicher Witterung. Als Nistplatz dienen vor allem große Baumhöhlen, auch solche nach Wipfelabbrüchen. Seltener werden verlassene Horste anderer großer Vögel übernommen. Mitunter wählt er auch Felsnischen oder brütet gar zwischen Baumstämmen und Wurzeln auf dem Boden. Das Gelege ist in der Regel im April vollständig und besteht dann aus (2–) 3–4 weißen Eiern. Sie werden in Abständen von 2–5 Tagen gelegt. Gelegegröße und Bruterfolg hängen in hohem Maße vom Nahrungsangebot ab. Das Weibchen brütet allein vom ersten Ei an etwa 27–29 Tage. Das Männchen versorgt es und die Jungen mit Futter. Wie der Waldkauz ist auch diese Art am Nest sehr aggressiv. Die Jungen sind etwa mit 34 Tagen flügge, hocken aber bereits eine Woche zuvor in der Umgebung des Nestes, wo sie mit fauchenden Quietschtönen um Futter betteln.

30. Waldohreule
Asio otus

Länge 33–36 cm. Wirkt wie eine Zwergausgabe des Uhus. Vom Waldkauz, dem sie bei uns an Häufigkeit wenig nachsteht, ist sie an den langen Federohren (im Flug nicht zu sehen), den orangefarbenen Augen sowie der schlankeren und kleinerkopfigen Erscheinung zu unterscheiden. Im Flug wirkt sie langflügeliger, die Flügel werden sehr tief nach unten durchgeschlagen. Von der ähnlichen Sumpfohreule (vgl. 3: 35) unterscheiden sie unter anderem die längeren »Ohren«, die orangenen, nicht gelben Augen, die Musterung der Unterseite, die neben dunklen Längsflecken auch eine ebensolche Querstrichelung aufweist. Waldohreulen sind in stärkerem Maße reine Nachttiere als etwa der Waldkauz und deshalb nicht oft zu beobachten. Von den Rufen ist vor allem der stöhnende Balzruf der Männchen »huh« zu nennen, der recht düster klingt und oft wiederholt werden kann. Die Weibchen rufen während der Balzzeit ein summendes »üü«. Recht laut erschallt bei Ärger ein kläffendes »wäg-wäg ...«. Daneben geben die Waldohreulen

noch verschiedene leisere Laute von sich; das Männchen klatscht beim Balzflug auch mit den Flügeln. Auffällig ist das fiepende Betteln der Jungen, das sie auch nach dem Ausfliegen noch hören lassen.

Waldohreulen nehmen ein riesiges Brutgebiet ein. Es umfaßt mit wenigen Abstrichen die gesamte gemäßigte bis subtropische Zone Eurasiens und Nordamerikas, dazu Nordwestafrika. Die Waldohreule besiedelt Wälder in der Nähe von Lichtungen oder in der Randzone, dabei bevorzugt sie Nadel- oder Mischwald. Man trifft sie aber auch in älteren Feldgehölzen, Friedhöfen und in Parks, vor allem wenn diese dichte, nicht zu sehr »gepflegte« Nadelholzgruppen aufweisen; ja, sogar auf Heiden, Sümpfen und Dünen kann sie heimisch sein. Sie ist sehr ortstreu und streicht nur in Notzeiten weiter umher. Wenn man schon Eulen allgemein als sehr nützlich betrachtet, so gilt dies besonders für die Waldohreule. Keine andere unserer Eulenarten ist so weitgehend auf Mäuse eingestellt. Zur Jagd fliegt sie auf Felder und andere freie Flächen hinaus, um den kleinen Nagern nachzustellen. Andere Tiere werden nur gelegentlich gefangen. Nur wenn hoher Schnee die Mäusejagd fast unmöglich macht, können auch Vögel einen beträchtlichen Teil der Nahrung darstellen. Tagsüber sitzt die Eule auf einem Baum, oft steil aufgerichtet, als wäre sie selbst zu einem Stück Holz erstarrt. Im Winter können sich kleine Schwärme an gemeinsamen Schlafstellen einfinden. Ist der Winter sehr streng, verlegen sie ihren Aufenthalt sogar in Gärten mitten in Städten, wo es wärmer ist. Unter solchen Rastplätzen kann man dann in großen Mengen Gewölle finden, die Auskunft über die Beutetiere geben. Harte Winter können dem Eulenbestand schwere Verluste zufügen.

Die Waldohreulen wählen als Nistplatz mit Vorliebe andere Nester, besonders die der Krähen. Manchmal brüten sie aber auch in geräumigen Baumhöhlen oder sogar am Boden. Im März oder April legt das Weibchen in zweitägigen Abständen (2–) 4–6 (–8) Eier. Diese sind weiß. Das Brüten nimmt 27–32 Tage in Anspruch und wird vom Weibchen allein besorgt. Die Eltern sind am Nest nicht so angriffslustig wie die Käuze. Die Jungen, die von Anfang an orangegelbe Augen haben, verlassen etwa mit 24 Tagen das Nest.

31. Sperbereule
Súrnia úlula

Länge 36–41 cm. Keine andere europäische Eule ist einem Greifvogel so ähnlich wie diese. Der lange Schwanz, die gesperrte Unterseite und das weiße, mit dickem schwarzem Streifen eingerahmte Gesicht sind gute Kennzeichen. Die Sperbereule sitzt gern frei sichtbar auf Baumwipfeln oder Telegraphenmasten. Sie nimmt dabei eine stärker nach vorn geneigte Haltung ein als andere Eulen. Im Flug erscheinen ihre Flügel kurz, aber spitz, die hellen Schulterfedern heben sich deutlich vom dunklen Rücken und den dunklen Flügeln ab.

Als wenn sie ihre Falkenähnlichkeit noch unterstreichen müßten, klingt auch ihr häufigster Ruf recht falkenartig »kwickkwickkwick …«. Außerdem hört man ein schrilles »krrii«, das nur unzureichend zu beschreiben ist, da gewissermaßen die »r« und »i« gleichzeitig ertönen. Der Balzgesang des Männchens soll eulenartig auf »u« gestimmt sein, im Klang ähnlich dem des Rauhfußkauzes.

Wie die Waldohreule kommt diese Art sowohl in der Alten wie in der Neuen Welt vor, allerdings nur in den nördlichen Waldgebieten. In Europa brütet sie im mittleren und nördlichen Skandinavien und Finnland sowie in Nordrußland. Im Winter streichen die Sperbereulen je nach den Lebensbedingungen mehr oder minder weit südwärts, etwa bis nach Litauen und Ostpreußen. Ihr Lebensraum sind aufgelockerte nordische Nadel- und Birkenwälder, wie sie für die Taiga typisch sind.

Die Sperbereule ist stärker tagaktiv als die meisten anderen Eulen. Nach Sperberart fliegt sie niedrig über dem Boden oder späht vom Ansitz nach Beute. Im Sitzen zuckt sie häufig mit dem Schwanz. Wie viele nordische Vögel, die seltener mit Menschen zusammentreffen, ist sie oft wenig scheu und läßt den Beobachter nah herankommen. Ihre Nahrung besteht hauptsächlich aus Mäusen.

Von der Menge dieser Kleinsäuger hängt zum größten Teil die Fortpflanzungsrate der Sperbereulen ab. In sehr mäusearmen Jahren kann die Brut offenbar sogar ganz ausfallen. Normalerweise legt das Weibchen im Frühjahr 3–8 weiße Eier in eine Baumhöhle, manchmal auch in ein verlassenes größeres Nest. Es brütet allein und wird vom Männchen versorgt. Die Brut dauert vermutlich 4 Wochen. Nach weiteren 3–4 Wochen verlassen die Jungen das Nest.

32. Rauhfußkauz*
Aególius funéreus

Länge 24–26 cm. Diese besonders ansprechende Eule könnte nur mit dem Steinkauz (vgl. **3**: 36) verwechselt werden, doch ist sie gedrungener und hat einen runden, dicken Kopf (beim Steinkauz erscheint der Kopf, da der Schleier nicht so hoch hinaufreicht, oben abgeflacht). Die Zehen sind sehr dicht befiedert. Vom Steinkauz unterscheiden diese Art auch der Aufenthaltsort und die geradlinige, nicht wellenförmige Flugbahn. Rauhfußkäuze sitzen steiler aufgerichtet als Steinkäuze. Jungvögel sind überwiegend schokoladenbraun und haben die Innenränder der Schleierhälften weiß gefärbt, so daß eine X-förmige weiße Gesichtszeichnung entsteht.

Äußerst bezeichnend ist die Stimme, die oft sehr angenehm klingt. Das gilt besonders für den Balzgesang der Männchen, der sich durch einen okarinaartigen Klang auszeichnet. Die Strophe besteht aus 3–10 Silben wie »bububu ...«, die leicht an- und gegen Ende absteigen und deren Höhe und Tempo ein wenig variieren können. In Gegenwart eines Weibchens läßt das Männchen ein tiefes langes Tremolo auf »u« hören. Beide Geschlechter verfügen über verschiedene schnalzende und kläffende Rufe.

Das Verbreitungsgebiet deckt sich meist mit dem der Sperbereule, doch geht der Rauhfußkauz weiter südwärts. In Europa findet man ihn auch in Mitteleuropa und daran anschließend im Karpatenbogen bis Bulgarien und in den jugoslawischen Gebirgen. In Westeuropa liegen nur einige isolierte Vorkommen, so etwa in den Pyrenäen. Während er im Norden auch die Ebene besiedelt, findet man ihn schon in Mitteleuropa hauptsächlich im Gebirge. In Deutschland ist er lückenhaft über die Alpen und Mittelgebirge verbreitet, lokal kommt er auch im norddeutschen Flachland vor. Nördliche Populationen streifen im Winter mehr oder minder regelmäßig südwärts. Auch anderswo können vor allem die Jungvögel Wanderungen unternehmen und dann in Gegenden auftauchen, wo sie sonst nicht vorkommen.

Er bewohnt ausgedehnte Wälder mit altem Baumbestand, wobei er Nadelholz vorzieht. Örtlich lebt er auch in Mischwald. Der Rauhfußkauz ist bei uns ein rein nächtlicher Vogel, der den Tag in guter Deckung ruhig auf einem Nadelbaum verbringt. Erst in später Dämmerung beginnt er mit der Jagd. Sie gilt vor allem kleinen Nagern und Spitzmäusen und wird vom Ansitz aus betrieben. Daneben schlägt der Kauz Vögel bis Drosselgröße, wie er auch ab und zu größere Insekten verspeist. Seine Gewölle sind ähnlich denen des Steinkauzes, aber etwas bauchiger. Die Männchen pflegen jahrelang am gleichen Ort zu bleiben, während die Weibchen die Bruthöhle und damit auch den Partner wechseln können.

Bereits im Winter beginnt das Männchen mit der Balz. In windstillen Nächten tönt sein Lied kilometerweit durch den Wald. Durch Nachpfeifen der Strophe kann man den Sänger zu sich heranlocken. Solange kein Weibchen vorhanden ist, singt er ungemein ausdauernd. Er hat auch bereits eine Baumhöhle, meistens von Spechten angelegt, ausgesucht, die er dem Weibchen zeigt. Entsprechende Nistkästen werden ebenfalls angenommen. Das Gelege besteht aus 4–6 (–7) Eiern. Sie sind weiß und werden in Tagesabständen gelegt. Die Brut dauert 26–28 Tage, doch bleibt das Weibchen noch 3 weitere Wochen mit kurzen Unterbrechungen in der Höhle bei den Jungen. Manchmal sieht man seinen dicken Kopf aus dem Eingang gucken. Nach etwa 30–36 Tagen verlassen die Jungen die Höhle. Die Eltern versorgen sie auch danach noch einige Zeit mit Futter.

33. Sperlingskauz*
Glaucídium passerínum
Länge 15–17 cm. Wegen ihrer geringen Größe (etwa wie ein Star) ist diese Art mit keiner anderen einheimischen Eule zu verwechseln. Sie ist tagaktiv und sitzt oft auf Baumwipfeln. Der hell-dunkel gebänderte Schwanz wird häufig nach den Seiten geschlagen oder gestelzt.

Die Stimme klingt singvogelhaft. Beide Geschlechter lassen eine tonleiterartig ansteigende 4–8silbige Reihe von »düh«-Rufen hören. Der Balzgesang des Männchens besteht aus eintönig wiederholtem »Djüh«, dem mitunter ein vibrierender Ton angehängt wird. Das Weibchen bettelt »siiht«. Daneben haben beide Geschlechter noch eine Vielzahl anderer Rufe, die meistens auf »ü« oder »i« gestimmt sind. Leider ruft der so stimmbegabte Sperlingskauz nicht sehr laut, so daß er nicht weit zu hören ist.

Auch diese Eule ist ein Vogel der Taiga, der in südlicheren Gegenden meistens nur in Gebirgen vorkommt. In Deutschland lebt er vor allem in den Alpen und im Schwarzwald, außerdem im Bayerischen Wald und einigen anderen Mittelgebirgen. Er ist überall ein seltener Vogel und kann überdies leicht übersehen werden.

Sein Lebensraum sind alte Nadel- oder Mischwälder. Er ist Standvogel, der nur in Notzeiten in günstigere Gegenden ausweicht.

Sperlingskäuze sind überaus muntere Vögel, die am hellen Tag, aber auch nachts ihr Wesen treiben. Sie fliegen sehr schnell und geschickt, so daß sie in der Lage sind, Vögel im Fluge zu schlagen. Dabei wagen sie sich an Arten, die fast so groß wie sie selbst sind. Besonders aber stellen sie Tannenmeisen und Goldhähnchen nach. Diese Kleinvögel schlagen deshalb auch sofort Alarm, wenn sie den Sperlingskauz bemerken. Man kann durch diese Reaktion herausfinden, ob in einer Gegend Sperlingskäuze vorkommen. Es genügt, ihre Rufe nachzuahmen. Kennen die Meisen den Kauz, fliegen sie sofort schimpfend herbei. Bleibt diese Reaktion aus, kann man sicher sein, daß der Sperlingskauz hier nicht vorkommt. Außer Vögeln fängt der Sperlingskauz auch noch Mäuse, Spitzmäuse und Insekten. Er hat die Angewohnheit, in Verstecken Nahrungsvorräte anzulegen.

Die Balz fällt in das zeitige Frühjahr. Die Männchen singen dann vor allem in der Morgen- und Abenddämmerung, manchmal auch am Tage oder nachts. Wie viele Eulen balzt es noch einmal im Herbst, ohne daß es allerdings zur Brut kommt. Sperlingskäuze scheinen in Einehe zu leben. Die Partner halten auch außerhalb der Brutzeit Kontakt. Als Brutplatz wählt das Männchen eine Baumhöhle, besonders gern nach einem Buntspecht. (4–) 5–6 (–7) weiße Eier bilden das Gelege. Das Weibchen brütet vom vorletzten Ei an. Nach etwa 28 Tagen schlüpfen die Jungen. Das Männchen bringt während der Brutdauer dem Weibchen Nahrung und besorgt auch den größten Teil der Nahrung für die Jungenaufzucht. Da das Weibchen Nahrungsreste, Gewölle und Kot aus der Höhle wirft, kann man aus einer solchen »Müllansammlung« am Fuße eines Baumes auf eine Sperlingskauzbrut schließen. Mit etwa 28 Tagen sind die Jungen flügge.

Schwalmvögel
Caprimulgifórmes

34. Ziegenmelker oder Nachtschwalbe*
Caprimúlgus europáeus

Länge etwa 27 cm. Die Färbung erinnert an Baumrinde oder an altes Laub. Der Schnabel ist kurz, aber die Mundspalte sehr groß. Die kurzen Füße erlauben nur einen trippelnden Gang. Dafür sind die Flügel falkenartig lang und spitz. Die Männchen tragen weiße Flecken an den Handschwingen und an der Spitze der äußeren Steuerfedern. Diese Flecken erscheinen in der Dämmerung am fliegenden Vogel erstaunlich hell; oft sind sie nur allein wahrzunehmen und wirken dann um so merkwürdiger.

Der Balzgesang der Männchen gehört zu den absonderlichsten einheimischen Vogelstimmen. Er ist ein Schnurren, das gewöhnlich abwechselnd in zwei Tonhöhen vorgetragen wird: »errrrr ..., örrrr ..., errrr ..., örrrr ...«. Ein solcher Vortrag kann mehrere Minuten pausenlos anhalten. Außerdem hört man ein lautes »schrui« und ein nasales »gu-eck«. Beim Balzflug klatscht das Männchen auch mit den Flügeln.

Das Verbreitungsgebiet reicht von Irland, Portugal und Nordwestafrika über Europa und Kleinasien bis zum Baikalsee. Im Norden Skandinaviens, Finnlands und Rußlands fehlt der Ziegenmelker. Er überwintert in Ost- und Südafrika. Die Art ist bei uns in letzter

Zeit auffallend seltener geworden und vielerorts ganz verschwunden.

Ziegenmelker leben in Heidegebieten, auf Mooren, an Waldrändern und auf größeren Lichtungen.

Der Ziegenmelker verschläft den Tag auf dem Boden oder auf einem Ast, auf dem er nicht quer, sondern längs sitzt. Dank seiner verblüffenden Verbergetracht verschmilzt er völlig mit der Umgebung, zumal auch die großen Augen völlig oder bis auf einen schmalen Spalt geschlossen werden. Erst in der Dämmerung wird er aktiv, seine Körpertemperatur steigt dann um 4–7 Grad über die der Ruhephase an. Der Zeitpunkt der Jagd richtet sich nach den Lichtverhältnissen, da der Ziegenmelker nur in der Dämmerung, nicht aber am Tage oder in dunkler Nacht ausreichend gut sieht. In schnellem, unstetem und völlig lautlosem Flug jagt er Insekten nach. Käfer, Nachtfalter und Schnaken verschwinden in seinem gewaltigen Rachen. Er kann auch vom Ansitz aus jagen, wobei er meistens unten sitzt und nach über ihm fliegenden Insekten ausschaut. Ist Beute in Sicht, steigt er steil empor und fängt sie. Manchmal liest er auch Insekten vom Boden auf, obwohl er sich zu Fuß nur langsam fortbewegen kann. Bei Nahrungsmangel, also etwa bei schlechtem Wetter, verfällt der sonderbare Vogel in einen »Hungerschlaf«, bei dem alle Stoffwechselprozesse verlangsamt werden. So kann er selbst mehrere Tage dauernde Fastenzeiten überleben. Der Name Ziegenmelker beruht übrigens auf dem falschen Volksglauben, daß dieser Vogel sich bei Ziegen an das Euter hänge und Milch sauge.

Ziegenmelker treffen erst ab Mitte April bei uns ein. Das Männchen beginnt bald mit der Balz. Es singt sehr ausdauernd im Sitzen und führt zwischendurch Schauflüge aus. Dabei klatscht es mit den Flügeln und zeigt in der Luft kunstvolle Manöver. Das Nest ist eine flache Vertiefung auf dem Boden ohne jede Auspolsterung. Das Gelege umfaßt 2 oval-walzenförmige Eier, die auf weißem Grund grau und hell- bis dunkelolivbraun gefleckt sind. Das Männchen löst das Weibchen nur ganz kurz bei der Brut ab. Nähern sich Tiere oder Menschen dem Nest, »verleiten« die Altvögel den Störenfried, indem sie sich flügellahm stellen und vom Nest fortlaufen. Bei groben Störungen rollen sie die Eier rückwärts gehend einige Meter weit an einen anderen Ort. Die Brut dauert 16–21 Tage. Die Jungen trippeln schon bald umher. Bei der Fütterung umfassen sie mit ihrem Schnabel den der Eltern, die ihnen das Futter einwürgen. Den Kot setzen die Jungen in einiger Entfernung vom Nest ab. Sie sind etwa mit 16–19 Tagen flügge. Oft brüten die Altvögel noch ein zweites Mal im gleichen Jahr.

Rackenvögel
Coraciifórmes

35. Blauracke*
Corácias gárrulus

Länge etwa 32 cm. Bei guter Beleuchtung bietet die Blauracke einen überaus farbenprächtigen Anblick, vor allem auch im Flug, wenn die verschiedenen lebhaften Blautöne der Flügel zur Geltung kommen. Sie ist mit keinem anderen Vogel unseres Gebietes zu verwechseln, auch wenn er auffallend blau gefärbt sein sollte. So zeigt der nur wenig größere Eichelhäher (51) lediglich im Flügel einen blauen Fleck, Eisvogel (vgl. **2**: 124) und Bienenfresser (vgl. **3**: 38) wiederum sind erstens deutlich kleiner und haben zweitens die Farben anders verteilt.

Die Stimme klingt krähenartig. Man hört Rufe wie »rack« und »krah«. Während des Balzfluges ruft das Männchen »rärrärrärrärr«, ähnlich einer hölzernen Drehrassel. Jungvögel sind matter gefärbt, das Blau ist an Kehle, Hals und Brust durch Brauntöne ersetzt.

Das Brutgebiet des schönen Vogels erstreckt sich heute von der Linie Leningrad – Brandenburg – Istrien in einem südöstlich verlaufenden Streifen bis zum Altai und Indus. Außerdem brütet er noch in Spanien, in der Camargue, in Italien einschließlich Sizilien und Sardinien sowie auf Korsika. Noch im vorigen Jahrhundert war die Blauracke bis ins Rheinland verbreitet. Man nimmt an, daß das zunehmend ozeanisch beeinflußte Klima für ihren Rückgang in Mitteleuropa ausschlaggebend ist. Daneben wird dieser Rückgang durch die Nichteinhaltung der Schutzbestimmungen zusätzlich beschleunigt. Die europäischen Blauracken überwintern in Afrika.

Die Blauracke besiedelt lichte Baumgruppen umgeben von offenem Gelände, wie Feldgehölze, alte Baumreihen an Landstraßen und Feldwegen, Parks bei Landgütern und Waldränder. Lokal, vor allem im Süden, kommt sie auch in nahezu baumlosem Gelände vor, wenn Böschungen vorhanden sind, in denen sie brüten kann. Wo sie nicht verfolgt wird, ist die Blauracke keineswegs scheu und lebt in unmittelbarer Nähe des Menschen. Sie ist ein eifriger Insektenfänger und erinnert in ihrer Jagdweise ein wenig an die Würger. Auf Bäumen, Zaunpfählen, Telegraphenmasten oder (wo es diese noch gibt) auf Getreidepuppen bezieht sie ihren Ansitz, um aus der Luft oder vom Boden in kurzem »Flugsprung« Insekten zu erbeuten. Gelegentlich fallen ihr auch andere Kleintiere zum Opfer. Da ihre Läufe ziemlich kurz sind, bewegt sich die Blauracke zu Fuß nur sehr ungeschickt fort, aber sie fliegt ausgezeichnet. Sie kann rasche Wendungen ausführen und über kurze Strecken gleiten.

Nach ihrer Rückkehr aus Afrika, etwa ab Mitte April führen die Männchen am Brutplatz gaukelnde Balzflüge auf. Das Nest ist ein dürftiger Bau aus Reisern, trockenem Gras und Tierhaaren, der in einer bereits vorhandenen Baumhöhle angelegt wird. Wie schon erwähnt, werden mancherorts auch Erdhöhlen verwendet. Das Gelege besteht aus 4–5 weißen Eiern. Sie werden 18–20 Tage bebrütet. Nach etwa 4 Wochen sind die Jungen flügge. Das Nest bleibt als stark verschmutzte Matte zurück.

36. Wiedehopf*
Úpupa épops

Länge etwa 28 cm. Auch dieser Vogel ist nicht zu verkennen. Kennzeichnend sind vor allem der lange Schnabel, die auffällig gebänderten Flügel und die Federhaube, die in zusammengelegtem Zustand einen nach hinten abstehenden Schopf bildet.

Auffällig ist auch der weithin hörbare Ruf, den das Männchen vor allem im Frühjahr hören läßt: »huphuphup«. Dieser Ruf kann auch vier- oder zweisilbig erschallen. Er klingt dumpfer als der Kuckusruf, und seine Silben liegen auf gleicher Höhe. Man kann ihn leicht nachahmen. Daneben hört man gelegentlich schnarchende und quäkende Laute, doch sind sie recht leise.

Der Wiedehopf ist sehr weit verbreitet. Wir finden ihn im größten Teil Afrikas einschließlich Madagaskars, in Asien und in Europa mit Ausnahme Nordwestspaniens, der Britischen Inseln, der Niederlande, Nordwestdeutschlands, Skandinaviens und Finnlands. Allerdings ist dieser schmucke Vogel vielerorts, z.B. auch in Westdeutschland äußerst selten geworden. Europäische Wiedehopfe überwintern in Afrika, einzelne auch schon in Spanien.

Er besiedelt Landschaften, in denen offene Flächen, wie Viehweiden, Wiesen, Ödländereien, mit Baumgruppen abwechseln. Wenn die sonstigen Bedingungen günstig sind, scheut er keineswegs die Nähe menschlicher Siedlungen.

Der Wiedehopf ist ein recht auffälliger Vogel. Vor allem im Flug ist er kaum zu übersehen. Die Bewegungen seiner breiten, abgerundeten Flügel erinnern etwas an den Eichelhäher, wirken aber noch schmetterlingshafter. Seine Flugbahn verläuft mehr oder minder wellenförmig. Nahrung sucht er zu Fuß auf dem Boden. Kopfnickend schreitet er einher, um bald hier, bald da ein Insekt zu ergreifen oder im Boden herumzustochern. Besonders gern untersucht er Kuhfladen und anderen Dung nach Kerbtieren. Als regelmäßiger Besucher der Viehweiden konnte er so, als er noch häufiger war, zu einem recht volkstümlichen Vogel werden. Größere Beute, wie Maulwurfsgrillen oder Mistkäfer, schlägt er gegen den Boden bis Flügeldecken und andere Hartteile abfallen, dann wirft er den mundgerechten Happen in die Luft und läßt ihn sich in den Rachen fallen.

Die Wiedehopfe kommen im April zu uns zurück, gewöhnlich etwas früher als der Kuckuck. Das Männchen ruft nun sehr ausdauernd; dabei hält es den Schnabel abwärts gerichtet. Als Nistplatz dient eine Höhle oder ein ähnlicher Raum in alten Bäumen, Holz- oder Steinhaufen, Mauern oder gar im Boden. Besonders beliebt sind Höhlen in Kopfweiden. In der Nähe des Brutplatzes werden Krähen und Elstern mitunter heftig angegriffen. Ohne besonderen Nestbau legt das Weibchen in zweitägigen Abständen 5–7 (8) Eier. Sie sind einfarbig gelblichgrau bis olivgrau. Nur das Weibchen brütet; es wird vom Männchen gefüttert. Nach 16–18 (20) Tagen schlüpfen die Jungen. Während der Brutzeit verändert sich das Sekret der Bürzeldrüse des Weibchens zu einer übelriechenden Substanz, so daß sich besetzte Wiedehopfnester an ihrem Geruch erkennen lassen. Ähnlich funktioniert auch die Bürzeldrüse der Nestlinge. Höchstwahrscheinlich kommt diesem Gestank eine Schutzfunktion zu. Die Jungen spritzen außerdem Angreifern einen Strahl dünnen Kotes entgegen. Nach 24–27 Tagen sind die Jungen flügge. Im September ziehen die Wiedehopfe südwärts.

Spechtvögel
Picifórmes

37. Wendehals
Jýnx torquílla
Länge 16–18 cm. Das weiche Gefieder erinnert in Färbung und Zeichnung etwas an den Ziegenmelker, doch ist der Wendehals viel kleiner und völlig anders proportioniert. Aus der Entfernung wirkt er oberseits dunkler, unterseits heller braungrau, meistens ist der über Hinterkopf und Rücken laufende dunkle Streifen deutlich zu erkennen. Wie bei allen Spechten sind zwei Zehen nach vorn, zwei rückwärts gerichtet, aber der Schwanz ist kein Stützschwanz, und der Schnabel dient nicht als Meißel. Die Kopffedern werden häufig zu einer kleinen Haube gesträubt.

Wendehälse sind viel häufiger zu hören als zu sehen. Im Frühjahr rufen beide Geschlechter näselnd »gägägä …« oder »giegiegiegie …«. Die Rufreihen können verschieden lang sein und mit nervenaufreibender Ausdauer vorgetragen werden. In Klangfarbe und Tonhöhe variieren sie etwas; oft steigen Tonhöhe und Lautstärke mit den ersten 3 oder 4 Rufen zur endgültigen Fülle an. Andere Rufe sind seltener zu vernehmen, am ehesten noch ein aufgeregtes »tä-tä …« und der Bettelruf der Jungen: ein leise klirrendes Trillern.

Das Verbreitungsgebiet erstreckt sich in einem Streifen von Portugal und Südskandinavien durch das gemäßigte Eurasien bis nach Japan. In Europa fehlt er in der Südosthälfte der Iberischen Halbinsel, auf den Britischen Inseln mit Ausnahme Südostenglands, im Süden der Balkanhalbinsel und im Norden Skandinaviens, Finnlands und Rußlands. Der Wendehals ist während der letzten Jahre bei uns auffallend seltener geworden. Europäische Wendehälse überwintern in Afrika, asiatische in Südasien. Sie wandern einzeln (April/Mai, August/September).

Er besiedelt lichte Laub- und Mischwälder, wobei er deren Randpartien bevorzugt, außerdem Parks, größere Obstgärten sowie Baumreihen an Straßen und Wasserläufen. Der Wendehals ist ein Nahrungsspezialist, der sich hauptsächlich von Ameisen und deren Brut ernährt. Bei der Nahrungsaufnahme bedient er sich seiner Zunge, die er, wie andere Spechte auch, weit vorstrecken kann. Ihre Spitze weist zwar keine Widerhaken auf, doch wirkt sie durch den klebrigen Speichel wie eine Leimrute, an der die Ameisen haften bleiben. Der Nahrung entsprechend hält sich der Wendehals viel auf dem Boden auf, wo er mit leicht erhobenem Schwanz umherhüpft. Doch liest er seine Beutetiere auch von Bäumen ab. Er vermag sich spechtartig, jedoch ohne Schwanzstütze, an Stämme zu klammern; auf Ästen sitzt er sowohl längs wie quer. Hüpft er einen Zweig entlang, so kann er mit jedem Sprung die Richtung der Körperachse ändern. Im Flug beschreibt er eine wellenförmige Bahn. Seinen Namen erhielt der Wendehals wegen einer Verhaltensweise, die wohl in erster Linie abschreckend wirken soll. Er sträubt die Kopffedern und führt mit hochgerecktem Hals pendelnde Bewegungen aus, die er mit deutlichem Zischen begleitet. Man wird unwillkürlich an eine Schlange erinnert, und dies ist wahrscheinlich auch der Sinn des Ganzen. Ähnliche Bewegungen finden während der Balz statt, in die ja viele Vögel ritualisierte Drohgebärden übernommen haben.

Etwa ab Mitte April vernimmt man den »Gesang« der zurückgekehrten Wendehälse. Jedes Männchen sucht sich eine Bruthöhle, um die herum es ein Revier verteidigt. Der Brutplatz kann eine alte Spechthöhle, ein Nistkasten oder gar ein Mauerloch sein. Die Höhle wird zwar gesäubert, aber nicht mit einem Nest versehen. Das Gelege besteht aus 7–8 (–12) weißen Eiern. Beide Eltern brüten. Nach 11–12 (–14)

Tagen schlüpfen die Jungen. Sie haben wie die meisten Jungspechte Tastwülste am Schnabelgrund, die von den Eltern vor der Fütterung berührt werden, worauf die Jungen sperren und sich das Futter einführen lassen. Wie bei Spechten oft üblich, benehmen sich die Nestlinge sehr lärmend, so daß das Nest leicht zu finden ist. Mit 19–24 Tagen sind die Jungen flügge. Mitunter folgt noch eine zweite Brut.

38. Buntspecht
Dendrócopos májor
Länge 23–25 cm. Die Kombination: weißer Schulterfleck, in der Ohrgegend schwarzer Verbindungsstreifen zwischen Bartstreifen und Genick sowie vom weißen Flanken- und Bauchgefieder ziemlich scharf abgesetzte Rotfärbung des Hinterbauches und der Unterschwanzdecken ist kennzeichnend für diese Art. Das Männchen zeigt ein rotes Band auf dem Hinterkopf, das dem Weibchen fehlt. Jungvögel haben bis zur Herbstmauser einen völlig roten Scheitel.
Der häufigste Ruf ist ein lautes »kick« oder »kix«. Bei Aufregung hört man ein rasches schnatterndes »gägägägä«. Wobei ein »r« mitschwingt. Im Frühjahr wird eifrig getrommelt. Ein Wirbel besteht aus 12–16 Schlägen und dauert etwas über eine halbe Sekunde. Solche Wirbel können bis zehnmal pro Minute wiederholt werden.
Der Buntspecht bewohnt in mehreren Rassen das gemäßigte Eurasien von England bis Südostchina und Kamtschatka, außerdem Tunis und Marokko. In Mitteleuropa ist er wohl der häufigste Specht. Hier ist er auch Standvogel, während nördliche Populationen oft im Winter invasionsartig südwärts ziehen.
Er besiedelt Baumbestände aller Art, soweit sie nicht zu kleinflächig sind und wenigstens einige ältere Bäume enthalten. Man kann ihn sowohl in einsamen Wäldern wie in Parks inmitten der Großstadt finden.

Buntspechte kommen selten auf den Boden, wo sie sich nur ungeschickt fortbewegen. An senkrechten Baumstämmen kletternd, lehnen sie den Oberkörper ziemlich weit rückwärts. Beim Fliegen wechseln Serien von Flügelschlägen und Gleitstrecken mit mehr oder minder angelegten Flügeln ab, so daß sich eine wellenförmige Flugbahn ergibt. Buntspechte sind typische »Hackspechte«, die ihre Nahrung überwiegend aus dem Holz holen. Dabei arbeiten sie mit kräftigen Schnabelhieben. Ihre Zunge ist spitz und mit Widerborsten versehen. Mehr als die Hälfte der Nahrung besteht aus holzbewohnenden Insekten und ihren Larven. Doch frißt der Buntspecht auch andere Kerbtiere bis hinab zu Blattläusen. Leider fallen ihm gelegentlich auch die Nestlinge anderer Kleinvögel zum Opfer. Vor allem im Winterhalbjahr nimmt er auch Pflanzenkost zu sich, besonders die Samen von Nadelbäumen, aber auch Sonnenblumenkerne, Hasel- und Walnüsse. Oft findet man sogenannte Spechtschmieden, das sind Stellen, an denen der Specht seine Mahlzeit hält. Zapfen oder Nüsse, die er in der Umgebung gepflückt hat, klemmt er in eine Astgabel, in einen Borkenspalt oder in eine selbstgezimmerte Vertiefung und bearbeitet sie geschickt, um an die nahrhaften Teile zu gelangen. Wenn man Ansammlungen von Zapfen unter einem »falschen« Baum, also etwa einem Laubbaum findet, sollte man stets nach einer solchen Schmiede Ausschau halten. Eine weitere Nahrungsquelle können Baumsäfte bilden. Der Specht zapft die Bäume an, indem er viele kleine Löcher in die säfteführenden Gewebe schlägt. Diese Löcher sind in Reihen geordnet, die sich um den Stamm winden. Deshalb spricht man auch vom »Ringeln«. Merkwürdigerweise tritt dieses Baumringeln nur lokal auf. Die Nacht verbringen die Spechte gewöhnlich in Höhlen, und zwar in senkrechter Haltung an die Wand unterhalb des Einfluglochs ge-

klammert. Von allen unseren Spechten wachen sie am frühesten auf und gehen am spätesten schlafen.

Buntspechte sind Einzelgänger, die sehr unverträglich sind. Nur zur Fortpflanzung kommen Paare zustande, die zunächst durch Balzrituale ihre Aggressivität eindämmen müssen. Sie zimmern sich für das Brutgeschäft eine Baumhöhle. Den größeren Teil der Arbeit leistet das Männchen. Anderthalb bis vier Wochen dauert die Herstellung der Höhle, deren Flugloch 4–5 cm Durchmesser aufweist. Sie liegt in einer Höhe von 2–5 m. Mit (4) 5–7 (–8) weißen Eiern ist das Gelege vollständig. Es liegt auf einer Unterlage aus Holzspänen. An der Brut hat wiederum das Männchen größeren Anteil, das übrigens schon ab dem ersten Ei in der Höhle übernachtet. Hat die Brut begonnen, wechseln sich die Partner tagsüber in Abständen von einer halben bis dreiviertel Stunde ab. Nach 12–13 Tagen schlüpfen die Jungen. Sie gebärden sich sehr lautstark und verlassen mit 21–25 Tagen die Höhle.

38a. Blutspecht
Dendrócopos syríacus

Diese Art ist in Größe und Aussehen dem Buntspecht sehr ähnlich. Sicherstes Erkennungszeichen ist der ungeteilte weiße Fleck der Kopfseiten. Außerdem ist die Rotfärbung des Unterleibes etwas blasser und nicht so scharf von den weißen Gefiederpartien abgesetzt. Jungvögel haben ein rötliches Brustband. Die Stimme klingt weicher, der Hauptruf mehr wie »güg« oder »glüg«.

Etwa seit der Jahrhundertwende breitet sich diese Art, von Kleinasien kommend, in nordwestlicher Richtung aus. Heute brütet sie bereits in Österreich und der Slowakei. Der Blutspecht bevorzugt in Europa ausgesprochene Kulturlandschaften wie Obstgärten, Straßenbäume und Parks. Möglicherweise weicht er auf diese Weise dem

a) Buntspecht; b) Blutspecht. Zu beachten ist die Zeichnung der Kopfseiten.

Buntspecht aus, mit dem er sich aber schon verschiedentlich gekreuzt hat. Auf seinem Speisezettel spielen Früchte, vor allem Beeren, eine größere Rolle als beim Buntspecht. Aber er frißt selbstverständlich auch Insekten, und ich sah ihn Samen aus Kiefernzapfen picken. Die Brutbiologie ähnelt der des Buntspechts, doch scheinen die Gelege durchschnittlich kleiner zu sein.

39. Kleinspecht
Dendrócopos mínor

Länge 14–16 cm. Der kleinste europäische Specht (etwa Haussperlingsgröße). Er ist außer dem Dreizehenspecht (42) der einzige ohne Rot an den Unterschwanzdecken. Die Oberseite erscheint größtenteils schwarzweiß quergebändert. Das Weibchen hat einen weißlichen Scheitel, das Männchen einen roten.

Der häufigste Ruf ist ein »kikikikik«, nicht unähnlich den Rufen des Turmfalken. Im Frühjahr trommeln die Männchen sehr eifrig. Die einzelnen Wirbel klingen leiser als die des Buntspechtes, sind aber länger: sie bestehen

aus etwa 30 Anschlägen und dauern etwa 1 Sekunde. In der Minute trommelt der Kleinspecht 12–14 mal.

Das Verbreitungsgebiet des Kleinspechtes deckt sich weitgehend mit dem des Buntspechts, doch geht jener weiter nach Norden, fehlt aber dafür in Schottland und Dänemark. Er ist in der Regel Jahresvogel, der jedoch im Winter weiter umherstreift; nördliche Populationen legen dabei besonders weite Entfernungen zurück.

Der Kleinspecht bewohnt Laub- und Mischwälder, die aber nicht zu dicht und dunkel sein dürfen sowie Parks und Gärten mit großen Bäumen.

Der Kronenbereich der Bäume ist sein bevorzugter Aufenthaltsort. Wäre er nicht so lebhaft, könnte man ihn dort leicht übersehen. Seiner geringen Größe wegen sucht er auch dünnere Zweige ab, die andere Spechte auslassen. Verschiedene Insekten, vor allem solche, die im Holz und unter der Rinde leben, bilden seine Hauptnahrung. Daneben nimmt er auch Samen und Früchte zu sich. Wenn er im Winter auf der Futtersuche umherschweift, schließen sich ihm oft gemischte Meisenschwärme an. Wie die meisten kleinen und mittelgroßen Spechte zeichnet er sich durch einen wellenförmigen Flug aus.

Kleinspechte zimmern ihre Bruthöhlen mit Vorliebe in weichholzige Bäume wie Weiden und Pappeln. Die Bautätigkeit dauert 8–15 Tage. Das Flugloch hat einen Durchmesser von annähernd 3,5 cm. Für jede Brut wird gewöhnlich ein neuer Bau angelegt. Während der Arbeit können die Vögel recht empfindlich gegen Störungen sein und lassen dann oft die angefangene Höhle im Stich. Das Männchen ruft und trommelt zu Beginn der Brutzeit recht ausdauernd. Beide Eltern brüten abwechselnd auf dem Gelege von 5–6 weißen Eiern, die etwas kleiner als die des Wendehalses sind. Nach 12(–14) Tagen schlüpfen die Jungen. Sie sind mit 18–21 Tagen flügge.

40. Weißrückenspecht
Dendrócopos léucotos

Länge etwa 25–28 cm. Die größte europäische Art aus der Buntspechtverwandtschaft. Kennzeichnend sind der je nach Rasse reinweiße oder weißschwarz gebänderte Bürzel (die deutschen Populationen gehören zur nordeuropäischen weißbürzeligen Rasse), die schwarz gefleckten Flanken, kein weißer Schulterfleck. Das Weiß und Rot der Unterseite gehen allmählich ineinander über. Das Männchen hat einen roten, seitlich schwarz eingefaßten, das Weibchen einen schwarzen Scheitel. Bei Jungvögeln ist die Rotfärbung nur spurenweise vorhanden.
Die Rufe dieses Spechtes sind ähnlich denen des Buntspechts, doch liegen sie tiefer und klingen nicht so hart, etwa »kjuk« und »kil«. Während der Fortpflanzung trommelt er oft, wobei die Schlagfolge eines Wirbels gegen Ende schneller wird.
Das zusammenhängende Verbreitungsgebiet erstreckt sich in einem relativ schmalen Streifen von den Karpathen und Südfinnland bis nach Japan. Isolierte Brutvorkommen liegen in den Pyrenäen, den Alpen, den Abruzzen, im Bayerischen Wald und Böhmerwald, auf dem Balkan, in Mittelskandinavien sowie an mehreren Stellen in Asien. Ganz offensichtlich war diese Art einst viel weiter verbreitet als heute. Die heutige Zersplitterung des Areals geht vielleicht auf die Eiszeiten zurück, möglicherweise aber auch auf die Zurückdrängung der Urwälder durch den Menschen. In Deutschland ist diese Art wohl der seltenste Specht; er ist hier nur in den Alpen und im Bayerischen Wald zu finden.
Der Weißrückenspecht besiedelt alte, nicht zu dunkle Laub- oder Mischwälder mit zahlreichen abgestorbenen Bäumen. Die Nähe von Gewässern scheint ihm besonders zuzusagen. Lokal ist er auch in Nadelwäldern zu finden.

In höherem Maße als die anderen einheimischen Spechte ist diese Art auf abgestorbene Bäume angewiesen. Der Weißrückenspecht stellt nämlich vor allem größeren Insekten nach, die im toten Holz und unter der Rinde abgestorbener Bäume leben. Bockkäfer und ihre Larven decken manchmal mehr als die Hälfte des Nahrungsbedarfs. Unsere unter wirtschaftlichen Gesichtspunkten gepflegten Wälder können ihm die nötigen Lebensgrundlagen nicht mehr bieten. Der Weißrückenspecht beansprucht ein recht großes Revier, so daß die einzelnen Paare sehr zerstreut verteilt sind.
Er zimmert seine Bruthöhle hauptsächlich in Laubbäume, vor allem, wenn diese bereits etwas morsch sind. Häufig wird ein Baum in der Nähe des Waldrandes oder einer Lichtung ausgewählt. Die Höhle, deren Einflugsloch etwa 5–6 cm im Durchmesser mißt, kann in verschiedenen Höhen liegen; gewöhnlich liegt sie aber nicht höher als der Unterwuchs des Waldes hinaufreicht. Wie bei allen Spechten wird kein eigentliches Nest gebaut, die Unterlage bildet vielmehr der ohnehin in der Höhle vorhandene Mulm. Das Gelege besteht aus 2–3 (–7) weißen Eiern, die etwa 15 Tage bebrütet werden. Die Jungen gebärden sich recht lautstark und verlassen nach etwa 21 Tagen die Bruthöhle.

41. Mittelspecht
Dendrócopos médius

Länge 21–22 cm. Unter unseren Spechten könnte dieser Specht am ehesten mit jungen Bunt- und Blutspechten verwechselt werden, die wie er einen weißen Schulterfleck und rote Kopfplatte haben. Doch ist beim Mittelspecht der Schulterfleck kleiner. Vor allem aber hat dieser Specht ein weißes Gesicht, da der schwarze Streifen der Halsseiten bei ihm nicht bis zum Schnabel reicht. Der rote Scheitelfleck, der bei beiden Geschlechtern vorhanden ist, zeigt keine schwarze Seitenbegrenzung. Das Rot des Unterbauches ist eher rosa zu nennen und geht allmählich in die braungelblich verwaschenen Flanken über, die außerdem deutlich dunkel längsgefleckt sind. Er ist wohl der hübscheste der Buntspecht-Verwandtschaft.

Seine Stimme ähnelt der des Buntspechts, klingt aber weicher. Man hört Rufe wie »gig« oder »gäg«, manchmal zu Reihen gehäuft, die wie »gägägäg« oder »djetdjetdjet ...« klingen. Er scheint nicht zu trommeln. Dafür gibt er einen sehr bezeichnenden Balzgesang von sich, der sich nur unzureichend beschreiben läßt. Er besteht aus 6–9 Silben, die wie »ääk« oder »wäit« klingen. Die einzelnen Silben fallen oft am Ende in Lautstärke und Tonhöhe. Sie werden in einem näselnd kreischenden Tonfall vorgetragen, so daß der Gesang zwar laut, aber doch recht weinerlich klingt.

Der Mittelspecht ist hauptsächlich eine europäische Art. Man findet ihn von Frankreich bis Rußland sowie in ganz Südosteuropa, in der westlichen und nördlichen Türkei und weiter bis Westiran. Isolierte Vorkommen liegen in Südschweden und Nordwestspanien. Über seine Verbreitung in Italien fehlen zur Zeit zuverlässige Daten. Auch in seinem »geschlossenen« Verbreitungsgebiet fehlt er stellenweise, z.B. in Nordwestdeutschland, wie er überhaupt meistens nur zerstreut und selten vorkommt. Altvögel sind gewöhnlich Standvögel, Junge streifen gelegentlich weiter umher.

Sein typischer Lebensraum ist der Eichenwald. Daneben tritt er in anderen lichten, gemischten Laubwäldern auf, wenn Eichen darin vorkommen. Ist diese Bedingung erfüllt, kann er sogar größere Parks in Städten bewohnen.

Der Mittelspecht frißt in erster Linie Insekten, doch scheint er sie weniger durch Aufhacken von Rinde und Holz zu erbeuten. Vielmehr holt er sie aus den vielfältigen Spalten und Rissen der groben Borke von Eichen und ähnlichen Bäumen. Sein Schnabel ist wesentlich dünner und schwächer als der des nur wenig größeren Buntspechts und wird wohl mehr als Pinzette und weniger als Meißel eingesetzt. Neben Kerbtieren nimmt dieser Specht auch Pflanzenkost zu sich, vor allem verschiedene Samen.

Für die Anlage der Bruthöhle, deren Flugloch 5 cm groß ist, sucht der Mittelspecht solche Stellen an Baumstämmen, die bereits morsch zu werden beginnen. Auch hier ist die Eiche der bevorzugte Baum. Die Höhle kann in ganz verschiedenen Höhen liegen, meistens allerdings im mittleren und höheren Stammbereich, doch sind auch Höhlen bekannt, die nur 1 m über dem Erdboden gebaut worden waren. Gelegentlich nehmen Mittelspechte auch bereits vorhandene Höhlen an, die sie lediglich säubern. Während der Balzzeit im März und April, manchmal aber schon ab Januar, lassen beide Geschlechter ihren quäkenden Gesang hören. Das Weibchen legt in eintägigen Abständen 5–6 weiße Eier auf eine dünne Unterlage aus feinen Holzspänen. Die Brutdauer beträgt 12–15 Tage. Nach etwa 3 Wochen sind die Jungen flügge; in Deutschland liegt dieser Termin normalerweise gegen Ende Juni. Die Jungen werden nach dem Ausfliegen noch 1–2 Wochen lang von ihren Eltern gefüttert.

42. Dreizehenspecht
Picoídes tridáctylus

Länge: 22–24 cm. Der einzige einheimische Specht mit nur 3 Zehen, die erste ist völlig zurückgebildet. Er hat auch als einziger einen schwarzen Streifen von den Augen über die Kopfseiten zur Schulter. Kein Rot im Gefieder! Das Männchen und die Jungvögel haben einen gelben Scheitel, beim Weibchen ist er weißlich. Die im Norden und Osten Europas lebende Rasse (siehe Abbildung) hat einen weißen Streifen vom Nacken bis zum Bürzel. Bei der südlichen Rasse ist der Rücken schwarzweiß gefleckt.

Er ruft ähnlich dem Buntspecht, aber tiefer »kjök«, außerdem hört man kekkernde Rufreihen. Die Trommelwirbel sind länger als beim Buntspecht, haben jedoch eine langsamere Schlagfolge.

Der Dreizehenspecht ist ein Vogel der holarktischen Nadelwaldzone. Er bewohnt einen breiten Streifen von Skandinavien und Estland im Westen bis Sachalin und Nordjapan im Osten. Darüberhinaus kommt er auch in Nordamerika vor. Isolierte Restvorkommen, wohl als Eiszeitrelikte zu deuten, finden sich in den Alpen und Gebirgen des Balkans sowie in den Sudeten, im Erzgebirge, dem Bayerischen Wald und Böhmerwald und weiter über Beskiden und Tatra im Karpatenbogen. Er bewohnt vor allem alte, dichte Fichtenwälder, im Norden jedoch auch Birkenwälder.

Der Dreizehenspecht lebt nirgends in großer Dichte. In seinen Lebensäußerungen erscheint er weniger lebhaft als die anderen »gescheckten« Spechte. Bei der Nahrungssuche verfährt er sehr gründlich. Meistens wird ein Baum von unten bis oben genau abgesucht und abgeklopft, ehe der Specht zu einem anderen fliegt. Diese Arbeitsweise und seine geringe Menschenscheu ermöglichen gute Beobachtungen. Er ist ein ausgesprochener Hackspecht, der seine Nahrung vor allem aus dem Holz und unter der Rinde hervorholt. Häufiger als die anderen einheimischen Spechte »ringelt« er Bäume, um den ausfließenden Saft zu trinken (dieses Verfahren wurde schon beim Buntspecht beschrieben).

Während der Balzzeit trommeln beide Geschlechter recht eifrig. Sie zimmern gemeinsam eine Höhle mit einem Flugloch von 4–5 cm Durchmesser. Die Höhle selbst ist meistens deutlich kleiner als die des Bunt- oder Mittelspechts. Als Nestbäume ziehen sie bei uns Nadelbäume vor, woanders nehmen sie ebensogern Laubbäume, besonders Birken. Häufig wählen sie Bäume, deren Holz nicht mehr ganz gesund ist. Das Gelege umfaßt (2–) 3–4 (–5) weiße Eier. Sie werden von beiden Eltern etwa 11 (–15?) Tage bebrütet, wobei – wie bei Spechten üblich – das Männchen den größeren Teil bestreitet, da es die Nachtschicht allein übernimmt. Die Jungen, die vor allem während der letzten Tage vor dem Ausfliegen ausdauernd ihre lauten, quiekenden Rufe hören lassen, sind mit 3 Wochen flügge. Danach begleiten sie noch etwa 1 Monat lang ihre Eltern, ehe sie sich zerstreuen und zu Einzelgängern werden.

43. Schwarzspecht
Dryócopus mártius

Länge: 45–48 cm. Der bei weitem größte europäische Specht. Von etwa gleichgroßen schwarzen Krähenvögeln durch abweichende Körperproportionen, gänzlich anderes Verhalten, hellen Schnabel und roten Kopffleck (beim Weibchen nur auf den Hinterkopf beschränkt) unterschieden. Die Hinterkopffedern werden oft zu einer kleinen Holle gesträubt. Im Flug sind die Flügel breiter und abgerundeter, der Schwanz deutlich keilförmiger, Hals und Kopf weiter vorgestreckt als bei Krähen. Eindrucksvoll wie sein Aussehen sind auch seine Rufe. Das ganze Jahr über kann man ein sehr bezeichnendes »kliäää« hören, die »ä« ein wenig nach »ö« hin klingend. Dieser Ruf, der an den Abschluß des Hahnenkrähens erinnert, wird nur im Sitzen geäußert. Im Flug ertönen schnarrende Reihen: »kürrkürrkürr . . .«. Während der Balzzeit hört man sehr klangschöne »kwüi, kwüi«, die an den Grünspecht erinnern, aber wohllautender sind, vor allem, wenn jeder Ruf eine aufsteigende Tonschleife bildet. An der Bruthöhle ertönen dann auch Rufe, die, ähnlich einigen Dohlenlauten, wie »kijak« klingen. Die sehr lauten Trommelwirbel dauern bei 38–43 Anschlägen etwa 2½ Sekunden.

Der Schwarzspecht bewohnt die nördliche gemäßigte Zone Eurasiens von Skandinavien (außer Dänemark), Mitteleuropa und dem Balkan bis nach Kamtschatka, China und Japan. Isolierte Vorkommen liegen im Kaukasus, Nordanatolien, Frankreich, Spanien und Süditalien. Vielleicht hängt diese Zersplitterung des Gebietes mit dem Zurückweichen großer Wälder durch natürliche Ursachen oder menschliche Rodung zusammen. Andererseits sind manche Gegenden (z. B. Nordwestdeutschland) erst in jüngerer Zeit (wieder?) besiedelt worden. Wie die meisten Spechte ist auch der Schwarzspecht ein Jahresvogel, der im Winter nur in engen Grenzen umherstreift. Jungvögel können aber ihre Streifzüge über Hunderte von Kilometern ausdehnen.

Als Lebensraum dienen alte ausgedehnte Nadel- oder Mischwälder. Lokal ist er auch in reinen Laubwäldern anzutreffen. Wenn die Wälder seinen Lebensansprüchen genügen, stört ihn auch die Nähe großer Städte nicht (z. B. Stadtwald von Frankfurt/M.). Im Gebirge ist er häufiger als in der Ebene.

Dort, wo er vorkommt, bleibt der prächtige Vogel nicht verborgen. Neben seinen hörbaren Signalen verraten ihn die Spuren der Nahrungssuche. In die erdnahen Abschnitte von Baumstämmen, die von Holzameisen befallen sind, schlägt er umfangreiche ovale oder fast rechteckige Löcher, um an seine Beute zu kommen. So kann er den Zerfall von Baumstubben erheblich beschleunigen. Neben Ameisen vertilgt er eine Vielzahl von Holzwespen und holzbewohnenden Käfern. Die Wucht seiner Schnabelhiebe, die sich an der Größe der abgespaltenen Holzspäne ablesen läßt, ist beachtenswert. Entsprechend den Nahrungsbedürfnissen sind die Reviere des Schwarzspechtes recht groß. Ein Paar bewohnt in Mitteleuropa 200–800 ha, in Finnland aber bis 3000 ha. Schwarzspechte wachen morgens später auf als unsere anderen Spechte und gehen abends früher schlafen. Abweichend von anderen Spechten ist ihre Flugbahn nahezu geradlinig und nicht wellenförmig. Durch seine Bautätigkeit liefert der große Specht auch solchen Arten Nistplätze, denen die Höhlen anderer Spechte meistens zu klein sind, so etwa Hohltaube, Wald- und Rauhfußkauz, Blauracke, Dohle und Schellente.

Die Zeit der Balz fällt in unseren Breiten in den März und April. Dann sind die Schwarzspechte besonders ruffreudig, und der Wald hallt von ihrem Trommeln wieder. Unter ritualisiertem Schnabelstoßen und Kopfschwenken gewöhnen sich die eigenbrötlerischen Partner allmählich aneinander. Sowohl Männchen wie Weibchen können versuchen, durch Anpreisen einer Höhle einen Partner an sich zu binden. Schwarzspechte nisten selten in bereits vor Jahren gebauten Höhlen. Bauen sie eine neue, so kann dies bis zu einem Monat lang dauern. Meistens liegt sie recht hoch (8–20 m). Das Flugloch ist häufig hochoval oder abgerundet viereckig. Der längere Durchmesser beträgt dann 10–12 cm. Die Höhle ist sehr geräumig und in Ausnahmefällen bis 1 m tief. In eintägigen Abständen legt das Weibchen (3–) 4–5 (–6) weiße Eier, die von beiden Eltern abwechselnd bebrütet werden. Bei der Ablösung läuft eine Zeremonie ab, während der der ablösende Vogel draußen »kijak« ruft, worauf der Partner in der Höhle mit Trommelserien antwortet. Nach 12–14 Tagen schlüpfen die Jungen. Sie fliegen nach rund 28 Tagen aus. Danach teilt sich die Geschwisterschar, und jedes Elternteil führt für sich noch einige Wochen die ihm angeschlossenen Jungvögel.

44. Grünspecht
Pícus víridis

Länge 32–35 cm. Der Grünspecht kann nur mit der nachfolgenden Art verwechselt werden. Er ist aber größer, hat einen bis zum Hinterkopf reichenden roten Scheitelfleck, ein dunkleres Gesicht mit einem breiten Bartstreifen, der beim Männchen in der Mitte rot, beim Weibchen völlig schwarz ist. Die Grünfärbung dehnt sich auf Hals und Kopf weiter aus als beim Grauspecht. Die Kombination: dunkle Maske, betonter Bartstreifen, kräftiger Schnabel und gelblichgraues Auge verleiht diesem Specht einen merkwürdig düsterernsten Gesichtsausdruck. Doch er ist ein sehr schmucker Vogel, vor allem auch im Flug, wenn der leuchtend grünlichgelbe Bürzel sichtbar wird. Jungvögel sind allgemein heller gefärbt und stark gefleckt und gesperbert. Die spanischen und nordafrikanischen Rassen weichen vor allem in der Kopfzeichnung ein wenig ab, wodurch sie dem Grauspecht ähnlicher werden, sie haben aber stets den ganzen Scheitel rot.

Die bekannteste Lautäußerung ist der gellende Balzruf, der oft mit einem Lachen verglichen wird, ein Vergleich, der jedoch nicht sehr zutreffend erscheint. Man kann den Ruf mit einem harten »gjügjügjü ...« wiedergeben, wobei im »ü« auch ein wenig ein »a« mitklingt. Die einzelnen Silben einer Rufreihe liegen meistens auf gleicher Tonhöhe oder machen zu Beginn geringe Aufwärts-, zum Ende schwache Abwärtsbewegungen. Die Rufreihen sind bei unverpaarten Vögeln am längsten; je enger die Paarbindung ist, um so mehr verkürzen sich die Rufe. Ein- oder wenigsilbige Rufe von ähnlich abenteuerlicher Klangqualität wie der Balzruf hört man gelegentlich auch außerhalb der Brutzeit. Dagegen trommeln Grünspechte nur sehr selten. Jungvögel betteln in der Höhle »äkäkäk«.

Wie der Mittelspecht ist dieser Specht eine vorwiegend europäische Art. Er fehlt hier nur in Irland, Schottland, Mittel- und Nordskandinavien, in Finnland, Nord- und Südrußland sowie auf den meisten Inseln des Mittelmeeres (außer Sizilien). Außerhalb Europas findet man ihn in Nordwestafrika und in Kleinasien bis Westiran.

Der Grünspecht lebt in lichten Laub- und Mischwäldern, aber auch in Baumgruppen der offenen Kulturlandschaft sowie in Parks und größeren Baumgärten. Er ist Jahresvogel. Unter allen unseren Spechten ist er der ausgeprägteste »Bodenspecht«. Er stellt vor allem Ameisen nach, die er mit seiner besonders weit vorstreckbaren Zunge wie mit einer Leimrute aus ihrem Bau holt. Die Zungenspitze ist gerundet und abgeplattet, und da sie für sich gesondert bewegt werden kann, vermag der Specht mit ihr die Beute aus den verborgensten Ritzen und Gängen zu schaben. Da er auch die sehr nützlichen Roten Waldameisen nicht verschont, sondern unter Umständen halbmeterlange Gänge in die Ameisenhaufen gräbt, werden die Ameisenbauten heute oft durch Gitterhauben vor dem Grünspecht geschützt. Wenn strenge Winter durch gefrorenen Boden und Schnee die Grünspechte von ihrer wichtigsten Nahrungsquelle abschneiden, können die Spechtbestände stark gelichtet werden. Als zusätzliche Nahrung sind Hummeln, Käfer und verschiedene andere Insekten und Früchte zu nennen. Selbstverständlich klettern Grünspechte auch an Bäumen. Bewegen sie sich hier fort, so drücken sie – abweichend von den »bunten« Spechten – den Vorderkörper dicht an den Stamm, so daß es aussieht, als rutschten sie über die Rinde. Fliegend beschreiben sie eine deutliche Wellenbahn.

Mit ausgehendem Winter nehmen die Geschlechter zunächst Rufkontakt auf, und zwar besonders früh und abends. Nach und nach bauen sie ihre Unverträglichkeit ab und gewöhnen sich aneinander. Ritualisierte Bewegungen, wie etwa ein schwungvolles Hinundherpendeln des Kopfes, spielen hierbei eine große Rolle. Da die Grünspechte auch diese Zeremonien großenteils auf dem Boden durchführen, sind sie dabei leichter zu beobachten als andere Spechte. Ist das Paar sich einig, findet die Begattung statt, dann meistens ohne lange Balzvorspiele. Die Vögel können für die Brut eine bereits vorhandene Höhle verwenden oder sie zimmern eine neue. Sie hat ein Flugloch von 8 cm Durchmesser und liegt meistens in einem Laubbaum. 5–7 weiße, glänzende Eier bilden das Gelege, das nachts vom Männchen, tagsüber abwechselnd von beiden Eltern bebrütet wird. Nach 15–17 Tagen schlüpfen die Jungen. Sie sind mit knapp 3 Wochen flügge. Die Familie teilt sich nun, und jedes der Eltern streift mit einigen Jungen umher, bis sich im Hochsommer schließlich jeder Specht selbständig macht und sein Einsiedlerleben beginnt.

45. Grauspecht
Pícus cánus

Länge: 25–30 cm. Der Name ist nicht sehr treffend, da auch dieser Specht einen überwiegend grünen Eindruck macht (vor allem im Flug). Doch sind Unterseite und Kopf tatsächlich ausgedehnt grau gefärbt, besonders beim Weibchen, dem der rote Kopffleck fehlt. Beim Männchen ist dieser Fleck nur auf den Vorderkopf beschränkt. Der Bartstreifen ist nur schmal, und eine schwarze Gesichtsmaske fehlt. Die Augen haben eine rötliche Regenbogenhaut und wirken deshalb nicht so stechend wie beim Grünspecht. Jungvögel sind matter gefärbt, ihre Flanken zeigen eine bräunliche Bänderung.

Der Grauspecht hat zur Balzzeit eine sehr klangschöne Rufreihe: »kükükükü-kü-kü-kü«. Die Silbenzahl ist etwas veränderlich. Tempo und Tonhöhe nehmen im Verlauf aber stets deutlich

ab, wodurch die Reihe leicht melancholisch klingt. Daran läßt sie sich von der Rufreihe des Grünspechts unterscheiden, außerdem ist sie in der Tonqualität viel reiner, so daß man sie sogar nachpfeifen kann. Anders als der Grünspecht trommelt der Grauspecht häufig. Der einzelne Wirbel ist aus 20–30 Schlägen zusammengesetzt und dauert über 1 Sekunde. Manchmal sucht sich der Grauspecht Resonanzböden, die besonders laut dröhnen (Nistkästen, Blechdächer usw.).

Das Verbreitungsgebiet erstreckt sich von Ostasien bis Mittelskandinavien und Zentralfrankreich. Der Grauspecht gehört zu den Arten, die seit längerer Zeit langsam, aber ständig westwärts vordringen. Während er das östliche Europa bereits von Südfinnland im Norden bis Bulgarien und Albanien im Süden besiedelt hat, bildet das Brutgebiet in Mittel- und Westeuropa einen zungenförmigen Ausläufer über die deutsche Mittelgebirgszone nach Frankreich. Im norddeutschen Tiefland tritt dieser Specht nur ganz lokal auf. Er ist ein Jahresvogel, wenn man von Streifzügen der Jungvögel absieht.

Wir finden ihn in Laub- und Mischwäldern, gelegentlich auch in kleineren Feldgehölzen oder Parks. Nadelwälder meidet er.

In der Lebensweise ähnelt er etwas dem Grünspecht. Wie dieser ist er eigentlich ein Bodenspecht; man sieht das besonders an den Populationen jener Gebiete, in denen der Grünspecht fehlt. In Europa allerdings hat er sich, wohl durch den Wettbewerb des Grünspechts, mehr dem Baumleben zugewandt. Er konnte dies, da er offensichtlich nicht so eng spezialisiert war wie der Grünspecht; vor allem ist er nicht so weitgehend auf Ameisen angewiesen. Deshalb übersteht er auch strenge Winter besser, weil er leichter auf anderes Futter ausweichen kann. Er besucht sogar von Menschen eingerichtete Futterstellen. Anders als die meisten

Spechte scheint der Grauspecht etwas verträglicher zu sein, so daß man auch außerhalb der Brutzeit manchmal zwei von ihnen nahe beieinander findet, ohne daß sie sich sofort androhen und zu vertreiben suchen. Trotz seiner Größe kann der Grauspecht leicht übersehen werden. Auf Bäumen wirkt seine graugrüne Färbung als vorzügliche Verbergetracht, und überdies ist er, außer in der Balzzeit, recht schweigsam.

Er brütet in selbstgezimmerten Höhlen. Der Durchmesser des Fluglochs mißt um 7 cm. Die Höhle liegt durchschnittlich niedriger als die des Schwarz- oder Grünspechtes. Das Gelege von 6–7 weißen Eiern wird etwas über 2 Wochen bebrütet. Die Jungen, die größtenteils mit vorgewürgten Ameisengruppen ernährt werden, verlassen die Höhle, wenn sie etwa 23 Tage alt sind. Sie werden danach noch einige Wochen von den Eltern geführt.

Sperlingsvögel
Passerifórmes

46. Kolkrabe
Córvus córax

Länge: 57–67 cm. Der stattliche Vogel unterscheidet sich von Krähen durch seine beachtliche Größe, den klobigen Schnabel und im Flug durch den keilförmig abgestuften Schwanz. In der Luft wirkt er, abgesehen von dem weit vorgestreckten Kopf, recht greifvogelartig.

Die Rufe des Raben klingen aus der Nähe nicht übermäßig laut, sind aber doch erstaunlich weit zu hören. Man vernimmt oft ein tiefes »korrk«, bei dem »r« und »o« gleichzeitig zu klingen scheinen. Xylophonartig wirkt ein hohes »klong«. Daneben äußert er verschiedene leisere krächzende und knarrende Laute, wie er auch Geräusche und Stimmen seiner Umgebung nachahmt. In Gefangenschaft erweist er sich als virtuoser Imitator, der ganze Sätze nachzusprechen lernt.

Kolkrabe

Der Kolkrabe war einst in mehreren Rassen nahezu im gesamten gemäßigten Eurasien und Nordamerika verbreitet. Heute ist er durch menschliche Verfolgung vielerorts ausgerottet. In Deutschland brütet er nur in den Alpen, dem Voralpenland und im Schwarzwald sowie stellenweise in Norddeutschland, vor allem in Schleswig-Holstein. Seit er unter Schutz steht, hat sich sein Bestand bei uns etwas erholt, jedoch keineswegs so sehr, daß eine erneute Jagdfreigabe gerechtfertigt wäre. Kolkraben sind Standvögel, die aber gelegentlich auch im weiteren Umkreis ihres Brutreviers umherstreifen.

Als ungemein anpassungsfähige Art kommt der Rabe in den verschiedensten Lebensräumen vor, von der Meeresküste bis zum Hochgebirge und vom unberührten Urwald bis zum Stadtpark.

Der Kolkrabe gilt in alten germanischen Sagen als Göttervogel und als Sinnbild der Weisheit. Tatsächlich glaubt auch die moderne Tierpsychologie, daß er – vielleicht mit einigen Papageien und anderen Rabenvögeln – die größte Intelligenz unter den Vögeln besitzt. Neugierig, vorsichtig und wandlungsfähig in seinem Verhalten, vermag er mit den unterschiedlichsten Lebensbedingungen fertig zu werden. Zudem ist er kein Kostverächter. Von der Fliegenmade, die er aus dem Viehdung holt, bis zum Hasen betrachtet er alles als Beute, was er überwältigen kann. Ebenso geht er an vielerlei Früchte, Samen und grüne Pflanzenteile sowie an Aas oder Abfälle. Im Winter versammeln sich mitunter mehrere Dutzend Raben auf Müllplätzen zur Futtersuche. Der Rabe ist gut zu Fuß und ein hervorragender Flieger. Er vermag ausdauernd zu segeln wie ein Bussard, wird aber auch sehr schnell und wendig, wenn er spielerisch oder im Ernst größere Vögel angreift, die sein Revier durchqueren. Wo er verfolgt wird, ist er äußerst scheu und vorsichtig, so daß es fast unmöglich ist, ihn näher zu beobachten. Aber selbst dort, wo ihm nichts geschieht, ist er scheuer als viele andere Vögel.

Raben leben in Einehe. Die Partner sind sich sehr zugetan, sie kraulen sich gegenseitig im Kopfgefieder und führen zur Balzzeit prachtvolle Flugspiele aus. Jedes Paar hat ein Revier, an dem es beharrlich festhält und das es erbittert verteidigt. Bereits im Spätwinter beginnt die Brutzeit. Der Horst steht, je nach den örtlichen Gegebenheiten, auf Bäumen, in Felsnischen oder auf dem Boden. Beide Gatten bauen sehr eifrig, und sie verbessern im Laufe der Jahre offensichtlich ihre Fertigkeiten, denn bei älteren Paaren dauert der Nestbau nicht so lange wie bei Anfängern. Das Nest besteht aus einem Unterbau aus groben Zweigen, durchsetzt mit Moos, Erde und Steinen, dann folgen 2 Schichten aus zunehmend feinerem Material, das schön festgedrückt und glattgestrichen wird. Der Muldenrand schließlich wird aus einfachen Reisern errichtet. In die tiefe, gut gepolsterte Mulde legt das Weibchen (3–) 4–6 Eier, die es allein bebrütet. Das Männchen versorgt es währenddessen mit Futter, das es in seinem Kehlsack

mitbringt. Die Eier haben eine grünlichblaue Grundfarbe und eine sehr veränderliche Zeichnung aus vielgestaltigen bräunlichen, grauen oder olivfarbenen Flecken. Rabeneltern sind überaus fürsorgliche Eltern. Die Mutter hilft den Jungen bereits beim Schlüpfen. Dies geschieht nach 18–20 (–23) Tagen Brutzeit. Sie verschluckt auch die Eischalen und Eihäute. Die Brutpflege ist hoch entwickelt. Die Jungen erhalten nicht nur Nahrung, sondern auch Wasser, ja, die Altvögel benetzen sich sogar das Bauchgefieder und verabreichen damit den Kindern kühlende, feuchte Umschläge. Je nach Witterungslage lockern sie das Nestpolster auf oder drücken es fest, um die jeweils günstigsten Temperaturverhältnisse für die Jungen herzustellen. Nach der langen Zeit von 40 Tagen sind die Jungen flügge. Die Familie bleibt oft bis in den Winter hinein beisammen. Erst mit 2 Jahren erreichen die Raben Geschlechtsreife.

47. Dohle
Córvus monédula

Länge: etwa 33 cm. Kennzeichnend sind die hellgrauen Augen und die Graufärbung von Kopfseiten, Hinterkopf und Nacken. Bei nördlichen und östlichen Populationen ist diese Graufärbung heller. Bereits im mittleren Polen trifft man auf eine östliche Rasse, die auf den Halsseiten zusätzlich einen rahmweißen Fleck zeigt. Solche Vögel können im Winter auch in Deutschland auftauchen. Von allen europäischen Krähen ist die Dohle leicht zu unterscheiden durch die viel geringere Körpergröße, den verhältnismäßig kurzen Schnabel, die lebhaften Bewegungen und die Stimme.

Der häufigste und unverwechselbare Ruf klingt wie »kjak«. Er kann in Lautstärke und Klangfärbung stark abgewandelt und zur Rufreihe gesteigert werden. Oft ertönt er zweisilbig wie »kjajak« (»Jakob!«). Daneben hört man besonders am Brutplatz eine Vielzahl von gicksenden, tonlos knappenden und schnarrenden oder leise gurrenden Lauten. Das Stimmengewirr einer Dohlenschar kann zwar recht lärmend wirken, hat aber für das menschliche Gehör, anders als die Rufe der Krähen, einen freundlichen oder gar heiteren Klang. Wahrscheinlich hat dies dazu beigetragen, daß sich Dohlen allgemein größerer Duldung und Beliebtheit erfreuen als ihre verwandten Arten. Sie ahmen auch fremde Laute nach und lernen sprechen.

Dohle

Die Dohle bewohnt Nordwestafrika, Europa und Westasien bis zum 60., stellenweise bis zum 65. Breitengrad, ihre Ostgrenze liegt etwa am Oberlauf des Jenissei. Dohlen sind Teilzieher. Vor allem die nördlichen und östlichen Populationen ziehen regelmäßig in günstigere Winterquartiere, aber auch die mitteleuropäischen streifen im Winter manchmal weit umher.
Wir finden die Dohle in lichten Wäldern, in Parks und ähnlichen Gehölzen mit alten Bäumen, an felsigen Steilhängen sowie in Ortschaften, deren Gebäude sie wohl als Felsersatz betrachtet. Manche alten Kirchtürme sind seit eh und je von Dohlen besiedelt.
Dohlen sind lebhafte Vögel, die an Intelligenz dem Kolkraben nur wenig nachstehen. Sie wirken anmutiger als die größeren Rabenvögel, ihr Flug ist schneller und scheinbar mühelos; man hat oft den Eindruck, daß sie mit dem

Wind spielen, wenn sie ihre behenden Flugmanöver ausführen. Sie sind sehr gesellig, brüten oft in Kolonien und ziehen in Schwärmen umher. Innerhalb der Kolonien kennen sich die einzelnen Vögel genau, und es herrscht eine ausgesprochene Hierarchie, aber auch eine Trutzgemeinschaft gegen Feinde. Dohlen sind wie viele Rabenvögel Allesfresser, sie vertilgen Würmer, Schnecken, Insekten, Vogeleier und Jungvögel, Samen, Früchte und vielerlei Abfälle. In der Regel suchen sie ihre Nahrung auf dem Boden, wo sie kopfnickend einherschreiten. Im Winter vergesellschaften sie sich gern mit Saatkrähen (**3**: 51).
Dohlen leben in Einehe, die gewöhnlich lebenslang dauert. Lange vor der ersten Brutzeit »verloben« sich bereits die Paare, die auch außerhalb der Brutzeit in den großen Schwärmen zusammenbleiben. Normalerweise kann sich ein Männchen nur mit einem Weibchen verpaaren, das in der Hierarchie, der »Hackordnung«, unter ihm steht. Nach der Verpaarung steigt ein solches Weibchen dann in der Hackordnung bis zum Rang ihres Gatten. Als Nistplatz dient eine Höhle, sei es in einem Baum, in einem Schornstein oder in einer Mauer. Im Süden brüten Dohlen häufig in Löchern von Böschungen oder Sandgrubenwänden. Ausnahmsweise werden auch freistehende Nester auf Bäumen angelegt. Innerhalb der Kolonie wird nur die unmittelbare Umgebung des Nistplatzes als Revier verteidigt. Das Paar baut im April aus etwa 2 mm dicken Zweigen ein Nest, das manchmal mit Erde verstärkt wird; die Polsterung besteht aus Gras, Tierhaaren und Lumpen. Nur das Weibchen bebrütet ausdauernd das Gelege von 5–6 Eiern. Das Männchen füttert das Weibchen; ganz selten übernimmt es auch einmal das Brüten für kurze Zeit. Die Eier sind auf hell bläulichgrünem Grund mit grauen, hell olivbraunen und tiefbraunen Flecken übersät. Nach (16–) 17–19 Tagen schlüpfen die

Jungen. Sie werden von beiden Eltern gefüttert und fliegen nach 30–35 Tagen aus. Danach werden sie noch einige Zeit geführt. Junge Dohlen müssen erstaunlich viel durch eigene Erfahrung und von ihren älteren Artgenossen lernen. So ist ihnen zum Beispiel das Erkennen von Feinden nicht angeboren.

48. Aaskrähe
Córvus coróne

Länge: 47–49 cm. Von dieser Art kommen in Mitteleuropa 2 Rassen vor, die sich auch vom Laien gut unterscheiden lassen, nämlich die einfarbig schwarze Rabenkrähe *(Córvus coróne coróne)* und die Nebelkrähe *(Córvus coróne córnix)*, die leicht an ihrem schwarzgrauen Gefieder zu erkennen ist. Die Rabenkrähe könnte mit der Saatkrähe (vergl. 3 : 51) verwechselt werden, aber sie hat einen dickeren Schnabel, straffer anliegendes Gefieder auf Bauch und Schenkeln und ein stets vollständig befiedertes Gesicht. Vom Kolkraben unterscheidet sie sich durch viel geringere Größe, einen kleineren Schnabel und gerade abgeschnittenen Schwanz. Fälschlicherweise werden Rabenkrähen und Saatkrähen im Volksmund oft als Raben bezeichnet, wohl wegen ihrer einheitlich schwarzen Färbung.

Die Stimme der Aaskrähe klingt krächzender und nicht so tief wie die der Saatkrähe. Der häufigste Ruf läßt sich mit »krah« oder »ark« umschreiben, wobei das »a« nicht sauber klingt, sondern schon etwas zum »ä« neigt. Dieser Ruf wird meistens dreimal wiederholt. Die sitzende Krähe verbeugt sich bei jedem Ruf. Außerdem hört man ein helles »kirk« und ein angenehmes »kong«, das an den ähnlichen Ruf des Kolkraben erinnert. Bei Ärger ertönt ein wiederholtes gezogenes Quarren. Der Gesang ist ein nicht sehr lautes Gemisch aus bauchrednerischen Schnarrlauten und hohen Gicksern.

Die Rabenkrähe bewohnt Europa westlich einer Linie ungefähr von der

Nebelkrähe

Lübecker Bucht bis Oberösterreich. Diese Linie biegt dann nach Westen um und verläuft durch die Ostalpen und am Nordrand der Poebene, bis sie im Bereich der Seealpen auf die Mittelmeerküste stößt. Im Norden geht die Rabenkrähe etwa bis zur dänischen Grenze, auf den Britischen Inseln läßt sie Irland und das nördliche Schottland frei. In diesen Teilen und im ganzen übrigen Europa wird die Rabenkrähe von der Nebelkrähe vertreten, wobei die südeuropäischen Nebelkrähen zu besonderen Rassen gehören. Dort, wo die Gebiete von Raben- und Nebelkrähe sich berühren, gibt es eine 30–160 km breite Vermischungszone, in der Bastarde auftreten, die ihrerseits auch fruchtbar sind. Diese Tatsache gab den Ausschlag, Raben- und Nebelkrähe als Rassen einer Art aufzufassen und nicht als 2 gesonderte Arten. Die nördlichen und östlichen Nebelkrähen streifen im Winter weit umher und gelangen dabei bis tief in das Verbreitungsgebiet ihrer schwarzen Artgenossen, so daß man zu dieser Zeit beispielsweise auch in Westdeutschland Nebelkrähen antreffen kann.

Die Aaskrähe besiedelt die Randzonen von Wäldern, größere Baumgruppen, Feldgehölze und Parks.

Sie ist ein sehr lebenstüchtiger Vogel, der sein Verhalten auf erstaunliche Weise den jeweiligen Gegebenheiten anpaßt. Besonders eindrucksvoll kann man dies bei solchen Krähen beobachten, die in Parks leben. Sie sind hier so vorsichtig und gehen allen unliebsamen Kontakten mit Menschen aus dem Wege, daß man fast meint, sie könnten sich unsichtbar machen, so selten bekommt man diese immerhin nicht kleinen Vögel zu Gesicht.

Aaskrähen trifft man meistens einzeln oder paarweise, seltener in kleinen Trupps. Sie fliegen gut und ausdauernd, wenn auch nicht so »majestätisch« wie der Kolkrabe oder so anmutig wie die Dohle. Auf dem Boden schreiten sie; sind sie in Eile, verfallen sie auch in ungeschickte seitliche Hopser. Die Aaskrähen hängen keineswegs von Aas ab, sie sind vielmehr Allesfresser. Leider fallen ihnen auch viele Gelege und Jungvögel zum Opfer, die sie in langsamen Suchflügen ausfindig machen. Durch die Vernichtung ihrer natürlichen Feinde (Wanderfalke, Habicht, Uhu) können sie sich heute oft übermäßig vermehren.

Die Paare bleiben lebenslang zusammen und halten auch treu an ihrem Brutrevier fest. Der alte Horst wird oft über Jahre benutzt und immer wieder ausgebessert. Er steht gewöhnlich in einer hohen Baumkrone; besonders beliebt sind Kiefern. Gelegentlich steht das Nest auch in einer Felswand oder gar auf dem Boden. Am Nest verhalten sich die Krähen äußerst vorsichtig und still. Fühlen sie sich während des Bauens gestört, beginnen sie oft auf einem anderen Baum von neuem. Die Brutzeit beginnt bereits im März. Mit (3–) 4–6 Eiern ist das Gelege vollständig; die Eier ähneln denen des Kolkraben, sind aber wesentlich kleiner. Das Weibchen brütet allein und wird vom Männchen versorgt. Nach 18 (–21) Tagen schlüpfen die Jungen, die mit 28–35 Tagen flügge sind. Erst nach mehreren Wochen lösen sich die Kinder aus dem Familienverband. Sie sind mit 2 Jahren geschlechtsreif, brüten aber oft erst im dritten Jahr.

49. Elster
Pica pica

Länge: 45–47 cm. Einer der am leichtesten zu erkennenden Vögel unseres Gebietes, der keiner weiteren Beschreibung bedarf. Aus der Entfernung wirken allerdings die prachtvoll metallisch glänzenden Gefiederteile einheitlich schwarz. Im Flug erscheinen die Handschwingen, mit Ausnahme der Spitzen, weiß. Jungvögel haben kurz nach dem Ausfliegen noch einen kürzeren Schwanz, und ihr Gefieder glänzt nicht so stark.

Kennzeichnend ist auch die Stimme. Die gewöhnlichste Lautäußerung ist ein hartes Schackern: »schack-schackschack . . .« oder »schackerack«. Ungeübte Beobachter könnten diesen Ruf mit dem der Wacholderdrossel (81) verwechseln, doch klingt er bei der Elster voller und rauher. Der Gesang der Elster ist nur aus der Nähe zu hören, besteht aus in sprudelndem Plauderton vorgetragenen schnarrenden, klappernden und pfeifenden Lauten, die etwas sonderbar, aber doch recht angenehm klingen.

Das Verbreitungsgebiet der Elster reicht von Nordwestafrika über ganz Europa bis nach Ostasien und dem westlichen Nordamerika. Elstern sind in der Regel Standvögel.

Die Elster meidet große geschlossene Wälder. Vielmehr besiedelt sie offenes Gelände aller Art, das mit Baum- oder Strauchgruppen durchsetzt ist, ebenso Auwälder und Parks. Besonders in letzter Zeit ist die Elster in zunehmendem Maße in menschliche Siedlungen eingedrungen. Heute brütet sie gelegentlich sogar mitten in Großstädten, soweit nur Bäume und einige freie Flächen vorhanden sind. Auch sonst ist die Elster vielerorts häufiger geworden als sie früher war.

Die Elster ist ein schmucker Vogel, der jeder Landschaft zur Zierde gereicht. Aber sie kann für andere Vögel eine wahre Plage werden, da sie ein Spezialist im Auffinden und Ausrauben von Vogelnestern ist. Wo es ihr gelingt, fängt sie auch bereits flügge Jungvögel und sogar Altvögel, wie auch die Küken des Hausgeflügels vor ihr nicht sicher sind. Daneben frißt sie vielerlei Insekten und anderes Kleingetier sowie verschiedene Pflanzenkost. Die Elster ist keineswegs »diebischer« als andere Rabenvögel, und wie viele von ihnen versteckt sie Nahrungsbrocken in Ritzen und in der Erde. Sie ist anpassungsfähig und klug; je nach den Umständen benimmt sie sich vorsichtig und scheu oder dreist. Auf dem Boden bewegt sie sich schreitend oder hüpfend fort, ihr Flug wirkt unbeholfen, vor allem weil die Folge der Flügelschläge merkwürdig unregelmäßig verläuft. Dennoch ist die Elster sehr wendig und verfügt über ein schnelles Startvermögen, das ihr eine rasche Flucht ermöglicht. Seit der Habicht so selten geworden ist, hat sie bei uns kaum natürliche Feinde, sicherlich der Hauptgrund für ihre stellenweise abnorm hohe Bestandsdichte.

Elstern leben in Einehe. Man sieht sie meistens paarweise, außerhalb der Brutzeit auch in kleinen Flügen. Das Nest der Elstern steht auf Bäumen oder höheren Sträuchern, wobei dornige Gehölze bevorzugt werden. Die Elstern wählen als Unterlage meistens die höchsten noch tragfähigen Äste. Das Nest ist ein umfangreicher kugeliger Bau mit kuppelförmigem Dach und 2 seitlichen Eingängen. Unterbau und Dach bestehen aus Zweigen, die locker zusammengefügt werden, so daß ihre Enden sperrig nach außen stehen. Das eigentliche Nest wird zusätzlich mit Lehm und Erde verfestigt und mit Gras, dünnen Wurzeln und Haaren gepolstert. Das Paar benutzt häufig Jahr für Jahr den gleichen Nistplatz; das alte Nest, von dem die Herbst- und Winterstürme oft nicht viel übrig gelassen haben, wird notfalls wieder ausgebessert. Es findet nur eine Brut jährlich statt, die allerdings wiederholt werden kann, wenn das Gelege verloren geht. Das Gelege besteht aus 4–7 (–8) Eiern, die auf blaßgrünlichem oder grüngrauem Grund grau und olivbraun gefleckt sind. Das Weibchen brütet allein, bis nach (17–) 18 (–20) Tagen die Jungen schlüpfen. Sie sind mit 3–4 Wochen flügge und werden noch geraume Zeit von den Eltern geführt.

50. Tannenhäher
Nucifraga caryocatáctes

Länge: 32–34 cm. Unverkennbar durch die weiße Tropfenzeichnung auf dem braunen Gefieder, die weißen Unterschwanzdecken und die weiße Endbinde des schwarzen Schwanzes (sie ist unterseits breiter als oben). Der Schnabel ist lang und kräftig. In manchen Wintern erscheint in Europa invasionsartig die sibirische Rasse des Tannenhähers, deren Schnabel noch länger und deutlich dünner ist (unsere Abbildung kommt dieser Schnabelform nahe, vergleiche auch 54).

Man hört vom Tannenhäher ein lautes und oft gereihtes Rätschen, das aber weicher und weniger grell als beim Eichelhäher klingt. Außerdem ruft er tief »kror« oder fast tonlos schnurrend »krrr«. Ein nur halblautes gurgelndes Geschwätz stellt den Gesang dar.

Der Tannenhäher bewohnt weite Teile des gemäßigten Eurasiens von Kamtschatka und Japan bis zu den baltischen Ländern und Nordostpolen. Weiter westlich löst sich das Verbreitungsgebiet in viele Inseln auf: Südfinnland, Skandinavien, die Alpen, die Karpaten, die Gebirge des Balkans und verschiedene Mittelgebirge (z.B. Schwarzwald, Spessart, Sudeten). Abgesehen von unregelmäßigen Invasionen östlicher Populationen bleiben Tannenhäher in ihrer näheren Heimat. Er ist ein Vogel des Nadelwaldes, der aber auch im Mischwald vorkommt. Invasionsvögel können an ganz unüblichen Orten auftauchen, und da sie meistens weniger scheu sind als einheimische Tannenhäher, fallen sie dann umso mehr auf.

Der Tannenhäher gehört zu den weniger gut erforschten europäischen Rabenvögeln. Er ist ein ausgesprochener Waldvogel. Auf dem Boden hüpft er. Mit seinen kurzen und breiten Flügeln kann er zwar nicht sehr schnell fliegen, aber doch sehr wendig zwischen Ästen und Stämmen hindurchtauchen. Gern setzt er sich auf die Spitze eines Nadelbaumes. Er frißt in erster Linie Früchte der Waldbäume, darunter auch Eicheln und Nüsse, im Hochgebirge besonders gern die Samen der Arve (»Zirbelnüsse«). Von solchen Samen legt er sich Vorräte an, die er gut versteckt. Obwohl er im Winter die meisten zielsicher wiederfindet, bleiben doch einige übrig, die dann auskeimen. Dadurch trägt er zur Vermehrung der Bäume bei. Weitere Nahrungsbestandteile bilden Insekten und Früchte. Jungvögel, Eier und auch kleine Wirbeltiere fallen ihm seltener zum Opfer als seinen Verwandten.

Die Brutzeit beginnt im zeitigen Frühjahr, wenn in den Bergwäldern noch Schnee liegt, Nachgelege können aber bis in den Sommer hinein vorkommen. Möglicherweise brüten manche Paare auch zweimal im Jahr. Das Nest ist ungewöhnlich schwer zu entdecken. In der Regel steht es auf einem hohen Baum, nahe am Hauptstamm. Zum Bau werden hauptsächlich Zweige von Nadelbäumen verwendet. Darauf folgt eine Schicht Holzmulm und Moos, schließlich eine Polsterung aus Gras und Flechten, denen manchmal einige Federn beigemengt sind. Die Altvögel sind während der Brutzeit sehr still und vorsichtig. Das Gelege umfaßt 2–4 (–5) Eier, die auf blaß bläulichgrünem Grund mit kleinen grauen und olivbraunen Flecken übersät sind. Auch bei dieser Art brütet nur das Weibchen, das vom Männchen währenddessen gefüttert wird. Nach 17–18 (–19) Tagen schlüpfen die Jungen. Sie sind nach weiteren (22–) 23–25 (–27) Tagen flügge. Die Familie bleibt noch einige Zeit beisammen.

51. Eichelhäher
Gárrulus glandárius

Länge: 34–35 cm. Der Eichelhäher ist ein auffallender überwiegend rötlichbraungrauer Vogel, der kaum verkannt werden kann. Die schwärzlich gestrichelten Scheitelfedern können je nach Stimmung eng angelegt oder zu einer Haube aufgestellt werden. Im Flug fallen der schneeweiße Bürzel und die kontrastreich gefärbten Flügel auf (blauer Fleck am Bug, weißer Fleck auf den schwarzen Armschwingen). Der Eichelhäher bildet zahlreiche unterschiedlich gefärbte Rassen, die aber stets die blauschwarz gebänderten Flügeldecken aufweisen. In Mitteleuropa kommt nur eine Rasse vor.

Der auffallendste Ruf ist ein sehr lautes Rätschen, das mit »rätsch« nur sehr unvollkommen umschrieben ist. Dieser Ruf, der zu einer kreischenden Reihe gesteigert werden kann, hat in der Waldesstille schon manchen Wanderer erschreckt. Dabei verfügt der Eichelhäher noch über viele andere Laute, die wesentlich leiser und angenehmer klingen. Nicht selten hört man ein »hiäh«, täuschend ähnlich dem Ruf des Mäusebussards, daneben auch »garr«, das bald hart und knarrend, bald sanft klingen kann. Der Gesang ist ein halblautes Geplauder aus gluckenden, schnurrenden, miauenden und schnalzenden Tönen, nicht selten untermischt mit Nachahmungen fremder Stimmen.

Der Eichelhäher bewohnt Nordwestafrika, Kleinasien bis Westiran, Europa (mit Ausnahme der nördlichen Gebiete Schottlands, Skandinaviens und Rußlands) und das gemäßigte Asien bis Sachalin und Japan. Der Eichelhäher ist Teilzieher; für viele nördliche und östliche Populationen ist Mittel- und Südeuropa das Winterquartier. Bereits im Spätsommer trifft man umherstreifende Eichelhäher, die dann auch in Gegenden erscheinen, in denen sie nicht brüten. Oft sind es einzelne Bäume oder Strauchgruppen (Eichen, Haseln), denen sie längere Besuche abstatten.

Wälder aller Art, größere Feldgehölze und Parks bilden den Lebensraum dieses hübschen Vogels. In letzter Zeit mehren sich die Anzeichen einer Verstädterung, es sind sogar schon Bruten auf Gebäuden bekannt geworden.

Der Eichelhäher ist ein lebhafter und anpassungsfähiger Vogel, der trotz Verfolgung durch den Menschen immer noch zu den häufigen Vögeln gehört. In manchen Gegenden stellt er die Hauptbeute des Habichts dar. Kein Wunder, daß er sich dort, wo die Habichte ausgerottet wurden, mitunter stärker vermehrt als es für die Kleinvögel seines Gebietes zuträglich ist. Denn er ist ein arger Nesträuber, dem viele Gelege und Nestlinge anderer Vögel zum Opfer fallen. Bei Jägern ist er auch deshalb nicht beliebt, weil seine Warnrufe nicht nur Artgenossen zur Aufmerksamkeit und Vorsicht veranlassen. Wie Rabe, Krähen und Elster lernt er schnell, harmlose Spaziergänger von Menschen zu unterscheiden, die ihm gefährlich werden können. In manchen Gebieten genügt es, sich ein Fernglas umzuhängen, um alle Häher in Aufregung zu versetzen. Es spricht sogar verschiedenes dafür, daß diese Vögel die Jäger ihres Gebietes nach einiger Zeit persönlich erkennen. Der Eichelhäher ist ein Allesfresser, der nicht nur die Singvögel dezimiert, sondern auch verschiedene andere Kleintiere verzehrt. Daneben frißt er besonders im Herbst und Winter Nüsse, Eicheln, Buchekkern und Samen. Da er viele dieser Früchte in die Erde versteckt, ohne sie später alle wieder auszugraben, spielt er bei der Verjüngung und Ausbreitung von Wäldern, besonders Eichenwäldern, eine große Rolle. Auf dem Boden bewegt er sich hüpfend fort. Sein Flug wirkt ungeschickt und dank der verhältnismäßig langsam schlagenden kurzen, abgerundeten Flügel etwas »schmetterlingshaft«.

Es findet nur eine Brut jährlich statt.

Das Nest ist ein flacher Bau aus dünnen Zweigen von 15–20 cm Länge. An den Zweigen hängen oft noch grüne Blätter, die mit der Zeit welken. Die sorgfältig gelegte Polsterung setzt sich aus trockenem Gras und dünnen Wurzeln zusammen. Die Nester stehen auf Bäumen nahe am Stamm und sind nicht immer leicht zu finden, zumal die sonst recht lärmenden Eichelhäher zur Brutzeit still und heimlich sind. Mit (4–) 5–7 (–10) Eiern ist das Gelege vollständig. Sie sind auf blaßgrünlichem bis schmutzig gelblichweißem Grund mit kleinen graubraunen Flecken und Punkten dicht bedeckt. Beide Eltern brüten, bis nach 16–18 Tagen die Jungen schlüpfen. Wird ein brütender Vogel gestört, so verläßt er möglichst unbemerkt das Nest, um erst in etwa 20 m Entfernung Alarm zu schlagen. Die Jungen sind nach 19–21 Tagen flügge und werden noch längere Zeit von den Alten geführt.

52. Unglückshäher
Perisóreus infáustus

Länge: 30–31 cm. Ein graubrauner Vogel mit dunklerem Kopf und rotbraunen Abzeichen an Flügelbug, Bürzel und Schwanzseiten, die besonders im Flug auffallen. Der Schnabel ist verhältnismäßig klein.

Die Rufe klingen wie »kuk, kuk«, pfeifend »huiski« und eichelhäherähnlich »tschrrär«. Daneben hört man verschiedene leise, heisere und miauende Laute, die auch zu einem Gesang verknüpft werden können.

Der Unglückshäher ist Brutvogel im nördlichen Asien und in Nordeuropa, soweit Nadel- und Birkenwälder vorhanden sind. Er ist normalerweise Jahresvogel. In manchen Wintern dringt er aber bis nach Mitteleuropa vor. Früher soll sein sporadisches Erscheinen hier als Vorzeichen drohenden Unheils gegolten haben, wodurch dieser Häher zu seinem Namen kam. Die Lappen sollen ihn dagegen als Glücksvogel betrachten.

Er ist wenig scheu, oft sogar zutraulich und kommt neugierig herbei, wenn Menschen in seinem Gebiet ihr Lager aufschlagen. Besonders im Winter ist er bei menschlichen Siedlungen zu finden. Seine Nahrung bilden Insekten, Würmer, Schnecken, kleine Wirbeltiere wie Lemminge und Jungvögel, ebenfalls Eier. Daneben frißt er Früchte und Samen, von denen er auch Vorräte für den Winter anlegt. Bei seiner Zahmheit holt er sich gern Speisereste und Abfälle des Menschen. Im Geäst der Bäume bewegt er sich mit meisenartiger Behendigkeit, sein Flug ist wendig und nahezu lautlos. Seine Lebensweise wie auch die Brutbiologie sind erst unvollständig bekannt.

Er baut ein dicht und fest gefügtes Nest auf einem Baum nahe am Stamm. Im April werden die 3–4 (–5) grünlichweißen, graubraun gefleckten Eier gelegt. Nach einer Brutzeit von ungefähr 19 Tagen schlüpfen die Jungen, die nach etwa 3 Wochen flügge sind.

53. Pirol
Oríolus oríolus

Länge: etwa 24 cm. Das alte Männchen mit seiner exotisch anmutenden Färbung ist nicht zu verwechseln. Das grünliche, unterseits längsgefleckte Weibchen könnte an einen jungen Grünspecht erinnern, wenn es nicht viel kleiner wäre und sich völlig anders verhielte. Jungvögel sehen dem Weibchen ähnlich, die Männchen werden erst im dritten Lebensjahr gelb.

Pirole sind wesentlich leichter zu hören als zu sehen. Am bekanntesten ist der Flötenruf des Männchens; ihm ist sowohl der deutsche wie der wissenschaftliche Name nachgebildet. Er klingt wie »düdlüoío«, kann aber ± stark abgewandelt und bis zum »üju« verkürzt werden. Immer aber klingt er sehr rein und ist leicht nachzupfeifen. Man kann mit der Nachahmung sogar den Vogel heranlocken. Daneben hat das Männchen noch einen besonderen

Gesang, der wesentlich leiser als der Flötenruf ist und aus einer längeren Folge zwitschernder, pfeifender und schwatzender Laute besteht. Häufig zu hören ist ein häherartiges Kreischen: »quär« oder »quäwär«, das beide Geschlechter von sich geben. Jungvögel rufen ausdauernd »gügügügü«, wobei das »ü« zum »ä« neigt, und die Reihe meistens in der Tonhöhe abfällt.

Der Pirol bewohnt den äußersten Nordwesten Afrikas, den europäischen Kontinent bis Südschweden und Südfinnland (in England nistet er nur sporadisch), dazu Anatolien, Westiran, das gemäßigte Asien bis zum Jenissei sowie Indien und Pakistan. Der Pirol ist der einzige europäische Vertreter einer hauptsächlich in den Tropen der Alten Welt verbreiteten Familie. Er kommt erst Ende April/Anfang Mai bei uns an und zieht bereits im August bis Mitte September wieder in sein Winterquartier, das hauptsächlich im tropischen Afrika liegt.

Wir finden ihn in den Randzonen lichter Wälder, in Auwäldern, Baumreihen an Wasserläufen, in Parks und größeren Gärten mit hohen Bäumen. Nadelwälder meidet er. In Höhen über 700 m tritt er nicht mehr auf.

Pirole sind gewandte und lebhafte Vögel; ein einziges Männchen kann mit seinen klangvollen Rufen einen ganzen Park beleben. Ihr überwiegender Lebensbereich sind die hohen Baumkronen, wo sie schwer zu entdecken sind. Dies gilt vor allem für die Weibchen und die Jungen, deren Färbung eine vortreffliche Tarnung darstellt. Sie gebrauchen ihre Flügel sehr häufig, auch wenn sie nur von Ast zu Ast »springen«. Über weitere Strecken fliegen sie schnell und in einer Wellenbahn. Sie sind vornehmlich Insektenjäger, wobei sie besonders Schmetterlingsraupen nachstellen. Im Sommer halten sie sich auch an süße Früchte, mit Vorliebe an Maulbeeren, die sie ebenfalls an ihre Jungen verfüttern.

Jedes Männchen hält ein Revier, das es

mit den genannten Flötenrufen markiert und gegen andere Männchen verteidigt. Der leise Gesang gilt wahrscheinlich dem Weibchen. In einer horizontalen Astgabel eines Laubbaumes, ziemlich weit vom Stamm entfernt, wird das Nest gebaut, das mit seinen Rändern an den Ästen befestigt wird und wie eine Hängematte unten durchhängt. Allerdings ist das Nest ziemlich steif und nicht schlaff und beweglich. Die Grundkonstruktion wird aus trockenen Grasblättern und Pflanzenfasern geflochten und mit Tierwolle, Birkenrinde und Pflanzenfasern ausgelegt, manchmal werden auch kleine Stoff- und Papierfetzen verwendet. Als Polsterung dienen feine Gräser und ab und zu Federn. Im Licht- und Schattenspiel des umgebenden Laubes ist das Nest nur schwer zu finden. Das Gelege enthält 3–5 Eier, die auf weißem, manchmal leicht rosa überhauchtem Grund zerstreute, dunkel weinrote bis schwarze Flecken zeigen. Das Weibchen brütet meistens allein, bis nach 13–15 Tagen die Jungen schlüpfen. Ihr Sperrachen ist orangefarben. Beide Eltern füttern. Mit 15 Tagen sind die Jungen flügge, werden aber noch einige Zeit von den Alten geführt und gefüttert. Es findet nur 1 Brut im Jahr statt.

54. Star
Stúrnus vulgáris

Länge: um 22 cm. Dieser Allerweltskerl wird erfahrungsgemäß von Laien manchmal mit der Amsel (77) verwechselt. Er hat aber in allen Kleidern einen viel kürzeren Schwanz und einen spitzeren Schnabel, auf dem Boden läuft er schrittweise umher, im Flug sind die Flügel spitz und 3eckig im Umriß. Das Prachtkleid zeigt einen deutlichen grünen und purpurnen Metallglanz, der der Amsel fehlt. Im Ruhekleid tragen die Körperfedern weiße oder bräunliche Spitzen, wodurch der Star hell gefleckt aussieht. Eine Ver-

wechslung mit dem ebenfalls hell gefleckten Tannenhäher (50) ist schon wegen des Größenunterschiedes nicht möglich. Im Laufe des Winterhalbjahres wetzen sich die hellen Federspitzen ab, so daß ohne zusätzliche Mauser das Prachtkleid entsteht. Beim Weibchen bleiben im Prachtkleid Spuren der Fleckung auf der Unterseite übrig, und der Metallglanz ist nicht so stark entwickelt. Der Schnabel ist im Prachtkleid hellgelb, sonst dunkelbraun. Jungvögel sind braun mit hellerer Kehle und verwaschener hellerer Fleckung der Unterseite.

Der Star verfügt über sehr vielfältige Rufe und ist überdies ein hervorragender Nachahmer. Man hört besonders häufig ein gezogenes »spreen« oder »sprien«, ein »stoär«, als Warnruf ein kurzes »bett, bett«, in Erregung ein heiseres Kreischen, außerdem einen mehrsilbigen Ruf, dem Gesang des Gartenbaumläufers (60 a) täuschend ähnlich, aber wohl arteigen und nicht nachgeahmt. Der Gesang wird unter Flügelschlagen und mit leicht gesträubtem Gefieder vorgetragen. Er ist eine ± lange Folge von Pfiffen, Quietschern, Schnalzlauten und anhaltend klappernden Reihen. Daruntergemengt sind Nachahmungen verschiedenster Tierstimmen und Geräusche. Beliebt ist der Pirolpfiff, aber auch solche ausgefallenen Laute wie das Quietschen einer Tür oder Ziegengemecker bereichern das Programm. Jungvögel rufen ausdauernd »tschirrr«.

Der Star fehlt in Europa auf der Iberischen Halbinsel, wo ihn der Einfarbstar (*Stúrnus unícolor*) vertritt, im mittleren und südlichen Italien (mit Ausnahme zweier isolierter Vorkommen an der Westküste), im Küstenstreifen Jugoslawiens und Albaniens in Südgriechenland. Dafür gehört der Star zu den wenigen Singvögeln, die auch in Island brüten. Er lebt im Anschluß an sein europäisches Gebiet in Vorder- und Mittelasien bis zum Baikalsee. Außerdem ist er in Nordamerika und Australien vom Menschen eingebürgert worden. Die nördlichen und östlichen Populationen sind ausgesprochene Zugvögel, die großenteils in Westeuropa und den Mittelmeerländern überwintern. Im übrigen zeigen die Stare ein sehr unterschiedliches Zugverhalten. Viele, vor allem Jungvögel, legen schon im Sommer einen »Zwischenzug« ein, der sie oft nicht nach Süden, sondern in nördliche und westliche Richtungen führt. Manche Populationen wiederum sind völlig standorttreu.

Er kommt heute nahezu überall vor, sowohl im Wald wie mitten in der Stadt. Ursprünglich war er wohl ein Vogel der aufgelockerten Parklandschaft und des lichten Laubwaldes.

Der Star wirkt auf den Beobachter äußerst munter und vital. Vielleicht war das der Grund, weshalb man für ihn bereits »Starenkästen« im Garten aufhängte, als Vogelschutz noch längst nicht für notwendig erachtet wurde. Seine Nahrungsliste ist sehr reichhaltig. An erster Stelle stehen Insekten, Würmer und Schnecken, darunter viele Schädlinge, so daß der Star für die Landwirtschaft ein äußerst nützlicher Vogel ist. Wo aber Kirschen oder Weintrauben reifen, kann er eine Plage sein. Im Winter besucht er gern künstliche Futterplätze. Einen Großteil seines Futters sammelt er auf dem Boden, wo er geschäftig wackelnd umherläuft. Er liest aber auch Raupen und Käfer vom Laub der Bäume ab oder erhascht fliegende Insekten in kurzen Flugsprüngen. Kennzeichnend ist das »Zirkeln«, bei dem der Star durch Öffnen des Schnabels Grashalme, Fallaub und anderes Material auseinanderspreizt, um nach verstecktem Kleingetier zu fahnden. Er fliegt kraftvoll und geradlinig und, wenn es darauf ankommt, äußerst schnell und wendig. Stare lieben Gesellschaft. Schon zur Brutzeit sieht man mehrere gemeinsam Futter suchen, nach der Brutzeit aber vereinigen sie sich oft zu ungeheuren Scharen. Besonders eindrucksvoll sind die Schlaf-

gemeinschaften, die sich im Schilf oder in bestimmten Baumgruppen treffen. Kurz vor dem Landen vollführt jeder ankommende Schwarm ein rasantes Flugmanöver mit blitzschnellen Schwenkungen und Sturzflügen; möglicherweise soll einem Greifvogel, der ja im Hinterhalt lauern könnte, dadurch ein Angriff erschwert werden. So können schließlich Zehntausende versammelt sein, die einen ohrenbetäubenden Lärm machen; selbst in der Nacht ist es nie völlig still.

Der Star ist ein Höhlenbrüter, der sein Nest in Baumhöhlen, Mauerlöchern, Nistkästen und sogar in Erdlöchern baut. Kleinere Arten, vor allem Sperlinge vertreibt er aus ihnen genehmen Höhlen. Die Männchen verteidigen gewöhnlich nur die unmittelbare Umgebung der Nisthöhle, so daß häufig regelrechte Brutkolonien entstehen können, wenn genügend Höhlen auf engem Raum vorhanden sind. Mitunter besetzt ein Männchen eine zweite und dritte Höhle, wenn es die erste erfolgreich einem Weibchen angeboten hat. Das Nest besteht aus trockenen Blättern, Gras, Stroh und Schilf und wird mit Federn gepolstert. Zu Beginn der Bautätigkeit tragen die Vögel oft grüne Blätter oder bunte Blüten in ihre Höhle. Die Eier sind einfarbig hellblau; 3–6 (–8) davon bilden das Gelege. Beide Partner brüten. Nach 14 Tagen schlüpfen die Jungen. Sie verhalten sich recht laut. Anfangs entfernen die Eltern den Kot der Jungen, später entleeren sich diese durch das Flugloch. Mit 3 Wochen sind sie flügge. Mitteleuropäische Stare brüten meist zweimal im Jahr (April/Mai und Juni/Juli).

55. Raubwürger*
Lánius excúbitor

Länge: um 24 cm. Ein oberseits grauer, unterseits weißer Vogel mit schwarzen Flügeln, in denen weiße Spiegel auffallen, schwarzem, seitlich weißgesäumtem Schwanz und schwarzer Augenbinde, die oben schmal weiß gerandet ist. Das Weibchen zeigt meistens eine schwache graue Wellung auf der Brust. Jungvögel sind bräunlicher getönt und mit deutlicher Wellenzeichnung unterseits. Südliche Rassen sind allgemein dunkler gefärbt. Kennzeichnend für alle Würger ist die deutlich gekrümmte Spitze des Oberschnabels (vgl. auch 56).

Der Raubwürger ist nicht gerade ruffreudig. Als häufigste Laute hört man ein rollendes »trrüi« und ein elsternartiges »schäck«, das auch gereiht werden kann. Der Gesang der Männchen ist ein recht angenehm klingendes Gemisch schwatzender und pfeifender Laute, mit nachgeahmten Bruchstücken fremder Laute durchsetzt.

Die Art ist in Eurasien und Nordamerika weit verbreitet. In Europa fehlt sie als Brutvogel auf den Britischen Inseln, in Südskandinavien, Südfrankreich, Italien und im größten Teil der Balkanländer. Leider ist der hübsche Vogel in letzter Zeit in vielen Gegenden sehr selten geworden. Die mitteleuropäischen Raubwürger sind gewöhnlich Jahresvögel. Ihre nördlichen und östlichen Artgenossen dagegen ziehen nach Mittel-, West- und Südeuropa.

Der Raubwürger besiedelt Waldränder, Feldgehölze, Auwälder, hohe Hecken und Heiden. Im Winter ist er auch an Stadträndern, auf Friedhöfen und in Dorfgärten zu finden. Hier wählt er oft Rosensträucher mit dicht bestachelten Ästen zu seinem Rupf- und Kröpfplatz.

Von allen Würgern, die gewissermaßen Singvögel mit Greifvogelmanieren sind, hat der Raubwürger die stärkste Greifvogel-Ähnlichkeit. Er ist ein schneidiger Jäger, der mit erstaunlich großer Beute fertig wird. Vor allem im Winter ernährt er sich größtenteils von Vögeln und Kleinsäugern. Vögel von der Größe des Haussperlings oder der Goldammer machen ihm scheinbar wenig Mühe. Ein Raubwürger, den ich von einem geschlagenen Sperling ver-

scheucht hatte, brachte kaum zwei Minuten später den nächsten zum Rupfplatz. In der warmen Jahreszeit fängt er hauptsächlich Insekten, aber auch Eidechsen, Frösche, Mäuse und Vögel. Er jagt vom Ansitz aus, oder er sucht wie ein Turmfalke rüttelnd den Boden nach Beute ab. Die kräftigen Feldmäuse kann er oft erst nach kurzer Balgerei bewältigen. Er klemmt seine Beute in Astgabeln dorniger Gehölze, seltener spießt er sie auch auf. Vögel werden gerupft, bevor er sie frißt. Da der Raubwürger häufig völlig frei auf der Spitze von Bäumen und Büschen sitzt, ist er leicht zu entdecken. Im Flug wirkt er langschwänzig und kurzflügelig. Die Flugbahn beschreibt eine Wellenlinie. Man trifft ihn meistens einzeln oder paarweise.

Jedes Raubwürgerpaar besetzt ein großes Brutrevier, nicht selten über 1,5 km², das es gegen Artgenossen verteidigt. Ebenso greift es vorbeifliegende Greifvögel an. Das Nest steht meistens über 5 m hoch auf Bäumen oder Sträuchern, besonders gern auf Kiefern, seltener auf Pappeln und wilden Obstbäumen. Es ist in einen Quirl mehrerer Zweige gedrückt und besteht aus dichtgefügten Reisern, Halmen und Wurzeln, denen Moos, Stoff- und Papierfetzen beigefügt sein können. Die Polsterung, die vom Boden des Nestes nur wenig auf seine Wände übergreift, wird aus Tierhaaren, Pflanzenwolle und wenigen Federn hergestellt. Die Eier sind auf blaß grünlichem bis hell grünlichgrauem Grund hellgrau und olivfarben gefleckt. (3–) 5–6 (–7) Eier bilden das Gelege, aus dem nach einer Brutzeit von (14–) 15–16 (–18) Tagen die Jungen schlüpfen. Nach 19–20 Tagen sind sie flügge. Es findet nur 1 Brut im Jahr statt.

56. Schwarzstirnwürger*
Lánius mínor
Länge: reichlich 20 cm. Gleicht auf den ersten Blick einem verkleinerten Raubwürger, hat aber eine breitere

Augenbinde, die auch die Stirn einnimmt und oben nicht weiß gerandet ist. Die Unterseite zeigt einen zartrosa Anflug. Die Flügel sind deutlich länger und spitzer. Beide Geschlechter stimmen weitgehend überein, doch ist beim Weibchen die Schwarzfärbung der Stirn manchmal schmaler. Bei Jungvögeln sind Kopf, Oberseite und Flanken braun gewellt, die dunklen Gefiederteile haben einen bräunlichen Ton, die Stirn ist grau.

Die Stimme erinnert ebenfalls an den Raubwürger. Man hört als Warn- und Erregungsruf ein rauh schimpfendes »gäck gäck«, mitunter als schnelle, zusammenhängende Folge gereiht. Daneben ertönen auch klangvollere Rufe, wie »quil«. Aus solchen schilpenden Tönen besteht auch der Gesang, dem außerdem kratzende Laute und nachgeahmte Vogelstimmen beigemischt werden.

Das Verbreitungsgebiet reicht vom äußersten Nordostspanien und Mittelfrankreich durch Süddeutschland, die nördliche Hälfte Italiens, Südosteuropa und Südwestasien bis zum Altai. Die Art war früher weiter verbreitet und brütet auch heute noch gelegentlich weiter nördlich, z. B. im nördlichen Harzvorland oder in Nordostpolen. In Deutschland findet man nur noch inselartige Vorkommen in wärmeren Gegenden. Die Anzahl der Brutpaare dürfte hier einige Dutzend gegenwärtig nicht überschreiten. Als regelmäßiger Zugvogel verbringt dieser Würger den Winter in Ost- und Südafrika. Er verläßt uns spätestens im Oktober und kehrt im April zurück.

Der Schwarzstirnwürger besiedelt trockenwarme, offene Landschaften mit einzelnen Bäumen oder Baumgruppen wie Obstbaumpflanzungen, Baumreihen an Wegen und Weinberge.

Der hübsche Vogel lebt hauptsächlich von Insekten. Nur selten schlägt er auch kleine Wirbeltiere. Er braucht kontinentales Klima mit warmen, trok-

kenen Sommern. Verregnete Sommer lassen offensichtlich nicht genügend viele große Insekten hochkommen, so daß der deutliche Rückgang der mitteleuropäischen Schwarzstirnwürger wahrscheinlich mit der zunehmend atlantischen Klimalage in unserem Gebiet zusammenhängt. Als zusätzlicher negativer Faktor wirken wohl auch die Insektizide. Der Schwarzstirnwürger fliegt geradliniger und rüttelt noch öfter als der Raubwürger. Wie alle Würger sitzt er oft auf herausgehobenen Plätzen wie Zaunpfosten, Baumwipfeln oder Telegraphenmasten. Dabei nimmt er eine aufrechtere Körperhaltung ein als der Raubwürger. Von den europäischen Würgern sind Schwarzstirnwürger untereinander am verträglichsten. Manchmal brüten sie sogar in lockeren Kolonien.

Pappeln werden als Nestbäume bevorzugt, gelegentlich steht das Nest auch auf größeren Obstbäumen. Die häufigste Höhe des Nistplatzes liegt zwischen 6–12 m, oft sogar noch höher, aber nur ausnahmsweise unter 3 m. Zum Bau verwenden die Vögel Wurzeln, Rhizome und grüne Teile von Kräutern, manchmal auch Woll- und Bindfadenstücke. Alles wird sehr eng verflochten und mit Federn, Haaren, Pflanzenwolle, feinem Gras und gelegentlich mit Insektenkokons ausgepolstert. Die Eier sind auf blaßgrünem Grund graubläulich und olivbraun gefleckt, wobei die Flecken sich meistens ein wenig um den stumpfen Eipol verdichten, wenn auch nie so deutlich wie bei der folgenden Art. Das Gelege enthält (4–) 5–6 (–7) Eier, die hauptsächlich vom Weibchen bebrütet werden, das Männchen löst es nur selten ab. Nach etwa 15 Tagen schlüpfen die Jungen, die nun von beiden Eltern gefüttert werden. Nach 2 Wochen verlassen sie das Nest, werden aber noch geraume Zeit weiter gefüttert. Es findet nur 1 Brut statt.

57. Neuntöter*
Lánius collúrio

Länge: etwa 17–18 cm. Das Männchen gehört zu den hübschesten einheimischen Singvögeln und ist kaum zu erkennen. Die Merkmale: grauer Oberkopf, schwarzer Augenstreifen, rotbrauner Rücken und rosafarbene Unterseite sind in dieser Zusammenstellung keinem anderen Vogel gleicher Größe eigen. Im Flug fallen zusätzlich grauer Bürzel und schwarzer Schwanz mit weißen Seitenflecken an der Basis auf. Das Weibchen ist oberseits mattbraun, unterseits auf hellem Grund schuppenartig gezeichnet. Jungvögel ähneln den Weibchen, sind aber auch oberseits »geschuppt« (vergleiche folgende Art). Bei einigen östlichen Rassen sind auch die Männchen oberseits ganz braun.

Von den Lautäußerungen sind vor allem 2 Rufe zu hören: ein rauhes »gä« und bei Erregung ein hart angeschlagenes »zäck«, das in eine Reihe »zäckzäckzäck…« übergehen kann. Der angenehme Gesang ist nicht laut und individuell sehr verschieden. Er besteht aus einem gequetschten Zwitschern mit gedehnten heiseren Tönen und vielen Nachahmungen anderer Vogelstimmen. Die Jungen rufen nach dem Ausfliegen noch wochenlang ihren Bettelruf »quäi«.

Die Art ist in mehreren Rassen von Nordspanien, Südengland und Südskandinavien bis nach Ostasien verbreitet. Die europäischen Neuntöter überwintern im tropischen Afrika; sie ziehen von August (Altvögel) bis Oktober (Jungvögel) und kommen in der zweiten Aprilhälfte oder Anfang Mai wieder. Auffälliger noch als die anderen Würger hat diese Art in den letzten Jahren in Deutschland abgenommen, denn sie war einst ein verbreiteter und an vielen Stellen häufiger Vogel, ist aber heute selten geworden. Die Gründe dafür sind nicht völlig geklärt, doch scheint es, daß der Rückgang der Insekten dafür verantwortlich ist, das heißt, der Neuntöter ist ein indirektes Opfer der wahllosen Anwendung von Insektiziden.

Der Neuntöter besiedelt vor allem kleine dichte Gehölze inmitten von Feldern und Wiesen, aber auch Waldränder sowie Dornhecken in Parks und Gärten.

Er ist ein eifriger Insektenjäger, der vom Ansitz aus Beute macht. Innerhalb seines Reviers sucht er in wechselnder Reihenfolge verschiedene herausragende Beobachtungspunkte auf, von denen er sich auf erspähte Insekten stürzt, meistens auf den Boden, manchmal in die Luft. Noch vor 10–15 Jahren, als er vielerorts ein Charaktervogel der mit Gebüsch durchsetzten Feldflur war, konnte man entlang der Landstraßen in ± regelmäßigen Abständen Neuntöter auf den Leitungsdrähten sitzen sehen, die offensichtlich einen guten Überblick gewährten.

Wie die meisten Würger fliegt der Neuntöter nicht sehr schnell. Die Flugbahn liegt gewöhnlich niedriger als der anvisierte Landeplatz, so daß der Vogel kurz vor dem Landen einen kleinen Aufwärtsbogen beschreibt. Er sitzt aufrecht und schlägt oft mit dem Schwanz seitwärts aus. Viele Neuntöter, aber keineswegs alle, spießen ihre Beute auf Dornen auf und legen so ein Vorratslager an. Gelegentlich schlägt der Neuntöter auch größere Tiere wie Frösche, Eidechsen, kleine Mäuse und Jungvögel. Er plündert dazu Nester, doch kommt dies nicht sehr oft vor. Normalerweise bringen in der Nachbarschaft des Würgers viele Kleinvögel ihre Bruten hoch. Sie profitieren sogar von der Wachsamkeit und Angriffslust des Neuntöters, der jeden Greifvogel und jede Krähe in seinem Revier zu vertreiben sucht.

Die Reviergröße eines Neuntöterpaares liegt meistens unter 1 ha. Das Nest steht niedriger als bei den anderen Würgern, gewöhnlich 1–3,5 m hoch. Am liebsten bauen die Neuntöter in einem dornigen Strauch (z. B. Schlehe, Weißdorn). Sie verwenden als Baumaterial Wurzeln, Federn, Haare und halbverrottete Pflanzenteile; alles wird miteinander gut verfilzt. Die dünne Auspolsterung besteht aus ganz feinen Würzelchen und trockenem Gras. Das Gelege enthält (4–) 5–6 (–7) Eier, die in der Färbung recht veränderlich sind, und zwar kann die Grundfarbe weiß, hellgrünlich oder rahmfarben sein, während die Flecken verschiedene Grau- und Brauntöne aufweisen. Immer aber häufen sich die Flecke rund um den stumpfen Eipol, so daß sich ein kranzförmiges Muster ergibt. Es brütet nur das Weibchen. Wenn nach 14–16 Tagen die Jungen schlüpfen, werden sie von beiden Eltern gefüttert. Nach 12–15 Tagen verlassen die Jungen das Nest, bleiben aber noch einige Wochen mit den Eltern zusammen. Diese neigen dazu, das Nest im Stich zu lassen, wenn sie während der Eiablage oder in den ersten Tagen des Brütens gestört werden. Mit der Brutdauer wächst aber ihre Verteidigungsbereitschaft, und sie geben das Nest nicht mehr so leicht auf. Sind erst Junge im Nest, vollführen sie sogar Scheinangriffe auf Menschen, wenn sich diese am Nistplatz zu schaffen machen. Gewöhnlich findet nur 1 Brut im Jahr statt. Wenn aber diese Brut mißlingt, werden Nachbruten durchgeführt, die allerdings in der Regel ein kleineres Gelege haben.

58. Rotkopfwürger*
Lánius senátor

Länge: etwa 17–20 cm. Der einzige Würger mit rotbraunem Oberkopf und Nacken. Auffällig sind auch der weiße Bürzel und weiße Schulterfleck. Ein schmaler Streifen entlang der Oberschnabelbasis ist gewöhnlich ebenfalls weiß (auf dem Bild nicht zu sehen), beim Weibchen reicht er oft bis zum Auge. Das Weibchen ist allgemein blasser gefärbt und auf der Brust oft zart grau quer gewellt. Die Jungvögel

ähneln denen des Neuntöters, sind aber deutlich blasser und zeigen bereits Andeutungen eines hellen Bürzels und Schulterflecks.

Der Rotkopfwürger läßt verschiedene rauhe Rufe hören, wie »quä« und »tätät«. Der Gesang ist ein eigenartiges, wohllautendes Gemisch von schwatzenden und zwitschernden Lauten, oft erstaunlich tief intoniert und mit verschiedenen Nachahmungen durchsetzt.

Er ist ein Vogel des Mittelmeerraumes. Nordwärts reicht seine Verbreitung bis Mitteldeutschland und Mittelpolen, wobei am Rande nur unbeständige inselartige Vorkommen die Regel sind. Ostwärts geht er bis Westiran. In Deutschland zeichnete sich diese Art schon immer durch erhebliche Bestandsschwankungen aus. Gegenwärtig hat sie stark abgenommen und ist wohl nur wenig häufiger als der Schwarzstirnwürger. Der Rotkopfwürger überwintert im tropischen Afrika. Der Herbstzug verläuft von August bis Oktober. Etwa ab Mitte April treffen die Vögel wieder bei uns ein, gewöhnlich etwas früher als der Neuntöter.

Der Rotkopfwürger besiedelt trockene und warme offene Landschaften mit lockerem Gehölzbestand; vor allem im Süden ist er auch in Buschwäldern zu finden. Entscheidend für die Standortwahl scheinen ausreichend große, besonnte Flächen mit nur lückenhafter Krautbedeckung zu sein.

Die Lebensweise ähnelt derjenigen des Neuntöters, doch ist der Aktionsradius des einzelnen Paares größer. Rotkopfwürger sind trotz der konstrastreichen Färbung nicht immer leicht zu entdecken, es sei denn, sie sitzen völlig frei. Ihre Nahrung besteht hauptsächlich aus Insekten, die vom Boden aufgenommen werden. Seltener werden andere kleine Tiere gefangen. Wie der Neuntöter spießt auch dieser Würger seine Beute auf.

Das Nest steht gewöhnlich auf einem Baum, wenn möglich, auf einer Kiefer.

Während im Süden der Neststandort auch recht niedrig liegen kann, befindet er sich in Mitteleuropa meistens in einer Höhe von 6–10 m. Die Vögel beginnen den Nestbau mit grobem trockenem Gras und anderen Halmen, die sie sehr solide verflechten. Dann bauen sie mit grünen Pflanzenteilen weiter. Da sich darunter oft wohlriechende Kräuter befinden, ist auch dem Nest ein aromatischer Duft eigen. Schließlich wird aus Haaren, Federn und Pflanzenwolle die Innenpolsterung hergestellt. Das Gelege besteht aus (4–) 5–6 (–7) Eiern, die sich nur schwer von denen des Neuntöters unterscheiden lassen, wenn auch die Grundfärbung nicht so variabel, sondern fast ausschließlich hellgrünlich ist. Das Weibchen brütet allein und wird vom Männchen gefüttert. Nach 14–15 Tagen schlüpfen die Jungen, die nach weiteren (14–) 16 (–20) Tagen flügge sind.

59. Seidenschwanz
Bombycílla gárrulus

Länge: etwa 18 cm. Beste Kennzeichen sind die deutliche Haube, die auch dann zu sehen ist, wenn sie stärker angelegt wird sowie der dunkle Schwanz mit gelber Endbinde. Im Flug bilden grauer Bürzel, schwarze Schwanzmitte und gelbe Endbinde einen auffälligen Farbdreiklang. Die Schaftenden der Armschwingen sind zu lackglänzenden roten Plättchen erweitert. Ähnliche Plättchen treten bei einzelnen alten Vögeln auch an den Schwanzfederenden auf, wie es unser Bild zeigt. Das Weibchen gleicht den Männchen weitgehend, nur fehlen ihm die weißen Ränder an den Spitzen der Handschwingen. Jungvögel sind trüber gefärbt, außerdem fehlt ihnen der schwarze Kehlfleck, und ihre Unterseite ist fein längsgestreift.
Der häufigste Ruf ist ein hohes, leises Klingeln: »sirrr« ... Manchmal hört man auch noch ein sanftes »dü«. Der Gesang, der in Mitteleuropa wohl nur

ausnahmsweise zu hören sein dürfte, besteht aus klirrenden Tönen und hellen Trillern.
Die Art bewohnt die hochnordische Nadelwaldzone Eurasiens und des westlichen Nordamerikas. In Europa brütet sie in Nordskandinavien, Nordfinnland und Nordrußland. Im Winter ziehen die Seidenschwänze unterschiedlich weit südwärts, dabei erscheinen sie auch fast alljährlich in Deutschland, allerdings in sehr variabler Anzahl. Die ersten tauchen kaum vor Oktober auf, und im April sind auch die letzten wieder verschwunden.
Der Brutbiotop des Seidenschwanzes sind lichte Nadel- oder Birkenwälder. Außerhalb der Brutzeit kann er nahezu überall auftauchen, auch in Grünanlagen mitten in Städten.
Der Seidenschwanz ist ein ruhiger und oft nur wenig scheuer Vogel. Die Schwärme, die uns im Winter besuchen, bleiben manchmal wochenlang im gleichen engen Gebiet, wenn genug Beeren vorhanden sind. Beeren aller Art sind es nämlich, die die Hauptnahrungsquelle dieser hübschen Vögel darstellen. Die Samen der meisten Beeren werden während der raschen Verdauung nicht geschädigt und vom Vogel in keimfähigem Zustand wieder ausgeschieden. So trägt der Seidenschwanz zur Verbreitung beerentragender Gehölze bei. Daneben fressen Seidenschwänze auch andere Früchte, z. B. nicht geerntetes Obst. Während der Brutzeit leben sie hauptsächlich von Insekten und zwar besonders von Mücken, die sie vom Ansitz aus jagen. So phlegmatisch sie im Sitzen anmuten, ihr Flug ist schnell und kraftvoll. Das Flugbild erinnert an den Star.
Die Balz beginnt oft noch im Verband der Winterschwärme. Die Partner überreichen sich Beeren und füttern sich. Seidenschwänze beanspruchen zur Brutzeit nur sehr kleine Reviere und brüten oft in lockeren Kolonien. Auf Bäumen findet sich das napfförmige Nest aus Reisern und Halmen, zwi-

schen die Moos und Flechten eingewoben sind. Das Gelege enthält 4–5 Eier, die auf graubräunlichem oder hell braungrauem Grund tiefbraun und dunkelgrau gefleckt sind. Das Weibchen übernimmt den größten Teil der Bebrütung. Nach etwa 2 Wochen schlüpfen die Jungen. Sie werden von beiden Eltern gefüttert und sind nach ungefähr 3 Wochen flügge.

60. Waldbaumläufer
Cérthia familiáris

Länge: etwa 12–13 cm. Ein unscheinbarer Vogel, der wie die nächste Art von vielen Menschen übersehen wird. Das beste Erkennungsmerkmal für beide ist ihr Verhalten (s. unten). Von anderen an Baumstämmen kletternden Vögeln (Spechte, Kleiber) sind beide Baumläufer leicht an der schlichten Färbung, der geringen Körpergröße und dem dünnen gebogenen Schnabel zu unterscheiden. Eine Unterscheidung der beiden Baumläufer in freier Natur aber ist auch dem erfahrenen Beobachter nicht immer möglich, es sei denn, die Stimmen wären zu hören. Bei gutem Licht sieht man vielleicht, daß beim Waldbaumläufer die Stirn deutlicher weiß gesprenkelt ist, die Flanken reiner weiß sind und der Bürzel mehr rostfarben getönt ist. Der Schnabel ist etwas kürzer, die Hinterkralle länger. Der gewöhnliche Lockruf klingt hoch und dünn »srih«, oft gereiht und ist eher mit Meisen und Goldhähnchen als mit dem Gartenbaumläufer zu verwechseln. Der Gesang besteht aus einer hübschen kleinen Zwitscherstrophe, die mit einem Triller endet, etwa »vit itschiri itschiri dit tirrrlit«. Das Ganze erinnert entfernt an Blaumeise oder Zaunkönig, dessen Lautstärke es aber nicht annähernd erreicht. Der Waldbaumläufer bewohnt Europa von Mittel- und Südskandinavien, Nordwestdeutschland und Ostfrankreich ostwärts bis zum Ural und daran anschließend die bewaldeten Gebirge des gemäßigten Asiens bis nach Japan. Isolierte Populationen leben auf den Britischen Inseln und in den Pyrenäen. Außerdem kommt diese Art auch in Nordamerika vor, doch wird zuweilen die Ansicht vertreten, daß die amerikanischen Baumläufer einer eigenen Art angehören. Der Waldbaumläufer ist bei uns Jahresvogel.

Der Name dieses Vogels trifft zu, denn der Waldbaumläufer bewohnt tatsächlich Wälder, wobei er reine Laubwälder gewöhnlich meidet. Im Gebirge geht er bis zur Baumgrenze.

Wie die Spechte klettert der Baumläufer an Stämmen herum und wie jene besitzt er einen aus starren Federn bestehenden Stützschwanz. Bei der Futtersuche beginnt der Baumläufer in der Regel ganz unten und steigt dann in Spiralen den Stamm hinauf. Oben angekommen, fliegt er hinab zum Fuß des nächsten Stammes. Dank seiner Färbung ist der Vogel auf der Rinde nur schwer zu sehen. Seine Bewegungen haben etwas von dem Huschen einer Maus an sich. Der dünne Schnabel wird nicht etwa zum Hämmern eingesetzt, sondern mehr zum Stochern. Wie mit einer feinen Pinzette zieht der Baumläufer Insekten und Spinnen aus den Spalten und Rissen der Borke. Als Beikost verzehrt er auch Flechten.

Als Nistplatz dienen senkrechte Spalten oder Höhlen im Holz, etwa hinter teilweise abgespaltener Rinde, in geborstenen Stämmen oder in Nistkästen. Indem man Reisigbündel an Stämme bindet, so daß zwischen Reisig und Stamm »Taschen« entstehen, bietet man den Baumläufern zusätzliche Nistmöglichkeiten. Das Männchen, das um den Nistplatz ein etwa 1–2 ha großes Revier verteidigt, singt im Frühjahr recht eifrig. Kommt man in Nestnähe, verrät es sich durch aufgeregtes Verhalten. Das Nest hat meistens einen hohen Unterbau aus dünnen Zweigstücken, Baumnadeln, Moos und Rindenfetzen. Darauf steht das eigentliche napfförmige Nest aus dünnen Pflanzenfasern, das mit Federn, seltener auch mit Fellhaaren gepolstert ist. Die Eier sind auf weißem Grund hellrötlich gefleckt, und zwar am dicken Pol gehäuft, im ganzen aber weniger dicht als bei der folgenden Art. Es finden 2 Bruten statt. Das Gelege der ersten, im April und Mai, umfaßt meistens 6–7 Eier, das der zweiten, im Juni, 5 Eier. Nach einer Brutzeit von 13–15 Tagen schlüpfen die Jungen. Sie sind nach 16–17 Tagen flügge. Während der ersten Tage nach dem Ausfliegen ist die Familie besonders leicht zu entdecken, da die Jungen unentwegt ihre hohen, dünnen Bettelrufe hören lassen.

60a. Gartenbaumläufer
Cérthia brachydáctyla

Länge: um 13 cm. Von der vorigen Art schwer zu unterscheiden, da die entscheidenden Merkmale im Freien schwer wahrzunehmen sind. Stirn weniger weiß gefleckt, Bürzel matter braun, Flanken verwaschen bräunlichweiß, Hinterkralle kürzer, Schnabel länger.
Kennzeichnend ist die Stimme. Der Lockruf ist ein hart angeschlagenes »ti« oder »tü« oft mehrmals hintereinander gerufen. Der Gesang ist kürzer, aber einprägsamer als der des Waldbaumläufers, etwa: »ti, ti titeruitit« (ganz ähnlich klingt auch ein Starenruf; vgl. 54). Merkwürdigerweise soll es einzelne Männchen geben, die den Gesang beider Baumläufer-Arten vortragen. Angesichts solcher »Mischsänger«, ist es nicht verwunderlich, daß die Eigenständigkeit beider Arten erst zu Beginn dieses Jahrhunderts erkannt wurde.
Der Gartenbaumläufer ist eine vorwiegend europäische Art. Er kommt hier südlich von Nord- und Ostsee und westlich des Dnjestr vor, fehlt aber auf den westlichen Inseln des Mittelmeeres. Darüberhinaus findet man ihn noch in Nordwestafrika und in einem Streifen entlang der Küsten der asiatischen Türkei. Wahrscheinlich stellen

Wald- und Gartenbaumläufer »Zwillingsarten« dar, das heißt, sie stammen von einer Art ab, die durch die Eiszeiten in getrennte Populationen zerrissen wurde. In der Separation konnten diese Populationen eine Eigenentwicklung durchmachen, so daß sie bei dem erneuten Zusammentreffen im Zuge ihrer nacheiszeitlichen Ausbreitung sich nicht mehr miteinander zu vermischen vermochten. Der Waldbaumläufer wäre demnach eine östliche Art, während für den Gartenbaumläufer die Entstehung in einem südwestlichen Rückzugsgebiet anzunehmen ist.
Der Gartenbaumläufer meidet das Waldesinnere. Er besiedelt vielmehr die Randzonen der Wälder, außerdem Parks, Gärten und Baumreihen an Wegen und Wasserläufen. Wenn man bei uns außerhalb geschlossener Waldungen, vielleicht sogar in Ortschaften einem Baumläufer begegnet, kann man ziemlich sicher sein, daß es sich um den Gartenbaumläufer handelt. Er geht in den Gebirgen nicht so hoch hinauf wie die andere Art; in den Alpen ist er fast nur in den Tälern zu finden, und auch im Süden ist er kaum in Lagen über 1500m anzutreffen, wogegen der Waldbaumläufer dort nahezu ausschließlich in größeren Höhen vorkommt.
In der Lebensweise ähnelt der Gartenbaumläufer der verwandten Art. Er ist nicht sehr scheu und läßt den Beobachter nahe herankommen. Baumläufer sind recht ungesellig, so daß man sie meistens einzeln oder paarweise antrifft, wenn sie nicht gerade Junge führen. Im Winter jedoch bilden sie nachts oft kleine Schlafgemeinschaften. Dann schlafen sie in einer Höhle mehrere dieser kleinen Kerle eng beieinander, so daß der Wärmeverlust jedes einzelnen stark eingedämmt ist.
In Nestplatzwahl, Nestbau und Brutverhalten gleicht er wiederum weitgehend der vorigen Art, doch brütet er mitunter auch in Mauerlöchern, vor allem in Städten, in denen die vorhande-

nen Bäume keine geeigneten Nistgelegenheiten bieten. Seine Eier sind merkbar stärker gefleckt und matter als bei der anderen Art. Es finden 2 Bruten statt.

61. Zaunkönig
Troglodýtes troglodýtes

Länge: 9,5–11 cm. Der Zaunkönig wirkt rund oder etwas vorderlastig, da der Schnabel verhältnismäßig lang, der Schwanz aber nur kurz ist und oft gestelzt wird. Bei einigermaßen günstigen Sichtverhältnissen ist die dichte Querbänderung des Gefieders zu erkennen. Es gibt keinen anderen ähnlichen kleinen Vogel in unserem Gebiet. Auffallend sind die hastigen, huschenden Bewegungen; ein Zaunkönig scheint stets ungemein geschäftig zu sein.
Meistens ist der Zaunkönig leichter zu hören als zu sehen. Er ist ein stimmgewaltiger Zwerg, dem man die Lautstärke seines schmetternden Liedes kaum zutraut. Die Strophe besteht aus metallischen Pfeif- und Stakkatotönen, die mit prachtvollen Trillern und Rollern untermischt, energisch und ohne Pause vorgetragen werden. In ihrem raschen Vorwärtsdrängen erinnert sie an das Abschnurren einer aufgezogenen Spieluhr. Die Strophe kann vielfach variiert werden, ist aber in Klangfarbe und Zusammensetzung stets charakteristisch. Meistens finden im Ablauf einer Strophe 3 oder 4 deutliche Hebungen statt, die gewissermaßen die anderen ± auf gleicher Höhe liegenden Töne gliedern. Der Gesang ertönt nahezu das ganze Jahr über. Daneben hört man ein hartes »teck«, das auch gereiht werden kann und dann an das Rotkehlchen erinnert, aber stets härter und lauter klingt. In der Erregung rufen Zaunkönige »tzrr, tzrr«, das sie zu einem langen, hell schnarrenden »trrrrr« dehnen können.
Der Zaunkönig bewohnt ganz Europa mit Ausnahme des Inneren Islands, Nordskandinaviens und Rußlands im Gebiet von Don und unterer Wolga. Wir finden ihn außerdem in Nordwestafrika, in Vorder-, Mittel- und Ostasien sowie in Nordamerika. Unser Zaunkönig ist die einzige Art der Familie Zaunkönige, die auch außerhalb Amerikas vorkommt; die übrigen 58 Arten leben nur in der Neuen Welt! Die nördlichen Populationen ziehen im Winter südwärts; ein Teil davon überwintert in Mitteleuropa. In harten Wintern können die Bestände sehr zusammenschmelzen, so daß es Jahre dauert, ehe wieder die alte Bestandsdichte erreicht ist.
Der Zaunkönig bewohnt deckungsreiches Gelände, wobei für ihn besonders Unterwuchs wichtig ist. Ist diese Bedingung erfüllt, kann er sowohl im Wald wie in gebüschreichen Gärten oder in Parkhecken leben. Besonders gern siedelt er sich an Wasserläufen an. Im östlichen Mitteleuropa ist er seltener in der Nähe menschlicher Siedlungen zu finden als im Westen.
Zaunkönige sind ungemein lebhafte Vögel, die ständig in Bewegung sind. Ihr Flug ist geradlinig, schwirrend und nicht sehr ausdauernd; sie fliegen selten über größere Strecken. Doch ihre kräftigen Füße erlauben es ihnen, wie Mäuse durch das dichteste Pflanzengewirr zu schlüpfen. Hier stellen sie allerlei kleinen Insekten und Spinnen nach, die sie auch im Winter noch in den Verstecken zu finden wissen. Ab und zu verzehren sie auch kleine Sämereien. Jeder Zaunkönig hält in unseren Breiten das runde Jahr über sein Revier, nur während der Brutzeit verlassen die Weibchen das ihre. Jungvögel, die noch nicht seßhaft sind, und Angehörige ziehender Populationen aber tauchen im Winterhalbjahr manchmal an ungewohnten Plätzen auf. Wiederholt haben sie in größeren Glashäusern von Gärtnereien oder Botanischen Gärten überwintert. Vor allem im Winter findet man auch Schlafgemeinschaften von Zaunkönigen in Baumhöhlen, Nistkästen oder Schwalbennestern.

Das Männchen baut in der Regel mehrere Nester. Sie sind rund oder hochoval. Der Eingang liegt seitlich, etwas über der Nestmitte, sein unterer Rand ist nach innen umgeschlagen. Als Baumaterial dienen verschiedene welke Pflanzenreste, die in erstaunlich großen Portionen von dem kleinen Vogel angeschleppt werden. Falls vorhanden, wird mit Vorliebe Moos verwendet. Für den Standort des Nestes ist kaum eine Regel zu nennen. Es kann in kleinen dichten Nadelbäumen, zwischen Wurzeln, in einer Erdnische am Bachufer, in Mauerlöchern, in Klettergewächsen an Hauswänden und an vielen anderen Orten stehen. Der Bau wird mit großem Eifer ausgeführt, und der Vogel läßt sich kaum dabei stören. Schließlich tauchen Weibchen, die ihr Revier verlassen haben, im Revier des Männchens auf. Lassen sie sich vom Männchen zum Bleiben bewegen, besetzen sie ein Nest und polstern es mit Federn und Haaren aus. Manchmal hat ein Männchen mehrere Weibchen. Diese brüten allein. Das Gelege enthält 5–8 Eier, und zwar sind die ersten Gelege (Mai) durchschnittlich größer als die späteren (Juli). Die Eier sind auf weißlichem Grund fein hellrötlich gefleckt. Nach einer Bebrütung von 14–16 Tagen schlüpfen die Jungen. Das Männchen beteiligt sich an der Fütterung, auch wenn gleichzeitig mehrere Nester zu versorgen sind. Nach 15–17 Tagen sind die Jungen flügge.

62. Kleiber
Sitta europáea

Länge: ca 14 cm. Durch den gedrungenen Körperbau, den kräftigen Schnabel und das Klettern an Baumstämmen erinnert der Kleiber an einen kleinen Specht. Er ist jedoch sofort an der kennzeichnenden Färbung zu erkennen: oben schön blaugrau, unterseits rahmgelb mit kastanienbraunen Flanken. Nach Norden zu werden die Kleiber unterseits heller bis fast ganz weiß.

Die deutschen Vögel sind gewöhnlich auf der Brust etwas kräftiger gefärbt als das abgebildete Exemplar. Sehr bezeichnend ist der schwarze Augenstreifen. Außerdem stützen sich Kleiber beim Klettern nicht mit dem Schwanz ab, und sie können sogar kopfabwärts einen senkrechten Stamm hinabklettern, was Spechte nie tun. Das Weibchen ist dem Männchen ähnlich, aber etwas matter gefärbt. Jungvögel haben den Kopf weiß gestrichelt.

Die Stimme klingt teilweise auffallend und wohltönend. Als häufigsten Ruf hört man ein lautes »tuiht«, das meistens mehrmals wiederholt wird. Wesentlich leiser ist ein »tsit«. Im Frühjahr lassen die Kleiber einen schönen Triller »tsürrr« und ein energisches »wije, wije, wije« hören; bei letzterem wird jeweils die erste Silbe stark betont, während die zweite nur wie ein kurzes Anhängsel wirkt. Daneben hört man auch ein gereihtes »tüh«.

Der Kleiber ist in Eurasien überall, wo es alten Baumbestand gibt, weitverbreitet. Im Norden geht er allerdings durchschnittlich nur bis zum 60. (höchstens 65.) Breitengrad. Er fehlt in Irland und auf vielen Mittelmeerinseln. Einige isolierte Vorkommen liegen in Nordwestafrika. Er ist recht ortstreu und streift selbst im Winter nur in engen Grenzen umher.

Er bewohnt die verschiedensten Baumbestände, in denen größere Bäume vorhanden sind. Trockene Kiefernwälder und dunkle, dicht geschlossene Waldstücke meidet er jedoch.

Der Kleiber ist ein hervorragender Kletterer, der in dieser Fortbewegungsweise vielseitiger ist als Spechte und Baumläufer. Seine Nahrung besteht aus Insekten, Spinnen und vielerlei Samen. Größere Brocken hält er mit den Zehen fest oder klemmt sie in einer Borkenspalte ein, um sie mit kräftigen Schnabelhieben zu bearbeiten. Ähnlich den Spechten hat er die Angewohnheit, einen Teil der gefundenen Sämereien zu verstecken. Im Winter besucht er gern Futterhäuschen, oft befindet er sich dann in Gesellschaften von Meisen.

Sein Name hat etwas mit »kleben« zu tun. Der Kleiber verklebt nämlich an seiner Bruthöhle vorhandene Risse und auch den Eingang mit Lehm, bis das Loch nur noch so groß ist, daß der Vogel gerade hindurchschlüpfen kann. Vom Kleiber besetzte Höhlen sind an dieser Lehmfüllung auch von außen sofort zu erkennen. Bei Nistkästen verklebt er oft die Fugen, so daß sich die Kästen nicht mehr öffnen lassen. Das Kleiberpaar duldet in seinem Revier, das 1–2 ha groß ist, keine Artgenossen. Zum Nistplatz wählt es eine bereits vorhandene Höhle, meistens nach einem Specht. Das Nest ist sehr kennzeichnend ausschließlich aus dünnen Rindenfetzen gebaut, die, wo immer möglich, von der Kiefer stammen; andere Rinde und dürres Laub sind Ausnahmen. 4–8 auf weißem Grund hellrötlich gefleckte Eier bilden das Gelege. Sie werden nur vom Weibchen bebrütet, das vom Männchen gefüttert wird. Nach 15–18 Tagen schlüpfen die Jungen. Sie werden von beiden Eltern versorgt und sind mit 22–24 Tagen flügge.

63. Schwanzmeise
Aegíthalos caudátus

Länge: etwa 14 cm, wovon über die Hälfte auf den Schwanz entfällt. Schwanzmeisen sind wegen ihrer geringen Körpergröße und wegen des langen Schwanzes nicht zu verkennen. Die gleichfalls langschwänzigen Stelzen (vgl. **2**: 127, **3**: 68–70) sind viel größer und hüpfen nicht im dichten Gezweig umher. Die Art zerfällt in zahlreiche Rassen, die verschieden gefärbt sind. Bei den Vögeln unseres Gebietes zeigt die Kopffärbung die deutlichsten Unterschiede. Nord- und Osteuropa (etwa von Schlesien und Westpreußen an) bewohnen weißköpfige Schwanzmeisen, während sie im Westen und Süden

streifenköpfig sind. Die Rassen gehen allmählich ineinander über, so daß man gerade in Deutschland oft »Mischpopulationen« findet. Jungvögel haben stets einen dunkel gestreiften Kopf. Die Stimme klingt zirpend und leise klirrend, wie »tschrrrr«, »ds-ds« oder »si-si-si«. Aus solchen und ähnlichen Lauten besteht auch der Gesang, der nicht oft zu vernehmen ist.

Die Schwanzmeise besiedelt Europa, wo sie nur im Norden und auf vielen Mittelmeerinseln fehlt, sowie das gemäßigte Asien bis Kamtschatka und Japan. Außerhalb der Brutzeit streifen Schwanzmeisen umher, nördliche und östliche Populationen unternehmen dabei ± weite Wanderungen.

Als Lebensraum wählt sie unterwuchsreiche Gehölze aller Art, vom großflächigen Wald bis zum Stadtpark. Durch ihre geringe Größe und die unauffällige Stimme sind Schwanzmeisen leicht zu übersehen, Und doch sind sie recht lebhafte Vögel, die geschickt im Geäst turnen, stets auf der Suche nach kleinen Insekten, deren Puppen und Eiern, von denen sie sich ernähren. Ihr Flug wirkt hüpfend und nicht sehr ausdauernd; man sieht sie selten größere freie Flächen überqueren. Sie sind sehr gesellig und eigentlich nur während der Brutzeit, wenn das Weibchen brütet, einzeln zu sehen. Sonst sind sie immer paarweise oder in kleinen Schwärmen anzutreffen. Diese Schwärme halten fest zusammen und zeigen sich sehr besorgt, wenn einem der Ihren etwas zustößt. Wenn man sich ruhig verhält, sind sie kaum scheu und lassen sich aus der Nähe beobachten.

Das Nest ist ein hochovaler Bau aus Moos und Pflanzenfasern, ausgepolstert mit sehr vielen Federn. Außen wird es mit Spinnweben, Flechten oder kleinen Rindenfetzen bedeckt und gut getarnt. Es steht in dichtem Pflanzengewirr (Wacholder, kleine Fichten, Waldrebe, usw.) von 40 cm bis viele Meter hoch über dem Boden. Der Eingang führt von schräg oben ins Innere, er liegt also höher als beim ähnlichen Zaunkönignest, das außerdem aus gröberem Material gebaut ist. Das Gelege besteht aus 8–12 (–13) Eiern. Sie sind auf weißem Grund sehr blaß rötlich gefleckt und werden nur vom Weibchen bebrütet. Nach 12–13 (–14) Tagen schlüpfen die Jungen. Sie werden von beiden Eltern eifrig gefüttert. Man hat beobachtet, daß ab und zu auch andere Schwanzmeisen sich an der Fütterung beteiligen; wahrscheinlich hatten diese vorher ihre eigene Brut verloren. Mit 15 Tagen, manchmal auch etwas später, fliegen die Jungen aus. Die Familie bleibt noch wochenlang zusammen. Es findet gewöhnlich nur 1 Brut im Jahr statt.

64. Haubenmeise
Párus cristátus

Länge: 11–12 cm. Die einzige einheimische Meise mit deutlicher Federnhaube. Der ebenfalls gehäubte Seidenschwanz (59) ist größer und ganz anders gefärbt, ebenso die Haubenlerche (vgl. 3: 48), die außerdem nicht auf Bäumen lebt.

Die Haubenmeise ruft »zi-zi-gürrrr«, manchmal auch die einzelnen Teile gesondert für sich. Das schnurrende »gürrr« ist in jedem Falle sehr bezeichnend. Andere Rufe und auch der Gesang sind nur selten zu hören.

Die Art ist in Europa weit verbreitet, fehlt aber in Nordskandinavien, auf den Britischen Inseln (mit Ausnahme Nordostschottlands), in Italien, auf den Mittelmeerinseln und im Osten der Balkanhalbinsel. Ostwärts geht sie nur bis Westsibirien. Sie bleibt auch im Winter im Brutgebiet, streift aber ± weit umher.

Sie besiedelt vor allem Nadelwälder, auch größere Parks mit hohem Nadelbaumanteil. Gelegentlich lebt sie in Buchen-, im Süden in Korkeichenwäldern.

Wie alle Meisen ist die Haubenmeise lebhaft und unermüdlich in Bewegung, dabei aber weniger gesellig. Man trifft sie eher einzeln und kaum jemals in so umfangreichen Schwärmen wie andere Meisen-Arten. Dem Menschen gegenüber ist sie oft erstaunlich zutraulich. Ihre Nahrung besteht zum größten Teil aus Insekten und Spinnen. Selbst im Winter weiß sie versteckte Puppen und Eier zu finden, doch frißt sie dann auch Sämereien.

Sie brütet in einer bereits vorhandenen, meistens unter 2 m hoch gelegenen Höhle, die sie unter Umständen noch ein wenig vergrößert. Nistkästen nimmt sie nur selten an. Ihre Brutzeit beginnt in den ersten Apriltagen, gewöhnlich 1–2 Wochen vor den anderen Meisen-Arten. Bereits im Juni brütet sie zum zweiten Mal. Das Nest besteht hauptsächlich aus Moos, oft mit beigemischtem trockenem Gras oder mit Flechten. Als Polsterung dienen Wolle und Haare, seltener auch Federn. Die Gelege sind im Durchschnitt kleiner als die anderer Meisen, sie enthalten nur (5–) 6–7 (–8) Eier. Diese sind auf weißem Grund rostrot gefleckt. Die Schale zeigt einen deutlichen Glanz, der allen anderen Meiseneiern (außer Weidenmeise) fehlt. Nach 15–18 Tagen schlüpfen die Jungen. Sie werden von beiden Eltern mit Insekten gefüttert und sind mit 20–22 Tagen flügge.

65. Kohlmeise
Párus májor

Länge: etwa 14 cm. Dies ist die größte unserer Meisen. Kennzeichnend sind der weiße Wangenfleck auf sonst schwarzem Kopf und ein unregelmäßig begrenzter schwarzer Längsstrich über die gelbe Unterseite. Letzterer ist beim Weibchen schmaler, das auch sonst etwas matter als das Männchen gefärbt ist. Jungvögel sind noch blasser gefärbt, der Wangenfleck ist gelblich verwaschen, der Kopf bräunlich und die Unterseite nur mattgelb. Während der Brutzeit wird das Gefieder der Altvögel zusehends schäbiger. Am farbenfrohesten sehen sie im Winterhalbjahr aus.

Kohlmeisen sind zwar keine besonders guten Sänger, aber die Vielfalt ihrer Rufe scheint unerschöpflich zu sein, zumal sie auch andere Vögel nachahmen. Sehr kennzeichnend ist der muntere Gesang, den man in seiner typischen Form mit »zididä« (Betonung auf erster Silbe) wiedergeben kann. Eine andere Form klingt wie »zititn« (Betonung auf zweiter Silbe). Die kurzen Strophen werden meistens mehrmals wiederholt und können durch Verkürzungen, Höhenverschiebungen und Betonung vielfältig variiert werden. Weitere charakteristische Rufe sind ein kräftiges, buchfinkenähnliches »pink«, ein hochgezogenes »zituit« und ein schimpfendes »träzetetet«. Dazu kommen noch zahlreiche andere Laute, die teilweise miteinander oder mit den bereits genannten kombiniert werden können.

Das riesige Verbreitungsgebiet erstreckt sich über Nordwestafrika, ganz Europa, mit Ausnahme des äußersten Nordens, und Asien südlich des 60. Breitengrades bis Japan, Indien und den Sundainseln. Die nördlichen Populationen ziehen im Winter aus ihren Brutgebieten fort und überwintern in Mittel- und Südeuropa. Auch in den übrigen Gebieten streifen die Kohlmeisen außerhalb der Brutzeit umher, wobei die zurückgelegten Entfernungen sehr verschieden sein können.

Die Kohlmeise lebt überall, wo Bäume stehen, auch in Ortschaften, zeigt aber eine Vorliebe für Laubgehölze und ist deshalb in reinen Nadelwäldern viel seltener als in anderen Baumbeständen.

Stets munter, ruffreudig, neugierig, dabei geschickt und wendig, scheint die Kohlmeise alle Eigenschaften der Meisen zu verkörpern, die sie dem Menschen sympatisch machen. Tatsächlich ist diese Meise sogar die anpassungsfähigste von allen, die auch in Städten ihr Fortkommen findet. Ihre Vitalität bringt es mit sich, daß sie anderen Kleinvögeln gegenüber manchmal recht rabiat sein kann. So haben etwa Trauerschnäpper (97), die ihre Bruthöhlenkonkurrenten sind, unter ihr ziemlich zu leiden. In der warmen Zeit ist sie vor allem Insektenfresser, im Winter dagegen machen Sämereien, vor allem ölhaltige wie Sonnenblumenkerne, einen Großteil ihrer Nahrung aus. In viel stärkerem Maße als die anderen Meisen sucht sie ihr Futter auf dem Boden. Sie besucht gern Futterhäuschen und ist überhaupt sehr erfinderisch im Erschließen neuer Nahrungsquellen. Besonders bekannt wurden die englischen Kohlmeisen, die gelernt hatten, die vor den Haustüren abgestellten Milchflaschen zu öffnen, um an den Rahm zu kommen. Es ließ sich beobachten, wie diese »Technik«, nachdem sie an einem Ort »erfunden« worden war, sich nach und nach ausbreitete. Ebenso lernen sie Papierpackungen aufzureißen, wenn sie die Erfahrung gemacht haben, daß sich darin unter Umständen Butter oder Margarine befindet. Größere oder harte Nahrungsbrocken klemmen sie unter die Zehen eines Fußes und bearbeiten sie mit dem Schnabel, wobei die Schläge erstaunlich stark sein können, was man besonders merkt, wenn die Vögel ihrer Tätigkeit auf einer dröhnenden Metallunterlage, etwa einem Balkongeländer nachgehen. Im Winter trifft man die Kohlmeisen meistens in kleinen Schwärmen an. Sie übernachten in Höhlen und wählen bei Kälte sehr gern angewärmte Schlafplätze wie etwa Rolladenkästen an Fenstern oder Straßenlaternen.

Im zeitigen Vorfrühling beginnen die Männchen zu singen. Sie haben dann bereits eine Bruthöhle besetzt. Normalerweise ist dies eine Baumhöhle in 3–7 m Höhe, aber sie nehmen auch Nistkästen, Mauerlöcher, hohle Metallzaunpfähle, Briefkästen und andere Hohlräume an. Das Weibchen baut im März oder April allein das Nest, das aus einer dicken Schicht Moos oder Grashalmen besteht und mit einer dicht verfilzten Polsterung aus Wolle, Haaren und kleinen Federn ausgelegt ist. Die Eier sind auf weißem Grund rötlich gefleckt, 7–13 bilden das Gelege. Solange das Gelege noch nicht vollständig ist, deckt das Weibchen die Eier beim Verlassen mit Nestmaterial zu; später tut es das nicht mehr. Das Weibchen brütet allein. Fühlt es sich während des Brütens bedroht, läßt es ein schlangenähnliches Zischen hören. Nach (10–) 13–14 (–18) Tagen schlüpfen die Jungen, die von beiden Eltern gefüttert werden. Bei schlechten Futterverhältnissen können die jeweils schwächsten Jungen schon im Nest zugrunde gehen. Die große Nestlingszahl ist also eine Art Puffer, die den Umständen nach die höchstmögliche Nachkommenzahl garantiert. Die Jungen sind nach 15–21 Tagen flügge und werden noch etwa 10 Tage von den Eltern geführt. Manche Paare brüten noch ein zweites Mal.

66. Blaumeise
Párus caerúleus

Länge: 11–12 cm. Der einzige mitteleuropäische Kleinvogel mit gelber Unterseite (Bauch mit kleinem schwarzem Fleck) und viel Blau auf Scheitel, Flügeln und Schwanz. Der Schnabel ist relativ kurz und kräftig. Das Weibchen ist etwas matter gefärbt, Jungvögel haben die weißen Kopfpartien gelblich verwaschen.
Ihre Rufe sind nicht ganz so vielfältig wie die der Kohlmeise, aber immer noch überraschend abwechslungsreich. Charakteristisch ist ein »tsi-tsi-tsi-tsit« und bei Erregung ein »zrrrr-etetet«, wobei die rollende erste Silbe deutlich ansteigt. Der Gesang ist ein hübscher, leicht abfallender Triller, der mit 2 gezogenen Tönen eingeleitet wird: »zizi-zirrr«. Dazu kommen noch vielerlei andere dünn pfeifende oder zeternde Laute.
Die Blaumeise bewohnt Nordwestafrika, Vorderasien und Europa mit Ausnahme Mittel- und Nordskandinaviens sowie Nordrußlands. Die nördlichen Populatationen sind Zugvögel, die in Mittel- und Südeuropa überwintern.
Die Blaumeise besiedelt ähnliche Lebensräume wie die Kohlmeise, ist aber noch stärker auf Laubbäume eingestellt, so daß sie in reinen Nadelwäldern in der Regel gar nicht vorkommt. Sie ist vor allem auch in Ortschaften etwas seltener als die Kohlmeise. Während diese ihre Nahrung zum großen Teil am Boden sucht, kommt die Blaumeise selten auf den Boden. Sie hält sich mehr in den höheren Kronenabschnitten auf, wo sie auch auf dünnsten Zweigen geschickt herumturnt. Sie frißt hauptsächlich kleine Insekten und Spinnen, aber auch Sämereien. Im Winter ist sie ebenfalls regelmäßiger Gast an Futterhäuschen. In den Parks vieler Städte holt sie sich, wie auch die Kohlmeise, Futter direkt aus der Hand von Spaziergängern, soweit sie dabei keine schlechten Erfahrungen gemacht hat. Sie bildet außerhalb der Brutzeit Schwärme, häufig vermischt mit anderen Meisen.
In Nestbau und Brutverhalten ähnelt sie sehr der Kohlmeise, doch liegen unter natürlichen Umständen die von ihr ausgewählten Höhlen viel höher (ca. 15 m), und der Höhleneingang kann enger sein. Die Eier sind kleiner, aber ähnlich gefärbt wie bei der Kohlmeise. Das Gelege enthält 7–14 (–27) Eier (die eingeklammerte Zahl bezieht sich wahrscheinlich auf Gelege zweier Weibchen). Das brütende Weibchen zischt bei Störungen und schlägt nach Eindringlingen. Blaumeisen können mit ihren kurzen kräftigen Schnäbeln sehr schmerzhaft beißen. Nach 12–14 (–16) Tagen schlüpfen die Jungen, nach weiteren 17–20 Tagen sind sie flügge.

67. Tannenmeise
Párus áter

Länge: etwa 11 cm. Wegen der Kopfzeichnung könnte man sie für eine kleine Kohlmeise halten, von der sie sich aber sofort durch den hellen Nakkenfleck und das Fehlen der schwarzen Bauchbinde unterscheidet. Die Systematiker unterscheiden zahllose Rassen, von denen manche deutlich anders gefärbt sind; die mitteleuropäischen Vögel entsprechen alle weitgehend der Abbildung.

Die Stimme klingt dünner und höher als bei den vorangegangenen Meisen-Arten. Das häufig zu hörende »si-si« erinnert stark an Goldhähnchenrufe. Bei Erregung schimpft sie näselnd »djee, djee«. Der Gesang ist meistens 2silbig: »wize, wize …« (erste Silbe betont), kann aber auch 3silbig ertönen »dibiedi« (zweite Silbe betont). Zu erwähnen ist noch ein gezogenes »dih«, auch als Reihe »dihdihdihdih«.

Die Tannenmeise bewohnt Nordwestafrika und nahezu das gesamte gemäßigte Eurasien. In Europa deckt sich ihre Verbreitung mit der der Kohlmeise, doch geht sie nicht so weit nördlich. Die nördlichen Populationen sind Teilzieher, die oft in großer Zahl bei uns erscheinen.

Die Tannenmeise ist ein Vogel des Nadelwaldes. Sie kommt aber auch in Mischwäldern, im Süden in Korkeichenwäldern und lokal (z. B. in England) auch in anderen Laubgehölzen vor. In Deutschland erscheint sie in Ortschaften gewöhnlich nur außerhalb der Brutzeit.

Wie die Blaumeise im Laubwald, hält sich die Tannenmeise im Nadelwald in den oberen Regionen der Bäume auf, während die Haubenmeise hier die tieferen Schichten einnimmt und auch öfter auf den Boden kommt. Die Tannenmeise stellt kleinen Kerbtieren nach, die sie mit ihrem dünnen Schnabel auch zwischen den eng stehenden Nadeln herausholen kann. Dabei fallen ihr unter anderem große Mengen der oft winzigen Pflanzenläuse zum Opfer. Daneben frißt sie Baumsamen, kommt aber zur Futtersuche kaum auf den Boden herab. Außerhalb der Brutzeit schließt sie sich gern zu Schwärmen zusammen, die oft mit Goldhähnchen und anderen Meisen vermischt umherstreifen. Sie besucht auch Futterhäuschen, ist aber hier der Konkurrenz anderer Meisen-Arten nicht gewachsen.

Unter allen einheimischen Meisen hat die Tannenmeise die ungewöhnlichsten Brutplätze. Sie liegen meistens sehr niedrig, oft sogar in der Erde, etwa in alten Mauselöchern oder in sonstigen Vertiefungen in Böschungen oder zwischen Baumwurzeln. Soweit vorhanden, nimmt sie auch natürliche Baumhöhlen oder Nistkästen an, doch dürfen diese nicht zu hoch liegen. Sie bevorzugt Höhlen mit einem schlitzförmigen Eingang. Das Nest selbst unterscheidet sich kaum von dem anderer Meisen. Ähnliches gilt für die Eier, die allerdings die kleinsten Meiseneier sind. 7–10 bilden ein Gelege. Es wird vom Weibchen 14–15 Tage bebrütet. Die Jungen sind nach 16–17 Tagen flügge.

68. Sumpfmeise
Párus palústris

Länge: 11–12 cm. Sie kann in Mitteleuropa, wenn sie schweigt, nur mit der Weidenmeise verwechselt werden, doch ist bei ihr die schwarze Kopfplatte glänzend, und am zusammengelegten Flügel fehlt das aufgehellte Feld.

Das beste Erkennungsmerkmal ist die Stimme. Die häufigsten Rufe sind ein energisches »pitjä« und ein zeterndes »fziä-dädädä …«. Der Gesang besteht aus einer klappernden Strophe: »tjeptjeptjep …«, meistens 6–8 silbig. Diese einfache Reihe kann in Tempo, Tonhöhe und Klangfarbe sehr vielfältig abgewandelt werden. Wie alle Meisen verfügt auch diese Art noch über zahlreiche andere Rufe, doch werden die eben genannten so regelmäßig gebraucht, daß eine richtige Bestimmung gewöhnlich nicht schwer fällt.

Die Sumpfmeise bewohnt Europa außer Irland, Nordschottland, Finnland, Nordskandinavien, Nord- und Südrußland, die Mittelmeerinseln und Süditalien. Auf der Iberischen Halbinsel und in Griechenland kommt sie nur im Norden vor. Sie lebt auch noch im Kaukasus und in Ostasien. In den dazwischenliegenden Gebieten scheint sie zu fehlen. Sie ist in der Regel Jahresvogel, der nur wenig umherzieht.

Ihr Name ist äußerst irreführend, denn sie lebt keineswegs in Sümpfen, sondern in Laub- und Mischwäldern, in größeren Parks und Gärten. Reine Nadelwälder sagen ihr nicht zu. Die Sumpfmeise ist in Deutschland weit verbreitet, aber nirgends so häufig wie die anderen Meisen außer der Weidenmeise. Im Inneren größerer Orte ist sie nur selten anzutreffen.

Sie wirkt in ihrem Verhalten noch lebhafter als die anderen Meisen und ist trotz ihrer schlichten Färbung ein sehr anziehender Vogel. Im Wald hält sie die ökologische Nische zwischen Kohl- und Blaumeise besetzt, indem sie sich vor allem im mittleren Kronenbereich aufhält, daneben besucht sie häufiger als die beiden anderen die Krautschicht. Als Nahrung dienen Insekten sowie die Früchte und Samen von Bäumen und verschiedenen Kräutern. Sumpfmeisen bilden auch im Winter keine nennenswerten Schwärme, schließen sich aber gern anderen Meisen an. Dann erscheinen sie auch an Fütterungsstellen, wo sie die Vorliebe für ölhaltige Sämereien mit den übrigen Meisen teilen.

Sumpfmeisen brüten nur selten in Nistkästen, obwohl sie diese in der Not nicht verschmähen. Lieber nehmen sie sich aber eine natürliche Baumhöhle mit engem Einschlupf, die nur wenig über dem Boden liegt. Das Nest ist ein typisches Meisennest aus einem Moosunterbau und einer Polsterung aus Haaren, Wolle und Federchen. (6–) 7–9 (–10) weiße, rötlich gefleckte Eier mit matter Schale bilden das Gelege. Es wird vom Weibchen, das bei Störungen auf dem Nest ebenfalls zischt, knapp 2 Wochen bebrütet. Die Jungen werden von beiden Eltern gefüttert und sind mit 18–19 Tagen flügge. Die meisten Paare haben nur eine Brut im Jahr, einige beginnen Anfang Juni mit einer zweiten Brut.

69. Weidenmeise
Párus montánus

Länge: 11,5–13 cm. Die Weidenmeise wirkt etwas größerkopfig und kräftiger als die Sumpfmeise. Ihre Kopfplatte ist matt rußschwarz, und die zusammengelegten Flügel zeigen eine von den blassen Armschwingenrändern gebildete aufgehellte Zone. Die Kopfseiten sind etwas heller als bei der vorigen Art, die nördlichen Rassen haben sogar fast reinweiße Wangen. Alle diese Unterschiede sind im Freien aber oft nicht mit ausreichender Sicherheit zu erkennen. Deshalb sind diese beiden Meisen wie die Baumläufer erst verhältnismäßig spät als gesonderte Arten behandelt worden.

Bezeichnend ist auch hier die Stimme, so vor allem ein gedehntes »däh«, das gereiht und von einem leisen »si-si« eingeleitet werden kann. Man hört auch 2 verschiedene Gesänge, einmal eine abfallende Reihe weicher Pfeiftöne: »zjüzjüzjü …« (die in den Alpen lebende etwas größere Rasse bringt stattdessen eine anschwellende, auf gleicher Höhe bleibende Flötenreihe: »düdüdü …«), zum anderen ein angenehmes schnelles Geplauder aus gedämpft zwitschernden Lauten.

Das Verbreitungsgebiet erstreckt sich von Skandinavien, Südschottland, England und Mittelfrankreich ostwärts bis zum Pazifik, vielleicht sogar bis nach Nordamerika, falls es zutrifft, daß die amerikanische Schwarzkopfmeise *(Párus atricapíllus)* zur gleichen Art gehört. In dem riesigen Gebiet kommt die Weidenmeise allerdings nicht überall vor, sondern fehlt stellenweise völlig; auch in Deutschland ist sie nur zerstreut anzutreffen. Sie ist überwiegend Jahresvogel.

Sie besiedelt feuchte Dickichte, Auwälder sowie feuchte Nadel- und Mischwälder. Die Alpenrasse (»Alpenmeise«) findet man in Bergwäldern, wo sie bis zur Baumgrenze vorkommt.

Unter allen einheimischen Meisen ist die Weidenmeise der ausgeprägteste »Kulturflüchter«. Sie erscheint fast nie an künstlichen Futterplätzen und nimmt nur ausnahmsweise einen Nistkasten an. Sie frißt Insekten, Spinnen und verschiedene weichere Sämereien, die sie vor allem in der Krautschicht sammelt. Im Nadelwald hält sie sich mehr auf den tieferen Ästen und Zweigen auf und sucht seltener zwischen den Nadeln nach Futter als Tannen- und Haubenmeisen, die beiden anderen Meisen-Arten des Nadelwaldes.

Obwohl sie auch bereits vorhandene natürliche Baumhöhlen zum Brutplatz wählen kann, ist sie doch von einem solchen Angebot unabhängig, vor allem wenn morsches oder weiches Holz verfügbar ist, in dem sie dann selbst eine Höhle zimmert. Der Höhleneingang liegt vorzugsweise um 3–4 m über dem Boden. Das Nest ist von anderen Meisennestern kaum zu unterscheiden. In der Regel findet wohl jährlich nur eine Brut statt, und zwar beginnt das Weibchen Ende April – Anfang Mai zu legen. Die Eier sind weiß grundiert und fein rötlich gefleckt. Die Schale zeigt einen ziemlich deutlichen Glanz. Das Gelege enthält 7–9 Eier, aus denen nach 2 Wochen die Jungen schlüpfen. Sie sind mit 17–19 Tagen flügge.

70. Lapplandmeise
Párus cínctus

Länge: 13–15 cm. Die einzige europäische Meise, die überwiegend bräunlich gefärbt ist. Kennzeichnend ist vor allem die schmutzigbraune Kopfplatte. Es ist dies eine nordische Art, die von Mittel- und Nordskandinavien ostwärts bis Kamtschatka und auch noch in Alaska lebt. In Deutschland wurde sie noch nicht nachgewiesen. Sie bewohnt Nadelwälder oder Mischwälder aus Bir-

ken und Nadelbäumen. Ihr Verhalten wirkt weniger lebhaft als das der anderen Meisen. Sie frißt vornehmlich Insekten und Baumsamen. Bei der Futtersuche verharrt sie länger auf einem Baum und sucht ihn gründlicher ab als andere Meisen, von denen nur die Kohl- und Weidenmeise im gleichen Gebiet vorkommen. Ihr Nest baut sie in natürlichen Höhlen im Holz; manchmal stellt sie in weichem Holz wie die Weidenmeise selbst eine Höhle her. Die Brutzeit fällt in den Mai und Juni. Das Gelege umfaßt 5–10 Eier. Brut und Jungenaufzucht verlaufen ähnlich wie bei anderen Meisen.

71. Heckenbraunelle
Prunélla moduláris

Länge: etwa 15 cm. Wegen seiner Unscheinbarkeit und der versteckten Lebensweise ist dieser Vogel den meisten Leuten unbekannt, und wenn sie ihn einmal sehen, halten sie ihn gewöhnlich für einen Sperling. Doch unterscheidet er sich von Sperlingen sowie Finken und Ammern, die ebenfalls schlicht gefärbt sein können, durch den viel dünneren Schnabel. Sehr bezeichnend ist darüber hinaus das bleigraue Gefieder auf Brust, Kehle und Halsseiten. Jungvögel sind im ganzen heller gefärbt, aber ausgedehnter gefleckt. Es fehlt ihnen die deutliche Graufärbung.

Recht hübsch ist der Gesang der Männchen im Frühjahr. Er kann individuell abgewandelt werden und besteht aus einer zwitschernden Strophe, die durch 2–5 betonte Hebungen gegliedert und mit einem tieferen Ton abgeschlossen wird. In der eiligen Vortragsart erinnert der Gesang etwas an den Zaunkönig, ist aber kürzer, leiser und nicht so schmetternd. Darüber hinaus sind Heckenbraunellen recht schweigsam. Man hört gewöhnlich nur 2 verschiedene Rufe, nämlich ein charakteristisches dünnes »dsieht«, auch gereiht, und ein helles »di-di-di«, das schneller abläuft als man es nachsprechen kann.

Die Heckenbraunelle bewohnt vor allem Europa, fehlt aber im äußersten Norden, in Südrußland und im größten Teil Südeuropas. Sie kommt auch in Vorderasien vor. Als Teilzieher überwintert sie vor allem im Mittelmeerraum, bleibt aber oft auch schon in Mittel- und Westeuropa.

Ihr Lebensraum sind unterwuchsreiche Nadel- und Mischwälder, Fichtendickungen, Hecken sowie gebüschreiche Parks und Friedhöfe. Während sie im Westen ihres Verbreitungsgebietes vielerorts recht häufig ist und bis in Großstädte vordringt, ist sie im Osten, vor allem in den Niederungen, viel seltener und fehlt in Ortschaften oft ganz. Die Heckenbraunelle hält sich größtenteils am oder niedrig über dem Boden auf. Sie versteht es meisterhaft, in Deckung zu bleiben, so daß sie oft übersehen wird. Ihre Bewegungen sind eher bedächtig zu nennen. Nur selten fliegt sie über eine größere freie Strecke. Als Nahrung dienen ihr Insekten, Spinnen, Würmer, kleine Schnecken und vielerlei Samen. Sie ist ein ungeselliger Vogel, den man meistens nur einzeln antrifft.

Zu Beginn der Brutzeit singt das Männchen recht eifrig. Im Gegensatz zu seinem sonstigen Verhalten zeigt es sich dabei ganz offen, indem es sich einen herausragenden Sitzplatz wählt, mit Vorliebe etwa die Spitze einer kleinen Fichte. In menschlichen Siedlungen habe ich singende Männchen aber auch schon auf Fernsehantennen sitzen sehen. Fühlt sich der Sänger bedroht, taucht er lautlos in das bergende Gebüsch. Bei der Balz, die wohl meistens auf dem Boden stattfindet, sträubt das Männchen alle Federn, so daß es wie ein flauschiger Ball vor dem Weibchen herumhüpft. Den Nestbau übernimmt allein das Weibchen; es sammelt das Material in der Nähe des »Bauplatzes«, hauptsächlich auf dem Boden. Das Nest steht versteckt auf dichten Nadelgehölzen, aber auch in Laubgebüsch, in Kletterpflanzen, manchmal in verlasse-

nen Amselnestern und selten höher als 1,5 m. Es ist ein solider napfförmiger Bau aus Moos und feinen Pflanzenfasern, wobei die äußerste Schicht oft aus etwas gröberen Reisern und Halmen errichtet wird. Zur Polsterung verwendet der Vogel Haare, dünne Hälmchen und in manchen Gegenden die haarförmigen, eine Kapsel tragenden Stiele von Moosen. In die tiefe Mulde legt das Weibchen (3–) 5–6 schöne einfarbig blaue Eier, die es 12–14 Tage bebrütet. Etwa nach der gleichen Zeit sind die Jungen flügge. Die erste Brut findet im April und Mai statt, eine zweite beginnt Ende Juni.

72. Gartenrotschwanz
Phoenicúrus phoenicúrus

Länge: etwa 14 cm. Das Männchen gehört zu unseren buntesten Singvögeln und ist leicht zu erkennen (vgl. 75; 3: 56 und 61). Das Weibchen könnte mit dem des Hausrotschwanzes (vgl. 3: 60) verwechselt werden, ist aber bräunlicher; vor allem die Unterseite ist gelblichbraun und nicht dunkelgrau. Im Ruhekleid wirkt auch das Männchen einfarbiger, da alle Federn einen hellen Saum tragen, der sich jedoch bis zum Frühjahr abnutzt. Die Jungen sind auf mittelbraunem Grund dicht hellbraun gefleckt und gleichen darin jungen Rotkehlchen (75), von denen sie sich aber durch rostroten Bürzel und Schwanz unterscheiden. Alle Rotschwänze schlagen sehr häufig mit dem Schwanz, oft verbunden mit knicksenden Verbeugungen. Jeder Schwanzschlag vererbt gewissermaßen in einem schnellen Vibrieren.

Der häufigste Ruf klingt wie »fuid-tícktíck«. Von dem sehr ähnlichen Ruf des Hausrotschwanzes ist er daran zu unterscheiden, daß der erste Teil wohltönend aufwärts gezogen wird und dadurch fast 2silbig klingt. Sowohl diese Einleitung wie die schnickernden Laute können auch allein für sich gebracht werden. Der Gesang ist wohllautend, wenn auch kurz und etwas melancholisch. Zu Beginn steht nahezu immer ein mit Nachdruck vorgetragener gezogener Flötenton (manchmal mit kurzem Vorschlag), dem eine Sekunde oder Terz tiefer zwei kurze Töne folgen. Der Rest der Strophe ist recht wandelbar, besteht aber in der Regel aus einem reichlichen halben Dutzend Töne. Manchmal ahmen Gartenrotschwänze auch andere Vögel nach oder sie bringen ihren Gesang ganz leise, fast tonlos »flüsternd«.

Der Gartenrotschwanz ist von Portugal und England bis zum Baikalsee verbreitet. Außerdem lebt er in Vorderasien und inselartig in Nordwestafrika. In Europa fehlt er in Irland, im äußersten Norden Skandinaviens, in Teilen Spaniens, auf Korsika, an der dalmatinischen Küste und im größten Teil Griechenlands. Er gehörte bis vor kurzer Zeit zu den häufigsten Zugvogelarten, hat aber seit 1969 vor allem in West- und Mitteleuropa auf bestürzende Weise (um 65–75%) abgenommen. In Deutschland ist er gegenwärtig stellenweise völlig verschwunden, wo er noch vor wenigen Jahren eine gewöhnliche Erscheinung war. Die chemische Umweltverseuchung und der Vogelmassenfang in einigen Ländern mögen zu den Hauptursachen dieser Entwicklung gehören. Der Gartenrotschwanz überwintert in Arabien und Afrika, teilweise auch schon im Mittelmeergebiet. Er verläßt uns im September/Oktober und kommt im April wieder. Lichte Baumbestände, vom aufgelockerten Wald bis zum Garten, sind der Lebensraum des hübschen Vogels. Den größten Teil des Jahres ernährt er sich von Insekten, die er gewöhnlich vom Ansitz aus in der Luft fängt oder am Boden aufpickt. Im Spätsommer nimmt er auch Beeren, vor allem Holunder aus sich. Gartenrotschwänze sitzen meistens aufrecht. Ihre Bewegungen sind flink und anmutig, das ständige Schwanzzittern läßt sie etwas »nervös« erscheinen.

Während der Brutzeit sind die Paare streng territorial. Den Mittelpunkt des Reviers bildet eine Bruthöhle, die das Männchen dem Weibchen sehr eindrucksvoll präsentiert. Dabei werden der rote Schwanz und die kontrastreiche Kopffärbung als wirksame Signale eingesetzt. Andere Männchen werden aus dem Revier vertrieben, aber auch artfremde Nistplatzkonkurrenten, wie etwa Trauerschnäpper, werden mitunter angegriffen. Besonders zu Beginn der Brutzeit singen die Männchen unermüdlich. Der Nistplatz ist eine Höhle im Holz oder seltener in Mauern. Die Höhle kann einen recht großen Eingang haben. Gern werden auch Nistkästen angenommen. Der Nestbau beginnt meistens mit halbverrotteten Blättern, darauf folgt Moos, und schließlich wird das napfförmige Gebilde mit Federn ausgepolstert. Die Eier sind einfarbig blau, meistens intensiver gefärbt als beim Trauerschnäpper. (3–)5–6 (–8) Eier bilden das Gelege, das nur das Weibchen bebrütet. Die Jungen schlüpfen nach 13–14 Tagen. Sie werden von beiden Eltern gefüttert und sind nach 12–14 Tagen flügge. Der Legebeginn zeigt bei den einzelnen Paaren Schwankungen von Anfang Mai bis Anfang Juni. Nur wenige Paare, die früh mit der ersten Brut begonnen haben, brüten Ende Juni ein zweites Mal, allerdings mit kleinerem Gelege. Gartenrotschwänze gehören zu den häufigeren Pflegeeltern junger Kuckucke.

73. Sprosser
Luscínia luscínia

Länge: etwa 16–17 cm. Im Freien ist diese Art nach dem Aussehen nur schwer von der Nachtigall zu unterscheiden. Bei gutem Licht bemerkt man aber folgende Unterschiede: die braune Färbung – besonders des Schwanzes – hat weniger einen rötlichen als einen olivfarbenen Stich, und die Brust ist dunkel gewölkt. Jungvögel beider Arten sind praktisch nicht zu unterscheiden.

Auch stimmlich ähnelt der Sprosser der Nachtigall; die meisten Rufe sind nur schwer zu unterscheiden. Der Gesang jedoch zeigt Unterschiede. Zwar sind Tonqualität und Abwechslungsreichtum ähnlich, aber der Sprosser schlägt meistens etwas tiefer und härter. Die einzelnen Strophen werden wie bei der Singdrossel oft mehrmals wiederholt. Sie sind in der Regel noch voller und lauter als bei der Nachtigall, doch fehlt ihnen deren »Schmelz«. So verfügt der Sprosser nicht über die berühmten anschwellenden Flötenreihen der Nachtigall. Dennoch ist er ein prächtiger Sänger und wird von manchen höher geschätzt als die Zwillingsart.

Der Sprosser lebt in Westsibirien und Osteuropa. Die westlichen Ausläufer reichen nach Südschweden und über Pommern, Mecklenburg und Schleswig-Holstein bis ins östliche Dänemark. Die westliche Verbreitungsgrenze ist anscheinend nicht stabilisiert und verschiebt sich von Zeit zu Zeit. Der Sprosser überwintert in Ostafrika. Er zieht im August und September fort und kehrt Ende April, Anfang Mai zurück.

Der Sprosser ist an feuchtere Lebensräume gebunden als die Nachtigall. Er bewohnt Dickichte, vor allem von Weiden, Erlen oder Birken sowie Bruch- und Auwälder. Im Gegensatz zur Nachtigall ist er kaum in Ortschaften anzutreffen.

In Verhalten und Lebensweise ähnelt er weitgehend der Nachtigall. Seine Nahrung besteht aus Insekten, Spinnen, Würmern und Schnecken, die am Boden oder in niedriger Vegetation gesammelt werden. Das Nest steht meistens in einer kleinen Bodendelle, gut versteckt zwischen Pflanzen. Manche Nester werden auch in dichtes, dünnzweigiges Gebüsch niedrig über dem Boden gebaut. Die Außenschicht des Nestes besteht aus Halmen und gröberem trockenem Gras, sie ist bei Gebüschnestern stark, bei Bodennestern schwach ausgeführt. Gerade umgekehrt verhält es sich mit der mittleren Schicht aus trockenen, halbverrotteten Blättern, die bei Bodennestern dicker ist. Die Polsterung schließlich wird aus Gras, Würzelchen und gelegentlich einigen Haaren hergestellt. Die Eier sind olivbraun, mitunter mit rostbraunem Schimmer. Ende Mai ist das Gelege von 4–5 Eiern vollständig. Es brütet allein das Weibchen. Nach etwa 2 Wochen schlüpfen die Jungen, die mit 11 Tagen flügge sind, aber noch einige Zeit von den Eltern betreut werden. Es findet jährlich nur 1 Brut statt.

74. Nachtigall
Luscínia megarhýnchos

Länge: etwa 16–17 cm. Beide Geschlechter sind schlicht braun gefärbt, der Schwanz deutlich rotbraun, wie überhaupt das Gefieder einen etwas wärmeren Ton hat als beim Sprosser. Jungvögel sind gesprenkelt wie bei Rotkehlchen und Gartenrotschwanz, doch sind junge Nachtigallen größer, haben eine hellere Unterseite, und ihr Schwanz ist rötlicher als beim Rotkehlchen, aber brauner als beim Gartenrotschwanz. Von jungen Sprossern sind sie kaum zu unterscheiden.

Von den verschiedenen Rufen wären als die auffälligsten zu nennen ein laut schmatzendes »teck«, ein gedämpftes tieferes »tack«, ein flüssig gepfiffenes »hüid« und bei Erregung ein rauh schnarrendes »karrr«. Je nach Anlaß können diese Rufe miteinander kombiniert werden. Viel gerühmt ist der Gesang. Untersucht man, worauf seine tatsächlich überaus beeindruckende Wirkung beruht, stellt man fest, daß es nicht die Melodieführung oder die Vielfalt der Motive sein können, denn jede einigermaßen gut singende Amsel ist der Nachtigall darin weit überlegen, ganz zu schweigen von solchen Improvisationskünstlern wie dem Sumpfrohrsänger (2: 132). Der Reiz des Nachtigallenliedes liegt dagegen in der unnachahmlichen Klangfarbe und der Art des Vortrages. Lautstärke, Länge der Strophen und Pausen sind für unser Empfinden wohl abgewogen. Es überwiegen klare, volle Töne, oft mit einem seltsam schluchzenden oder glucksenden Beiklang, etwa »tschuck-tschuck-tschuck«. Die Tonintervalle sind häufig erstaunlich groß und meistens klar zu bestimmen. Sehr kennzeichnend ist eine langsame Reihe allmählich anschwellender Töne (Crescendo-Strophe), die mit einer kurzen Tonschleife abgeschlossen wird. Nachtigallen singen sowohl am Tage wie in der Nacht, aber nicht jeder Vogel, der nachts singt, ist eine Nachtigall! So singen beispielsweise auch Rohrsänger und Schwirle nachts.

Die Nachtigall bewohnt Europa südwestlich einer ungefähren, nordwärts ausgebeulten Linie von Wismar zur Krim, außerdem Südengland, Nordafrika und Vorderasien bis nach Turkestan. Dort, wo sich ihr Gebiet mit dem des Sprossers überschneidet, leben beide Arten nebeneinander, ohne sich zu vermischen. Für ihre Entstehungsgeschichte gilt ähnliches wie für die Baumläufer (60). Der Bestand der Nachtigallen weist langfristige Schwankungen auf. In den vierziger und fünfziger Jahren hatte er vielerorts erfreulich zugenommen; gegenwärtig scheint dieser Gipfel längst überschritten zu sein. Die Nachtigall überwintert im tropischen Afrika. Ihre Zugzeiten fallen auf Ende April–Anfang Mai und August–September.

Die Nachtigall besiedelt Auwälder, natürliche und künstliche Parklandschaften sowie die Randzonen unterholzreicher Laubwälder. Sie hat nicht die Vorliebe des Sprossers für feuchte Standorte, obwohl sie Wassernähe keineswegs meidet. Wie jener bevorzugt sie das Tiefland und ist deshalb schon im Mittelgebirge in weiten Gebieten nicht zu finden. Dafür brütet sie auch in Groß-

städten, wenn gebüschreiche, nicht übertrieben »gepflegte« Parks oder Friedhöfe vorhanden sind.

Die Nachtigall verläßt selten die Deckung des dichten Gebüsches. Ihre Nahrung, Insekten, Spinnen, Würmer, kleine Schnecken, sucht sie mit Vorliebe in der Fallaubschicht. Im Sommer frißt sie auch Beeren. Auf dem Boden bewegt sie sich hüpfend fort und fliegt schnell und geradlinig, aber selten hoch über dem Boden oder über freie Strecken. Sie ist zwar scheuer als das Rotkehlchen, verträgt aber durchaus die Nähe des Menschen. Man trifft sie gewöhnlich einzeln oder paarweise an.

Sofort nach der Rückkehr aus dem Winterquartier macht das Männchen durch eifriges Singen seinen Anspruch auf ein Revier geltend. Dieses ist meistens recht klein und geht selten über 250 m^2 hinaus. An den Reviergrenzen kann es zu heftigen Gesangduellen kommen, bei denen die Streithähne, »auf Lücke« singend, sich ihre Strophen entgegenschmettern. Oft versuchen einander die Strophen des Rivalen genau nachzusingen, was offensichtlich als besonderes Auftrumpfen wirkt. Das Männchen singt sowohl in Deckung wie auch auf herausragenden Zweigen; es hält sich beim Singen aufrecht. Das Nest steht wie beim Sprosser im dichten Schatten auf dem Boden, seltener auch darüber. Im Bau gleicht es jenem. Die olivbraunen Eier sind durchschnittlich ein wenig kleiner. 4–5 (–6) Eier bilden das Gelege, aus dem nach einer Brutzeit von 13–14 Tagen die Jungen schlüpfen. Das Weibchen brütet allein. Mit dem Schlüpfen der Jungen erlischt beim Männchen die Sangeslust, und es beteiligt sich nun an der Aufzucht. Nach etwa 11–12 Tagen verlassen die Jungen das Nest. Es findet nur eine Brut statt.

75. Rotkehlchen
Eríthacus rubécula

Länge: etwa 14 cm. Beide Geschlechter sind im Alterskleid unverkennbar: olivfarbene Oberseite und ziegelroter Brustfleck, der bis zum Gesicht hinaufreicht (vgl. 72 und 99). Das Jugendkleid ist ohne Rot und dicht hell- und dunkelbraun gefleckt. Der nicht rostfarbene Schwanz unterscheidet es deutlich von jungen Gartenrotschwänzen und Nachtigallen.

Rotkehlchen sind fleißige Sänger; ihr Lied ist fast das ganze Jahr über zu hören, sogar mitten im Winter. Es ist nicht laut, aber sehr stimmungsvoll mit seinem ätherischen Klangbild, den merkwürdig unbestimmten chromatischen Melodiebögen und den perlenden Trillern und Tonreihen. Kennzeichnend sind auffallend hohe, gequetschte, wie mit großer Anstrengung hervorgebrachte Lispellaute, meistens zu Beginn einer Strophe. In Wirklichkeit hören wir hier nur einen Ausschnitt des Gesungenen, denn ein großer Teil der Töne liegt über unserem Hörbereich. Der Gesang kann individuell verschieden sein, außerdem gibt es wie bei vielen Vögeln ausgesprochene regionale Dialekte. Als Gesangsplatz dient mitunter der höchste Wipfel eines Baumes. Rotkehlchen singen oft noch bei fortgeschrittener Dämmerung, wenn die meisten Vögel bereits schweigen. Viel robuster klingt das »Schnickern«, ein helles, scharfes »tick-tick«, wie entfernter Kastagnettenklang. Oft werden diese Rufe zu langen aufgeregten Reihen aneinandergehängt. Daneben hört man bei Gefahr ein feines »zieh«, nicht unähnlich einem entsprechenden Amselruf, und ein leises »zip«.

Das Rotkehlchen bewohnt Nordafrika, Vorderasien und Europa mit Ausnahme Nordskandinaviens und einiger Küstenstreifen am Mittelmeer. Es ist ein Teilzieher, der hauptsächlich in Westeuropa und im Mittelmeerraum überwintert. Viele Vögel bleiben aber bereits in Mitteleuropa.

Das Rotkehlchen gehört zweifellos zu den häufigsten europäischen Vögeln. Wir finden es in Auwäldern, in Laub-, Misch- und Nadelwäldern, soweit eine reiche Kraut- und Streuschicht vorhanden ist, sowie in Parks, Friedhöfen, Gärten und Feldgehölzen. In ausgesprochen trockenen Nadelwäldern ist das Rotkehlchen selten oder gar nicht vertreten.

Es hält sich wie die Nachtigall viel auf dem Boden und im dichten, niedrigen Gebüsch auf. Da es aber gewöhnlich sehr zutraulich ist, läßt es sich viel häufiger beobachten. Wenn man umgräbt oder ähnliche Gartenarbeit verrichtet, kann es geschehen, daß ein Rotkehlchen herankommt und das aufgestörte Kleingetier fast unmittelbar vom Spaten aufpickt. Als Nahrung dienen kleine Insekten, Spinnen, Würmer, Schnecken, aber auch verschiedene Beeren und Samen. Im Winter besucht es ebenfalls künstliche Futterstellen. Hier bevorzugt es ungesalzenes Fett. Der Flug wirkt wenig energisch, im Sitzen macht es häufig Knickse, und auf dem Boden hüpft es. Rotkehlchen sind gegen ihresgleichen meistens unfreundlich, deshalb trifft man sie in der Regel einzeln. Das Rotkehlchen gehört zu den Singvogel-Arten, deren Verhalten am besten untersucht wurde.

Die Männchen verteidigen ihr Revier, indem sie singen und dem Rivalen die roten Gefiederbereiche darbieten. Ganz im Gegensatz zu ihrem für unser Empfinden sanften Aussehen und dem verhaltenen Gesang können sie recht temperamentvoll werden und scheuen auch vor handgreiflichen Auseinandersetzungen nicht zurück. Das napfförmige Nest steht meistens in einer Bodenmulde, die durch überhängende Pflanzen verdeckt wird, mitunter aber auch in Nischen von Holz oder Mauern sowie in halboffenen Nistkästen. Die Außenschicht des Nestes besteht aus welkem Laub, darauf folgt eine ± dicke

Moosschicht. Innen wird das Nest mit dünnen Würzelchen und Haaren, seltener auch mit Federn ausgekleidet. Die weißlichen oder hell rahmfarbenen Eier sind dicht mit feinen rostfarbenen Flecken bedeckt. (4–) 5–7 (–8) Eier bilden das Gelege, das 13–14 Tage vom Weibchen allein bebrütet wird. Nach 12–15 Tagen sind die Jungen flügge. Es finden gewöhnlich 2 Bruten statt, die erste beginnt Anfang Mai, die zweite in der zweiten Junihälfte. Es ist nicht ausgeschlossen, daß einzelne Paare sogar noch ein drittes Mal brüten.

76. Blaukehlchen.*
Luscínia svécica

Wird von manchen Autoren in eine besondere Gattung *Cyanosýlvia* gestellt. Länge: etwa 14 cm. In allen Kleidern ist die rostrote Schwanzwurzel kennzeichnend. Bei den mitteleuropäischen Brutvögeln haben die Männchen einen weißen Fleck im blauen Feld, während dieser Fleck bei den nordeuropäischen Männchen rostrot ist. Solche Männchen tauchen aber auf dem Zuge auch in Mitteleuropa auf. Im Ruhekleid ähneln die Männchen den Weibchen. Jungvögel sind jungen Rotkehlchen ähnlich, aber etwas dunkler und mit rostroter Schwanzwurzel; der helle Überaugenstreifen ist oft schon angedeutet.

Die Rufe erinnern an die verwandten Arten (Nachtigall) und klingen wie »huit« und scharf schnalzend »tk, tk«. Der Gesang ist sehr angenehm und äußerst vielgestaltig. Meistens beginnt er mit einer stammelnden Reihe gleichhoher Töne »dip-dip-dip- …«, die gegen Ende schneller werden, so als müßte der Sänger erst Schwung holen. Was folgt, ist ein reichhaltiges Gemisch bald flötender, bald schwatzender Laute, untermengt mit vielen Nachahmungen anderer Vögel. Das Ganze erinnert an den Sumpfrohrsänger (2: 132).

Das Verbreitungsgebiet erstreckt sich von West- und Nordeuropa bis nach Ostasien und Alaska. Isolierte Populationen brüten in Zentralspanien, Westfrankreich, im Kaukasus und Elburs. Aber auch in Mitteleuropa sind die Brutvorkommen mehr und mehr zerstreut, denn das Blaukehlchen hat hier rapide abgenommen, teilweise ohne ersichtlichen Grund. Blaukehlchen sind Zugvögel, die in Südasien und Nordafrika, gelegentlich aber auch schon in Spanien überwintern. Der Frühlingszug vollzieht sich von Mitte März bis Mitte Mai, der Herbstzug Ende August bis Oktober. Die rotsternigen Vögel ziehen im Frühjahr später und im Herbst eher durch.

Dieser schöne Vogel besiedelt feuchte, gut, aber nicht völlig geschlossen bewachsene Gebiete wie Weidendikkichte, Ufergebüsch, Verlandungszonen von Gewässern, Gebüsch auf sumpfigem Boden, Ränder von Bruchwäldern und ähnliches. In Mitteleuropa finden wir ihn fast ausschließlich im Tiefland, anderswo kommt er auch im Gebirge vor.

In seinen Bewegungen erinnert das Blaukehlchen an die verwandten *Luscínia*-Arten und an das Rotkehlchen. Häufiger als diese stelzt und spreizt es aber seinen Schwanz, wobei dessen Zweifarbigkeit sehr ins Auge fällt. Ansonsten sind Blaukehlchen nicht leicht zu beobachten, da sie sich häufig im Dämmerlicht zwischen der üppigen Vegetation ihres Lebensraumes aufhalten. Sie fressen hauptsächlich Insekten, darunter viele Mücken, außerdem Spinnen und Schnecken.

Das Männchen ist zu Beginn der Brutzeit bis zum Schlüpfen der Jungen ein eifriger Sänger. Oft hüpft es während des Gesanges im Gezweig umher oder es führt kurze Singflüge aus. Die kontrastreiche Färbung von Kehle und Brust bildet ein auffälliges Signal. Das napfförmige, manchmal asymmetrisch gebaute Nest steht in einer kleinen Bodenvertiefung, gut versteckt zwischen Gras oder überhängenden Kräutern und häufig nicht zwischen Sträuchern oder Bäumen, sondern auf offener Fläche. Zum Bau dienen halbverrottetes Laub, Halme und viel Moos, die Polsterung besteht aus breiten Grasblättern. Die Eier sind meistens auf olivgrünem Grund reichlich mit bräunlichen Flecken bedeckt, die sich am stumpfen Pol verdichten. Manchmal kommen aber auch fast einfarbig olivbraune Eier vor, die dann denen der Nachtigall ähneln. Das Weibchen bebrütet allein das Gelege von 5–6 (–7) Eiern. Nach 13–14 Tagen schlüpfen die Jungen, die nach weiteren 2 Wochen flügge sind. Es gibt nur 1 Brut jährlich.

76a. Blauschwanz
Tarsiger cyanúrus

Länge: ca. 14 cm. Das Männchen ist oberseits blau, besonders leuchtend auf Schultern, Bürzel und Schwanz. Ein Überaugenstreifen ist vorn weiß, hinten hellblau. Die Unterseite ist rahmfarben mit einem Graustich, die Flanken sind orangefarben. Das Weibchen hat ebensolche Flanken, zeigt aber nur auf Bürzel und Schwanz eine schwache Blautönung, während die Oberseite olivbraun, die Unterseite hell bräunlich grau ist. Jungvögel sind gefleckt, ähnlich jungen Rotkehlchen.

Der Gesang, der sowohl am Tage wie auch nachts zu hören ist, besteht aus einer kurzen, leise pfeifenden Strophe.

Die sonstigen Rufe erinnern teilweise an Rotschwänze und Nachtigall.

Der Blauschwanz ist von Ostasien bis nach Ostfinnland verbreitet. Er bewohnt dichte, ungestörte Nadelwälder mit üppigem Unterwuchs. Wegen seiner Scheuheit ist er nicht leicht zu beobachten. Obwohl er in Mitteleuropa bisher nur als Irrgast nachgewiesen wurde, ist er hier aufgeführt, weil er zu jenen Arten gehört, die in den letzten Jahren ihre Verbreitungsgrenze deutlich nach Westen verschoben haben.

77. Amsel
Túrdus mérula

Länge: 25–27 cm. Das einfarbig schwarze Männchen (vorjährige Exemplare haben dunkelbraune Handschwingen) mit dem gelben Schnabel ist unverkennbar. Stare (54) zeigen metallischen Glanz und sind nie fleckenlos schwarz; außerdem ist ihr Schwanz viel kürzer. Die Amselweibchen sind braun mit individuellen Abweichungen der Tönung, ihre Kehle ist heller mit ± verwaschener dunkler Fleckung. Bei älteren Weibchen kann der Schnabel ebenfalls gelblich werden. Die Jungvögel ähneln den Weibchen, haben aber einen rostfarbenen Stich und sind stärker gefleckt. Im Herbst sieht man oft mausernde Jungvögel, die dann »unordentlich« gescheckt und »geierköpfig« aussehen. Vor allem bei Stadtamseln sind abnorme Weißfärbungen (Albinos oder Teilalbinos) nicht selten. Die weißen Flecken können an den verschiedensten Körperstellen auftreten.

Die Amsel gehört zu den stimmbegabtesten Vögeln. Über ihren variationsreichen Gesang sind schon ganze Bücher geschrieben worden. Kennzeichnend sind stets der volle Flötenton und die getragene »feierliche« Vortragsweise. Doch enden die Strophen oft mit unreinen und gequetschten Tönen. Anders als bei der Singdrossel (78) werden die einzelnen Motive nicht mehrmals wiederholt. Der Gesang ist individuell sehr verschieden. Es gibt Männchen, die bis zum Überdruß eine oder wenige Strophen vortragen, während andere einen schier unerschöpflichen Vorrat an Strophen zu haben scheinen. Außerdem variieren sie im Laufe der Tage und Wochen ihre eigenen Motive auf so kunstvolle Weise, daß es jeden Musikfreund begeistern muß. Häufig pfeifen Amseln eines Gebietes einige Motive, die woanders nicht zu hören sind. Dabei kann man beobachten, wie solche Motive zunächst von einem Männchen »erfunden« oder aufgenommen werden, später aber, ± gut kopiert, auch im Repertoire anderer Amseln auftauchen. Bei der eigentlichen Balz vor dem Weibchen bringt der Hahn einen völlig anderen Gesang. Er ist leiser, nicht flötend, sondern mehr zwitschernd und »zwirbelnd«. Es lassen sich dabei die Motive des lauten Gesanges wiedererkennen, aber alles wird hastiger und zu langen Folgen verknüpft vorgetragen. Streckenweise erinnert dieser Gesang an das Lied der Wacholderdrossel. Oft zu hören sind auch die Rufe der Amsel, vor allem ein aufgeregtes Zetern: »igitigittigitt ...«, häufig verbunden mit einem schimpfenden »tschinck, tschinck ...« oder auch leiser: »töktöktöktök«. Vor Bodenfeinden warnt sie gedämpft »dug«, vor fliegenden Feinden dünn und langgezogen »siii«. Ähnliche »siii«-Rufe vernimmt man auch bei anderen Gelegenheiten, etwa wenn eine Amsel das Revier einer anderen durchqueren muß, also gleichsam als »Entschuldigung«.

Die Amsel bewohnt Europa nordwärts bis Mittelskandinavien und Südfinnland, außerdem Nordafrika und Kleinasien. Daran anschließend geht sie in einem schmalen Streifen bis nach Südchina. Die Amsel ist ein Teilzieher. In Mitteleuropa ziehen vor allem die »Waldamseln«, während die Stadtpopulation am Ort bleibt. Ursprünglich ist die Amsel ein Waldvogel, der Wälder aller Art besiedelt. Im vorigen Jahrhundert aber tauchte sie in Ortschaften

auf, zuerst wohl in Südwestdeutschland. In den Städten fanden die Amseln augenscheinlich sehr gute Lebensbedingungen und vermehrten sich stark. Gleichzeitig breiteten sich die Stadtamseln weiter aus. Vor allem ihre östliche Grenze, die heute Ostpolen erreicht hat, verlagert sich noch ständig weiter. Die Amsel gehört heute zu den häufigsten europäischen Vögeln.

Während die im Wald lebenden Amseln auch heute oft recht scheue Vögel sind, haben sich die »Stadtamseln« den Verhältnissen angepaßt, ihre Fluchtdistanz ist sehr klein geworden, so daß sie gut zu beobachten sind. Auf dem Boden bewegen sie sich meistens hüpfend fort, nur während des Imponierverhaltens anderen Amseln gegenüber oder bei der Balz laufen sie in raschen, trippelnden Schritten. Ihr Flug ist schwerfälliger als bei anderen Drosseln, doch verleihen ihnen die kurzen abgerundeten Flügel und der lange Schwanz eine beachtliche Wendigkeit. Unmittelbar nach dem Landen schlagen sie einmal langsam den gespreizten Schwanz auf und ab. Auch bei Erregung schlagen sie mit dem Schwanz. Sie suchen ihre Nahrung vorwiegend auf dem Boden. Dabei wenden sie mit raschen Schnabel- und Fußbewegungen Fallaub und lockere Erdbrocken um. Sie fressen Würmer, vor allem Regenwürmer, sowie Schnecken und Insekten, daneben aber auch pflanzliche Stoffe, besonders Beeren und Früchte. Im übrigen sind Amseln ungemein vielseitig und anpassungsfähig, sie fressen in den Ortschaften alle möglichen Abfälle und besuchen im Winter auch Futterhäuschen. Man hat sogar beobachtet, daß sie kleine Fische aus dem Wasser holten. Amseln sind oft noch bei einbrechender Dämmerung aktiv. In manchen Gegenden bilden sie Schlafgemeinschaften, in denen sich Dutzende oder Hunderte von Vögeln versammeln können. Bevor sich die Amseln zur Ruhe begeben, lassen sie häufig ihr lautes Zetern hören.

Normalerweise verteidigt jedes Brutpaar ein Revier. Vor allem im zeitigen Frühjahr kann man die Hähne bei ihren ritualisierten Drohgebärden beobachten. Ein aggressiv gestimmtes und sich überlegen fühlendes Tier sträubt das Gefieder vor allem auf der Unterseite, hat aber die Kopffedern eng angelegt. Die Beschwichtigungshaltung ist gerade umgekehrt: alle Federn sind angelegt, nur die des Oberkopfes gesträubt. Außerdem drücken Flügel- und Schwanzhaltung ebenfalls die jeweilige Stimmung aus. In der Stadt können die Reviere sehr klein werden und nur die nahe Umgebung des Nestes umfassen. Hier singen auch manche Männchen wenig oder gar nicht mehr. Das Nest steht meistens 1–3 m hoch in einem Gehölz, aber auch an Balkonkästen, Mauernischen, Fensterbrettern oder abgestellten Leitern. Die Außenschicht des Nestes wird aus groben Halmen, Gräsern und Blättern errichtet. Darauf folgt eine Erdschicht mit Pflanzenmulm vermischt, die noch lange feucht und weich bleibt. Innen schließlich bilden dünne trockene Gräser die Polsterung. Die Eier sind auf grünlichem Grund ziemlich gleichmäßig rostbräunlich gefleckt. Das Gelege umfaßt (3–) 4–5 (–6) Eier, die allein vom Weibchen bebrütet werden. Nach 11–14 Tagen schlüpfen die Jungen. Beide Eltern füttern. Sie verhalten sich bei Störungen unterschiedlich. Manche Amseln fliehen lautlos, andere schlagen Alarm oder gehen gar zum tätlichen Angriff über. Die Jungen sind nach 13–14 Tagen flügge. Jedes der Eltern führt einen Teil der Brut. Manchmal sind die Jungen noch nicht entwöhnt, während das Weibchen bereits das nächste Nest baut. Normalerweise gibt es wohl 2 Bruten, bei Stadtamseln aber auch 3 oder 4, sogar Winterbruten sind schon bekannt geworden. Meistens wird für jede Brut ein Nest gebaut, manche Weibchen brüten aber auch mehrmals im gleichen Nest.

78. Singdrossel
Túrdus philomélos

Länge: etwa 23 cm. Wie die folgende Art ist sie leicht an der einfarbigen Oberseite und der hellen, dunkel gefleckten Unterseite zu erkennen. Sie unterscheidet sich von der Misteldrossel durch viel geringere Größe, durch den brauneren Farbton der Oberseite sowie die rahmfarbenen Unterflügeldecken, die allerdings nur im Flug sichtbar sind.

Die Singdrossel ist nicht so ruffreudig und überhaupt weniger hektisch als die Amsel. Man hört von ihr ein sattes »dack« und als Alarmruf ein gellendes »dickdickdick …«. Kennzeichnend ist ein halblautes »zip«, das besonders beim Abfliegen ausgestoßen wird. Prachtvoll und sehr charakteristisch ist der Gesang. Wie die Amsel vermag auch die Singdrossel ihre Motive vielfältig zu variieren. Die einzelnen Strophen sind meistens nur kurz (2–6 Töne), und sie werden jeweils zwei- bis viermal wiederholt. Die Tonqualität reicht von voll flötenden bis zu gequetschten, schnirksenden Tönen. Meistens lassen sich die Strophen leicht in Noten fassen oder nachpfeifen. Man könnte eine kurze Folge etwa so wiedergeben: »tiritu, tiritu, tiritu, tüdit, tüdit, tiditüütutu, tiditüütutu pitut, pitut, pitut …«.

Sie bewohnt Europa südlich etwa bis zum 42. Breitengrad und mit Ausnahme des äußersten Nordens. Ostwärts reicht ihr Verbreitungsgebiet in einem schmaleren Streifen ungefähr bis zum Baikalsee. Die europäischen Singdrosseln überwintern in Westeuropa und im Mittelmeerraum; der Herbstzug fällt in den September–Oktober, der Frühjahrszug in den März. Manchmal treffen die ersten Singdrosseln aber schon Ende Februar am Brutplatz ein.

Als Lebensraum dienen Wälder aller Art sowie Parklandschaften. In vielen Gegenden lebt die Singdrossel auch in Ortschaften, ist aber nicht so stark

»verstädtert« wie die Amsel. In der Regel ist sie in Parks und Gärten bedeutend seltener als die Amsel, die sich wesentlich besser angepaßt hat und unter anderem geringere Brutverluste hinzunehmen hat. In Wäldern dagegen ist das zahlenmäßige Verhältnis beider Arten oft umgekehrt.

Wie die meisten Drosseln sucht die Singdrossel ihr Futter größtenteils auf dem Boden. Sie bewegt sich dabei rasch eine kurze Strecke vorwärts, hält dann ruckartig an und mustert genau ihre Umgebung. Bekannt ist ihre Vorliebe für Schnecken, wobei sie auch größeren Arten, etwa Bänderschnecken (*Cepáea*-Arten), beizukommen weiß, indem sie sie solange gegen einen Stein schlägt, bis das Gehäuse zerspringt. Oft sucht sie stets denselben Stein auf, so daß man an einer solchen »Drosselschmiede« viele Gehäusereste finden kann. Diese Verhaltensweise ist der Singdrossel nur teilweise angeboren, das meiste muß sie in einem bestimmten Zeitabschnitt ihrer Jugend erlernen; bietet sich ihr keine Gelegenheit dazu, so vermag sie später keine Schnecken aufzuschlagen. Zu ihrer Nahrung gehören auch noch Würmer, Insekten und Beeren. Ihr Flug ist schnell und geradlinig.

Zur Brutzeit verteidigt jedes Männchen ein Revier. Hier singen die Männchen vor allem in den frühen Morgen- und den Abendstunden. Oft sitzen sie dabei auf dem Wipfel eines hohen Baumes; in den Strahlen der tiefstehenden Sonne ist dann ihre Unterseite schon von weitem als heller Fleck zu sehen. Männchen, die kein Weibchen haben, singen ausdauernder und häufiger. Das Nest steht gewöhnlich auf Bäumen oder Sträuchern, im Durchschnitt höher als das der Amsel (2–5 m). Es ist leicht daran zu erkennen, daß ihm jegliche Polsterung fehlt. Vielmehr ist es innen mit einer Masse aus zerkleinertem und eingespeicheltem morschem Holz ausgestrichen. Nach dem Erhärten wirkt diese Schicht wie etwas rauh-

flächige Pappe. Die Eier gehören zu den schönsten, die man in Europa finden kann. Sie sind auf blauem oder hell türkisfarbenem Grund mit zerstreuten, am stumpfen Pol etwas dichteren schwarzen bis dunkelweinroten Flekken bedeckt. Das Gelege von (3–) 4–5 Eiern wird nur vom Weibchen bebrütet. Nach 12–14 Tagen schlüpfen die Jungen, die nach etwa gleichlanger Frist flügge sind. Die erste Brut beginnt im April, bei günstiger Witterung schon Ende März, eine zweite Brut folgt Ende Mai–Juni. Manche Paare können auch ein drittes Mal brüten.

79. Misteldrossel
Túrdus viscívorus

Länge: etwa 27 cm. Diese größte einheimische Drossel ähnelt einer vergrößerten Singdrossel. Sie wirkt aber im ganzen viel fahler und vor allem oberseits grauer. Die Unterflügeldecken sind weiß. Die äußeren Schwanzfedern haben helle Spitzen. Bezeichnend ist gleichfalls die sehr aufrechte Haltung. Jungvögel sind auch oberseits gefleckt.

Charakteristischer Ruf ist ein hölzernes »schrärr«. Man kann dieses Schnarren mit einem entsprechenden Kamm, dessen Zinken man über eine Holzkante zieht, nachahmen. Daneben hört man noch kurze Knarrlaute und ein dünnes »siiip«. Der Gesang ähnelt dem der Amsel in der Klangfarbe, dem der Singdrossel in der Wiederholung der einzelnen Strophen, doch sind seine Motive einfacher und ohne größere Tonintervalle, so daß dieser Gesang nicht so eindrucksvoll ist wie der der beiden vorangegangenen Arten.

Die Misteldrossel bewohnt ganz Europa mit Ausnahme von West- und Nordskandinavien, außerdem Klein- und Westasien und Nordwestafrika. Westeuropäische Populationen bleiben im Winter oft im Lande, die anderen ziehen meistens ins Mittelmeergebiet, doch ist der Zug weniger ausgeprägt als bei der Singdrossel.

Im Osten und Norden besiedelt diese Drossel vornehmlich Nadelwälder, ansonsten ist sie auch im Misch- oder gar Laubwäldern anzutreffen. In einigen Gegenden brütet sie sogar in kleinen Baumgruppen bei Gehöften und Ortschaften oder in Parks.

Die Misteldrossel ist ein scheuer Vogel. Am ehesten entdeckt man ihn im Herbst bei der Futtersuche auf Feldern, wo er sich zu dieser Zeit im Gegensatz zu seinen sonstigen Gewohnheiten gern aufhält. Auch im Wald sammelt er seine Nahrung vornehmlich auf dem Boden, wobei er in der Streuschicht eifrig herumwühlt. Würmer, Insekten, Schnecken und Spinnen dienen als Nahrung. Daneben frißt er auch Beeren, besonders gern Mistelbeeren. Die darin enthaltenen Samen werden nicht verdaut und verlassen den Vogelkörper in keimfähigem Zustand. So trägt die Misteldrossel zur Vermehrung dieser Pflanze bei. Beim Fliegen beschreibt sie eine Wellenbahn, indem sie die Flügel zeitweilig schließt.

Wie bei den meisten Drosseln ist das napfförmige Nest ein kompakter Bau mit einer festen Mittelschicht aus Erde, die dünner ist als bei der Amsel, aber gewöhnlich am oberen Nestrand nicht abgedeckt, sondern frei sichtbar bleibt. Der Außenbau besteht aus Gräsern, verschiedenen Blättern und Halmen, nicht selten mit dünnen Zweigen durchmischt, die bei anderen Drosseln fehlen. Die Polsterung wird aus dünnen Gräsern hergestellt. Das Nest steht auf Bäumen, oft nahe am Stamm und durchschnittlich höher (oft 10 m und mehr) als bei anderen Drosseln. Die Eier sind auf graugelbem bis blaß grünlichem Grund graubraun und rostfarben gefleckt, wobei die Flecken zerstreuter und gröber sind als bei Amsel und Wacholderdrossel. Nur das Weibchen brütet auf dem Gelege von (3–) 4–5 Eiern. Nach 12–14 (15) Tagen schlüpfen die Jungen. Sie sind mit etwa 2 Wochen flügge. Die Brut beginnt oft bereits im März, meistens aber im April. Nicht selten folgt eine zweite Brut unmittelbar nach der ersten, während das Männchen noch die Jungen führt.

80. Rotdrossel*
Túrdus ilíacus

Länge: etwa 21 cm. Sie könnte mit der Singdrossel verwechselt werden, ist aber etwas kleiner und hat eine charakteristische Gesichtszeichnung sowie kastanienbraune Flanken und Unterflügeldecken. Die Flecken der Unterseite sind so angeordnet, daß sich der Eindruck von Längsstreifen ergibt.

Für den Mitteleuropäer dürfte ein gezogenes »zieh« der bekannteste Ruf dieser Art sein. Er wird nämlich von fliegenden Rotdrosseln besonders häufig ausgestoßen, und da Rotdrosseln auf dem Zug, der ja wie bei vielen Vögeln nachts erfolgt, in großen Scharen bei uns erscheinen, hört man besonders im Herbst und Frühjahr den genannten Kontaktruf vom dunklen Himmel. Der Gesang, der bisweilen schon bei rastenden Durchzüglern im Frühling zu hören ist, zeigt viele individuelle Unterschiede, besteht aber in der Regel aus einer Reihe abfallender Flötentöne und einem gepreßten Gezwitscher. Allerdings ist der volle Gesang gewöhnlich nur am Brutplatz zu hören, ziehende Männchen bringen meistens nur den zwitschernden Teil. Wenn mehrere Männchen in einem Schwarm gleichzeitig durcheinandersingen, erinnert das Tongemisch etwas an das Geschwätz eines Starenschwarmes. Als Alarmruf ist noch ein gedämpftes »terrr« zu vermerken.

Die Rotdrossel bewohnt Nordeuropa einschließlich Island sowie das nördliche Asien. Ab und zu und besonders in den letzten Jahrzehnten hat sie versucht, ihr Brutgebiet südwärts auszuweiten, wobei sie bis nach Pommern und Schlesien gelangte. In Polen ist sie heute anscheinend bereits regelmäßiger Brutvogel. Als Teilzieher überwintert sie in West- und Südeuropa.

Sie ist ein Vogel der Taiga. Im Süden ihres Verbreitungsgebietes lebt sie an den Rändern lichter Wälder und in parkartigem Gelände. Sie bevorzugt feuchte Standorte. Auf dem Zug kann sie auch in anderen Biotopen auftauchen, oft in offenem Gelände oder in Weinbergen.

Außerhalb der Brutzeit ist die Rotdrossel sehr gesellig und zieht oft in großen Schwärmen umher, manchmal mit anderen Drosseln vergesellschaftet. Sie ähnelt in ihrem Verhalten etwas der Singdrossel. Die Nahrung, soweit sie aus Würmern, kleinen Schnecken und Insekten besteht, wird vornehmlich am Boden gesammelt. Daneben pflücken die Vögel auch Beeren von Sträuchern und Bäumen.

Das Nest steht sowohl auf Nadel- wie auf Laubbäumen, meistens in einer Höhe von 1,5 –4 m. Es ähnelt dem Nest der Wacholderdrossel durch die Gestaltung der Erdschicht, die zwar seitlich nicht hoch hinaufreicht, aber unterhalb der Mulde sehr dick ist. Außen ist das Nest aus Halmen und Blättern gebaut, innen mit feinen Gräsern gepolstert. Die Eier sind auf hell bläulichgrünem Grund dicht rostfarben gefleckt. Sie ähneln Amseleiern, sind aber kleiner. Man findet (2–) 4–6 (–7) in einem Gelege. Der Brutverlauf ist ähnlich wie bei der Singdrossel. Wahrscheinlich sind 2 Bruten im Jahr die Regel. Die Eltern schlagen bei Störungen am Nest heftig Alarm und führen sogar Scheinangriffe gegen Menschen aus.

81. Wacholderdrossel
Túrdus piláris

Länge: etwa 25–26 cm. Sie ist die farbigste unserer Drosseln. Vor allem die kontrastreiche Oberseite, auf der sich das Grau von Kopf und Bürzel deutlich vom warm zimtbraunen Rücken und dem sehr dunklen Schwanz abhebt, ist bezeichnend. Die Unterflügeldecken sind weiß und beim Auffliegen und Landen sehr augenfällig.

Die Weibchen sind nur etwas matter gefärbt; bei Jungvögeln ist die Färbung noch verwaschener.

Auffallend sind auch die Rufe, zumal die Wacholderdrosseln sehr verschwenderisch damit umgehen. Am häufigsten hört man ein hartes Schakkern, ähnlich, aber nicht ganz so laut und tief wie bei der Elster (Nr. 49). Ebenfalls häufig ist ein rauhes »terrr, terrr«, manchmal zu einem langen schimpfenden Schnarren gesteigert. An Amsel und Rotdrossel erinnert ein dünnes »zieh«. Wer die klangvollen Lieder der anderen einheimischen Drosseln kennt, wird verwundert das verhältnismäßig leise, gequetschte Gezwitscher dieses stattlichen Vogels vernehmen. Die zwirbelnde Strophe wird oft im Fliegen vorgetragen. Am ehesten läßt sie sich mit dem intimen Balzgesang der Amsel vergleichen, ist aber rauher und »musikalisch« unbedeutender. Trotzdem kann sie sehr erregt und »leidenschaftlich« klingen.

Die Wacholderdrossel bewohnte ursprünglich den Taigagürtel Eurasiens, breitet sich aber seit einiger Jahrzehnten ständig in südwestlicher Richtung aus. Seit den sechziger Jahren ist sie auch in Westdeutschland beständiger und stellenweise ein nicht seltener Brutvogel. Ihre Westgrenze liegt gegenwärtig in Belgien und Ostfrankreich. 1937 wurde ein Schwarm vom Sturm nach Grönland verschlagen, seitdem ist die Art auch in Südgrönland Brutvogel. Wacholderdrosseln sind Teilzieher, die in West- und Südeuropa, oft auch in Mitteleuropa überwintern.

Als Brutgebiet wählen sie lockere Baumbestände, die an offenes Gelände grenzen. In Deutschland brüten sie häufig in Pappelreihen oder anderen Baumreihen an Wasserläufen und Feldwegen, aber auch in Obstpflanzungen und Parks. Sie ziehen feuchtes Gelände vor.

Wacholderdrosseln sind sehr temperamentvolle und unruhige Vögel. Wo sie vorkommen, sind sie kaum zu übersehen. Da sie auch während der Brutzeit gesellig leben, fallen sie umso mehr auf. Sie sind energisch und beherzt. Vögel, die sie als Gefahr oder Störenfried ansehen, greifen sie ohne Zaudern an. Ein Eichelhäher etwa, der sich in eine Wacholderdrosselkolonie verirrt, ist nur zu bedauern. Die Drosseln stoßen so kräftig zu, daß man es deutlich klatschen hört. Zur Nahrungssuche begeben sie sich auf offene Flächen. In manchen Städten kann man sie gemeinsam mit Amseln auf Parkwiesen beobachten. Meistens haben sie noch eine wesentlich größere Fluchtdistanz und fliegen bei Annäherung eines Menschen schon davon, wenn die Amseln noch ruhig sitzen bleiben. Ihr Flug ist kräftig und verläuft leicht wellenförmig. Wenn sie beim Auffliegen die Flügel zum ersten Schlag besonders hoch heben, leuchtet deren weiße Unterseite wie ein Signal auf. Neben dem für Drosseln üblichen Kleingetier fressen sie vor allem im Herbst und Winter vielerlei Beeren und andere Früchte, auch reife Äpfel und Birnen. Einst galten sie als Delikatesse und kamen als »Krammetsvögel« auf den Markt.

Sie brüten meistens in lockeren Kolonien, obwohl es auch einzeln brütende Paare gibt. Die Nester sind wie bei allen Drosseln kompakt gebaut, und zwar außen aus groben Halmen und Blättern, in der Mitte aus Erde, wobei diese Schicht seitlich nicht sehr hoch reicht, aber unten besonders dick ist und der Nestunterlage aufsitzt. Auffallenderweise scheinen in manchen Gegenden die Wacholderdrosseln nur wenig Erde zu verbauen. Die Polsterung setzt sich aus feinerem Pflanzenmaterial zusammen. Gewöhnlich steht das Nest auf Bäumen nahe am Stamm oder in dicken Astgabeln in einer Höhe von 4–7 m. Da es kaum gedeckt ist, läßt es sich bei aufmerksamer Suche leicht finden. Die Eier sind von denen der Amsel nur schwer zu unterscheiden. 3–5 (–6) Eier bilden das Gelege, auf dem das Weibchen allein 12–14 (–15) Tage brütet. Die Jungen sind mit ungefähr 2 Wochen flügge. Wie junge Amseln sehen sie wegen des kurzen Schwanzes zunächst recht »unfertig« aus.

82. Wintergoldhähnchen
Régulus régulus

Länge: etwa 9 cm. Diese und die folgende Art sind die kleinsten europäischen Vögel. Sie sind an ihrer geringen Größe und den gelben, schwarz eingefaßten Scheitelstreifen gut zu erkennen. Die Streifen sind bei den Männchen in der Mitte orangerot, doch ist dies nur selten bei normaler Federhaltung zu sehen. Die vorliegende Art ist etwas matter gefärbt als die nächste, und es fehlt ihr die hell-dunkle Gesichtsstreifung. Jungvögel haben einen einfarbigen Kopf ohne Scheitelzeichnung.

Die Stimme klingt fein und zart wie aus Glas gesponnen. Manche der hohen Rufe sind vor allem für ältere Leute nicht mehr zu hören. Der Fühlungslaut ist ein wisperndes »si-si-si«. Ähnlich, aber meistens etwas stärker klingen die Rufe der Tannenmeise und des Waldbaumläufers. Der fleißig vorgetragene Gesang ist eine 4–5 mal auf- und abpendelnde Tonreihe mit einem betonten abwärts gezogenen Schlenker, etwa »sisisí-sisisí-sisisí-sisisíseserét«. Aus der Nähe hört sich dieses hübsche Liedchen mehrstimmig an, wobei die Hauptstimme von fein klingenden Oberstimmen überlagert wird.

Das Verbreitungsgebiet reicht von den Azoren bis nach Japan, doch fehlt die Art im hohen Norden und kommt in Südeuropa nur in höheren Gebirgslagen vor. Die nördlichen Populationen ziehen im Winter südwärts. In Mitteleuropa bleiben sie meistens im Lande.

Das Wintergoldhähnchen ist ein Bewohner des Nadelwaldes, kommt aber mancherorts, etwa in Spanien und auf den Azoren, auch in anderen Biotopen vor. In Mitteleuropa fehlen sie wohl in keinem Nadelwald. Auf dem Zug können sie an ganz ungewohnten Stellen auftauchen. Man hört diese winzigen Vögel eher als man sie sieht, zumal sie sich oft in den hohen Baumkronen aufhalten. Hier turnen sie geschickt durchs Geäst und stehen oft im Rüttelflug vor den Zweigspitzen, die sie nach kleinen Insekten und Spinnen absuchen. Auf den Boden kommen sie nur selten herab. Außerhalb der Brutzeit sind sie sehr gesellig und bilden oft mit Meisen gemischte Schwärme. In kühlen Nächten kommen mehrere zu einer Schlafgemeinschaft zusammen. Eng aneinandergedrückt und aufgeplustert können sie als ein großer Knäuel ihre Wärmeabgabe drosseln. Dennoch können in harten Wintern die Verluste sehr hoch sein.

Kaum ein anderes einheimisches Vogelnest, vielleicht mit Ausnahme des Zeisigs (105), ist so schwer zu entdecken wie das der Goldhähnchen. Es hängt gewöhnlich zwischen den herabhängenden Zweigen eines Fichtenastes, seltener auch auf anderen Nadelbäumen, und hat die Form einer Dreiviertelkugel, die oben offen ist. Ausnahmsweise findet man die Nester auch in Laubgehölzen, etwa in Efeu. Goldhähnchen bauen sehr hoch, oft mehr als 10 m und selten unter 5 m über dem Boden. Als Baumaterial dienen Moos, feine Pflanzenfasern und Gespinste, die dicht miteinander verfilzt werden. Die Innenmulde verengt sich oben, da der Nestrand nach innen vorgebaut wird. Federn und Haare bilden eine üppige Polsterung. In dieses mollige »Meisterwerk« legt das Weibchen 8–10 (–11) Eier, die es auch allein bebrütet. Die Eier sind auf hell rahmfarbenem Grund dicht mit verwischten hellbräunlichen Punkten übersät. Nach (14–) 16 (–17) Tagen schlüpfen die Jungen, die nach reichlich 2 Wochen flügge sind. Es gibt 2 Bruten, nämlich im April und Juni.

83. Sommergoldhähnchen
Régulus ignicapíllus

Länge: etwa 9 cm. Die Art ist von der vorigen am besten an dem hellen Überaugenstreifen und dem dunklen Augenstreifen zu unterscheiden. Die leicht goldgelb überhauchten Halsseiten dagegen lassen sich im Freien nur selten sicher feststellen. Das Weibchen ist etwas blasser gefärbt. Jungvögel ähneln jungen Wintergoldhähnchen, haben aber angedeutete Streifenzeichnung des Gesichts.

Die Rufe sind etwas tiefer als die der anderen Art, lassen sich aber selbst nach einiger Übung nur schwer unterscheiden. Der Gesang jedoch ist sehr kennzeichnend, er besteht aus einer Reihe von etwa 10 gleichhohen Tönen, deren Lautstärke zunimmt, bis ein betonter und meistens abwärtsgezogener Ton den Abschluß bringt: »sisisisisisisisísia«.

Das Sommergoldhähnchen bewohnt Süd-, West- und Mitteleuropa (ohne Britische Inseln) nordwärts bis zur Ostsee und ostwärts bis Rumänien und Ostpolen. Außerdem findet man es auf den Kanaren, auf Madeira, in Nordwestafrika und in der Türkei. Es ist ein Teilzieher; die mitteleuropäischen Vögel ziehen wohl größtenteils fort und überwintern in Südeuropa. Es kommt teilweise in denselben Lebensräumen wie das Wintergoldhähnchen vor, ist aber weniger an Nadelwälder gebunden und brütet auch in Mischwäldern oder in Parks mit wenigen Nadelbäumen. Im Gebirge geht es nicht so hoch wie die andere Art.

Besonders auf dem Zug zeigt es seine weniger eng begrenzten Ansprüche. Regelmäßig erscheint es dann weitab von jedem Nadelgehölz. Selbst in den Baumreihen verkehrsreicher Allen westdeutscher Großstädte (z. B. Frankfurt/M.) ist es auf dem Zug ein häufiger Gast, der aber wegen seiner geringen Größe und der hohen, leisen Stimme leicht übersehen wird. Das Sommergoldhähnchen ist gegen Kälte und

Feuchtigkeit empfindlicher als das Wintergoldhähnchen.

In der Lebensweise und in der Brutbiologie ähnelt es weitgehend der vorigen Art, doch steht sein Nest häufig etwas tiefer, und die Eier sind in der Grundfärbung dunkler und rötlicher. Ein Gelege umfaßt 7–10 Eier, die Bebrütung dauert 13–15 Tage.

84. Zilpzalp
Phylloscopus collybita

Länge: etwa 11 cm. Die Arten der Gattung *Phylloscopus* (Laubsänger) gehören zu den am schwersten zu bestimmenden europäischen Singvögeln, doch sind zum Glück die Gesänge gut zu unterscheiden. Die vorliegende Art ist vor allem mit dem Fitis zu verwechseln. Bei Vögeln, die man in der Hand hat, bietet die Schwingenformel ein zuverlässiges Merkmal (vgl. Abbildung), und zwar ist beim Zilpzalp die zweite Handschwinge kürzer als die sechste. Außerdem sind die Außenfahnen der 3.–6. Handschwinge im Spitzenabschnitt deutlich verschmälert. Der Zilpzalp hat auch dunklere Beine als der Fitis, und das Gefieder ist matter gefärbt, doch sind diese Unterschiede im Freien oft nicht einwandfrei zu erkennen. Der sehr bezeichnende Gesang hat diesem Vogel zu seinem Namen verholfen. Das unermüdlich vorgetragene Liedchen klingt wie »zilpzalp-zilp-zalp ...«, das heißt es besteht aus 2 verschieden hohen Tönen, die abwechselnd oder etwas unregelmäßig gereiht vorgetragen werden. Dazwischen schiebt der Sänger ab und zu ein leises »trrt« ein, das auch mehrmals wiederholt werden kann. Dieses Gesangschema gilt für den größten Teil Europas; einige Rassen aber, z. B. in Spanien, singen ± abweichend. Als häufigster Ruf ist ein gepfiffenes »hwid« oder »hüid« zu verzeichnen, das einsilbig klingt. Daneben hört man auch einen ähnlichen, aber schärferen Ruf, etwa: »hwist«, sowie ein leises kurzes Piepen.

Der Zilpzalp ist von Irland und Portugal bis nach Nordostsibirien, außerdem in Vorderasien, in Nordwestafrika und auf den Kanaren verbreitet. Allerdings fehlt er in einigen Gegenden dieses großen Gebietes, in Europa z. B. in Nordschottland, auf den meisten Mittelmeerinseln sowie in weiten Teilen Skandinaviens, Griechenlands und der Iberischen Halbinsel. In Nord- und Mitteleuropa ist er Zugvogel, der im Mittelmeerraum und in Afrika nördlich des Äquators überwintert. Er kehrt oft bereits Anfang März zurück und zieht erst spät fort.

Der Zilpzalp besiedelt Wälder aller Art, soweit sie reichlichen Unterwuchs aufweisen, sowie Parks und Friedhöfe mit ausreichendem Baumbestand. Auf dem Zug taucht er selbst in kleinen Gärten auf, besonders häufig aber in Weidengebüsch in Gewässernähe.

Er wirkt sehr zart, ist in ständiger Bewegung. Häufig mit Schwanz und Flügeln zuckend, turnt er durch die Baumkronen, mustert Blatt um Blatt auf der Suche nach kleinen Insekten und Spinnen, die seine Nahrung bilden. Stellen, die er kletternd nicht erreicht, untersucht er in kurzem Rüttelflug. Man hat sogar beobachtet, daß er im Rüttelflug Insekten von der Wasseroberfläche fängt. Auf den Boden kommt er nur selten herab.

Gleich nach der Ankunft singt das Männchen unermüdlich, wobei es bestimmte Plätze besonders häufig aufsucht. In der Regel baut das Weibchen in der Nähe dieser Gesangsposten das Nest. Wählt es einen anderen Platz, so verlegt auch das Männchen seine Singwarten. Das Nest steht meistens in einer Höhe von 20–80 cm über dem Boden in dichtem Strauchwerk oder in kleinen Fichten, selten auch etwas höher oder unmittelbar auf dem Boden. Es ist ein kugeliger Bau aus trockenem Laub und geschickt verflochtenen Gräsern und Pflanzenfasern. Als Polsterung werden Federn eingetragen. Der seitliche Eingang des Nestes ist etwas

Abb. rechts
Unterschiede in der Ausformung der
Schwingen können gute Merkmale bei
der Bestimmung schwer unterscheid-
barer Arten sein. Die Unterschiede
hängen stets mit den flugtechnischen
Gegebenheiten der Flügel zusammen.
So haben etwa Arten, die einen weiteren Zugweg fliegend bewältigen müssen, meistens längere und spitzere Flügel als verwandte Arten mit kurzen
Flugstrecken. Als Beispiel sind hier die
Handschwingen von Zilpzalp (a) und
Fitis (b) gegenübergestellt. Zu beachten ist die relative Länge der Federn
und die Form der Außenfahnen der
Schwingen 3–6! Nähere Erklärungen
bei den beiden Arten (84, 85).

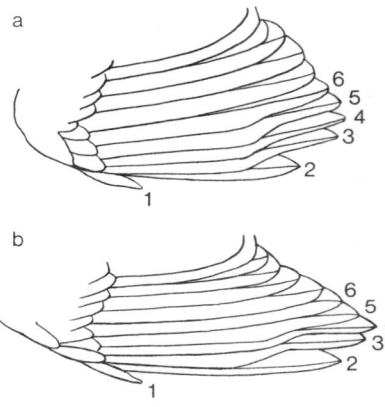

größer als bei der folgenden Art und
weist leicht schräg aufwärts. Die Eier
sind auf weißem Grund rötlichbraun
gefleckt. Das Gelege enthält 4–7 Eier,
die allein vom Weibchen 2 Wochen
lang bebrütet werden. Bei niedrig stehenden Nestern können die fütternden
Eltern die letzten Meter zu Fuß zurücklegen. Nach 13–15 Tagen sind die Jungen flügge. Sie suchen in der ersten Zeit
engen Kontakt miteinander und sitzen
dann oft dicht gedrängt auf einem
Zweig. Die Familie geht an warmen
Tagen sogar gemeinsam baden. Es finden meistens 2 Bruten statt, die erste
im Mai, die zweite Ende Juni–Juli.

85. Fitis
Phyllóscopus tróchilus
Länge: etwa 11 cm. Der Fitis hat meistens hellbraune Beine und erscheint
im Gefieder etwas gelblicher als der
Zilpzalp, doch sind diese Merkmale
nicht immer verläßlich. In der Hand
läßt er sich an der Schwingenformel erkennen: die zweite Handschwinge ist
länger als die sechste, und nur die Außenfahnen der Handschwingen 3–5
sind an der Spitze verschmälert. Jungvögel haben eine hellgelbe Unterseite.

Wie bei der vorigen Art ist auch hier
der Gesang kennzeichnend. Es ist eine
hübsche, weich pfeifende, langsam abfallende und mit einem Schnörkel en-
dende Strophe, die wie ein melancholisch abgewandelter Buchfinkenschlag
klingt: »dididididüdudududüduduidui-
du«. Individuelle Abweichungen in
Länge und Tempo kommen vor. Die
sonstigen Rufe ähneln sehr denen des
Zilpzalp, doch klingt das »hü-id« deutlicher zweisilbig.
Der Fitis bewohnt das nördliche Eurasien von Irland bis Nordostsibirien. Er
fehlt im gesamten Südeuropa, gehört
aber im nördlichen Europa zu den häufigsten Singvögeln. Den Winter verbringt er im tropischen Afrika; er erscheint bei uns im April und zieht im
September und Oktober wieder südwärts.
Auwälder und andere lockere, nicht zu
hohe Baumbestände mit reichlichem
Unterwuchs wie Waldränder, Kiefern-
schonungen, Parks und Friedhöfe bilden seinen Lebensraum. Im Norden ist
er vor allem im lichten Birkenwald zu
finden. Im Gegensatz zum Zilpzalp
geht er im Gebirge nur selten über
1000 m. Der Fitis ist zwar nicht ganz so

unruhig wie der Zilpzalp, aber auch er ist ein beweglicher Vogel, der ständig Laub und dünne Zweige nach Nahrung absucht (den Namen *Phyllóscopus* könnte man mit »Blattspäher« übersetzen). Man sieht es diesem zarten Geschöpf nicht an, daß es alljährlich auf dem Zug 10 000 km und mehr zurücklegt, die östlichen Populationen sogar mehr als das Doppelte. Im allgemeinen hält sich der Fitis in geringerer Höhe auf als sein Doppelgänger Zilpzalp, das gilt auch für die Gesangsposten der Männchen.

Jedes Männchen hat gewöhnlich 2 oder 3 Posten, auf denen es regelmäßig singt. Sie liegen in unmittelbarer Nachbarschaft des Nestes. Allerdings gibt es oft unverpaarte Männchen, die weder Weibchen noch Nest haben, aber umso unverdrossener und länger singen. Das Nest wird fast ausnahmslos auf dem Boden gebaut, immer durch die Vegetation gut versteckt. Es ähnelt dem Nest der vorigen Art, ist aber reichlicher mit Federn und Haaren gepolstert, und der Eingang ist kleiner und weist nicht schräg nach oben, sondern nach der Seite. Die weißen Eier sind hellrot gefleckt. 4–7 (–8) Eier bilden das Gelege, das vom Weibchen allein 12–14 Tage bebrütet wird. Die Jungen sind mit (13–) 15–17 (–19) Tagen flügge. Es findet nur eine Brut statt, und zwar im Mai–Juni.

86. Grünlaubsänger
Phyllóscopus trochiloídes
Länge: etwa 11 cm. Dieser Laubsänger unterscheidet sich im frischen Gefieder von Zilpzalp (84) und Fitis (85) durch einen deutlicheren Überaugenstreif und eine kurze weißliche Flügelbinde. Leider sind diese Merkmale nicht immer mit wünschenswerter Klarheit zu erkennen. Vom Waldlaubsänger (87) ist er durch geringere Größe und dunklere Beine unterschieden.
Die gewöhnlichen Rufe sind ein abfallendes »tji-e« und ein kurzes Piepen wie »zri« oder »psi«. Der Gesang ist kurz, aber laut und wohltönend. Meistens beginnt er mit rasch wiederholten »tji-e«-Rufen und geht dann in eine schmetternd vorgetragene Mischung zwitschernder Laute über. Die Strophe kann individuell abgewandelt werden.

Wir haben hier eine weitere Art vor uns, die ihr Brutgebiet in neuerer Zeit westwärts ausdehnt. Der Grünlaubsänger kommt heute von China und Sachalin bis nach Finnland und Mecklenburg vor. Wahrscheinlich haben vereinzelte Brutversuche auch schon westlich davon stattgefunden, so etwa mit Sicherheit im Westerwald. Das Winterquartier liegt in Süd- und Südostasien.

Er besiedelt lockere Wälder aller Art, parkähnliches Gelände und große Gärten, wobei ihn die Nähe des Menschen nicht sonderlich zu stören scheint.

In der Lebensweise gleicht er den übrigen Laubsängern. Da er sich gern in dichten Baumkronen aufhält, wäre er nur schwer zu entdecken, wenn er sich nicht durch seine Stimme verriete.

Das Männchen singt sehr fleißig von seiner Ankunft am Brutplatz bis zum Schlüpfen der Jungen. Männchen, die bis tief in den Sommer hinein singen, sind entweder unverpaart geblieben oder sie haben ihre Brut verloren. Das Nest steht meistens auf dem Boden, besonders häufig an Böschungen, aber manchmal auch etwas über dem Boden, so in ausgefaulten Baumstümpfen oder gar zwischen aufgeschichteten Steinen. Es ist ein typisches kugelförmiges Laubsängernest mit seitlichem Eingang. In der Außenwand wird viel Moos verbaut, die Polsterung besteht aus Haaren. Die Eier sind reinweiß. Das Gelege enthält 5–6 Eier, aus denen nach etwa 2 Wochen die Jungen schlüpfen. Sie sind ungefähr nach weiteren 2 Wochen flügge. Es findet nur eine Brut (im Juni) statt.

87. Wanderlaubsänger
Phyllóscopus boreális
Länge: etwa 12–13 cm. Bei frisch vermauserten Vögeln sieht man eine deut-

lichere längere und eine kurze schwächere Flügelbinde. Außerdem zieht sich ein dunkler Streifen durch das Auge, und darüber fällt ein hell gelblicher Streifen auf. Aber wie so oft bei Laubsängern sind diese Kennzeichen nicht immer verläßlich. Dazu kommt, daß der Wanderlaubsänger in der Färbung etwas variiert, und zwar oberseits von graugrün bis olivbraun. Die meist weißliche Unterseite kann ab und zu gelblich überhaucht sein. Kehle und Brust sind aber nie so gelb wie beim Waldlaubsänger (88). Vom Grünlaubsänger, der ebenfalls einen hellen Überaugenstreifen und weißliche Flügelbinde hat, unterscheidet er sich durch die Größe und die hellbraunen Beine. Der Wanderlaubsänger ruft scharf »zick« und zweisilbig »zwi-ip«. Daneben hört man schwer wiederzugebende leise und heiser schnarrende Laute. Der Gesang wird meistens mit einigen »zick«-Rufen begonnen und besteht in der Hauptsache aus einem flüssigen Schwirren auf einem Ton, ähnlich, aber nicht so gedrängt und schnell wie beim Waldlaubsänger.

Er bewohnt das nördliche Eurasien von Nordskandinavien bis Korea, außerdem auch Westalaska. Den Winter verbringt dieser Vogel in Südostasien. In Mitteleuropa ist er bisher nur ganz ausnahmsweise beobachtet worden.

Sein Lebensraum sind die nordischen Birken- und Nadelwälder mit üppigem Unterwuchs, wobei er Wassernähe bevorzugt. Hier baut er sein kugeliges Nest im Schutze dichter Vegetation auf dem Boden. Das Gelege enthält 5–7 Eier, die auf weißem Grund rotbraun gefleckt sind.

88. Waldlaubsänger

Phyllóscopus sibilátrix

Länge: etwa 13 cm. Dies ist die größte einheimische Laubsängerart. Sie ist verhältnismäßig leicht an den klareren Farben zu erkennen: oberseits grünlich mit gelblichem Überaugenstreif, unterseits weiß mit schwefelgelber Brust und Kehle. Der Waldlaubsänger wirkt nicht nur farbenfroher, sondern auch robuster und langflügeliger als Zilpzalp und Fitis (vgl. auch 94).

Der Gesang ist sehr bezeichnend; er besteht aus zwei verschiedenen Strophen, die durchaus nicht immer zusammen vorgetragen werden. Die eine beginnt mit allmählich beschleunigten Stakkato-Tönen auf gleicher Höhe und endet mit einem rasend schnell vibrierenden Schwirren, etwa »sib, sib, sib, sibsibsibsirrrr«. Diese Strophe wird sowohl im Sitzen wie in einem kurzen flatternden Singflug von Baum zu Baum vorgetragen. Die andere Strophe besteht aus einer klangvollen Reihe klagender Pfiffe »djü-djü-djü-djü . . .« und wird nur im Sitzen gesungen. Ähnlich diesen Pfiffen klingt ein häufiger Ruf, der, verschieden moduliert, offenbar verschiedene Bedeutung haben kann. Außerdem hört man ein verhaltenes »wit«.

Die Art ist im wesentlichen auf Europa beschränkt, wo sie aber in Irland, Mittel- und Nordskandinavien, Süd- und Westfrankreich, der Iberischen Halbinsel und in anderen an das Mittelmeer grenzenden Gebieten fehlt. In Italien und auf dem Balkan findet man sie nur im Gebirge und auch das nicht überall. Ostwärts stößt sie bis nach Westsibirien vor. Ende Juli bis September ziehen diese Laubsänger ins tropische Afrika, von wo sie ab Ende April bis Mai wiederkehren.

Der Waldlaubsänger ist ein typischer Vogel des Buchenwaldes. Er brütet aber auch in anderen Wäldern, am seltensten in reinen Nadelwäldern. Bei ausreichendem Baumbestand hält er sich auch in größeren Parks auf. Dichten Unterwuchs meidet er.

In seinem Verhalten und seinen Nahrungsansprüchen ähnelt er anderen Laubsängern. Er hält sich viel im unteren Kronenbereich der Bäume auf und kommt auch auf den Boden herab. Deshalb ist er verhältnismäßig leicht zu beobachten. Dringt man zur Brutzeit in sein Revier ein, kann man alsbald seine ängstlichen »dü«-Rufe vernehmen. Während er durchs Geäst hüpft, läßt er oft seine Flügel etwas hängen, aber er zuckt nicht damit wie manche anderen Laubsänger.

Das Männchen singt mit Vorliebe auf den tieferen Zweigen der Bäume, von wo aus es leicht in den freien Raum zu seinen Singflügen starten kann, die in der Regel auf einem anderen Baum enden. Das Nest steht immer auf dem Boden. Oft nutzen die Vögel eine kleine Mulde für den Bau aus. Da die bodenbedeckende Krautschicht im Lebensraum des Waldlaubsängers meistens recht dürftig ist, steht das Nest häufig ohne Deckung irgendwelcher Pflanzen, aber es wird stets so hervorragend mit altem Laub, trockenen Gräsern usw. getarnt, daß es dennoch schwer zu finden ist. Der runde Bau besteht aus miteinander verflochtenen Grashalmen, Moosfetzen und trockenen Blättern. Im Gegensatz zu anderen einheimischen Laubsängern wird für die Polsterung nur feines, trockenes Gras verwendet. Der Nesteingang liegt seitlich. Mit 4–7 Eiern ist das Gelege vollständig. Die Eier sind weiß mit dichten braunen oder lilabraunen Flecken. Die Fleckung ist dichter und dunkler als bei den anderen mitteleuropäischen Arten, die ebenfalls Kugelnester bauen (61, 63, 84–86). Nur das Weibchen brütet, bis nach 13–14 Tagen die Jungen schlüpfen. Sie sind mit 12 Tagen flügge. Gewöhnlich findet nur eine Brut statt, und zwar etwa ab Mitte Mai. Einige Paare aber scheinen Ende Juni noch eine zweite Brut zu beginnen.

89. Klappergrasmücke (Zaungrasmücke)
Sýlvia cúrruca

Länge: etwa 13,5 cm. Sie ist die kleinste mitteleuropäische Grasmücke und könnte hier allenfalls mit der Dorngrasmücke (90) verwechselt werden, doch fehlt ihr jegliches Rostbraun im Gefieder. Die dunkelgrauen Wangen kontrastieren meistens deutlich mit der weißen Kehle.

Im Gegensatz zur Dorngrasmücke führt die Klappergrasmücke keinen aufwärts gerichteten Singflug aus, kann aber auch beim geradlinigen Überfliegen des Abstandes zwischen 2 Sträuchern singen. Der Gesang ist sehr bezeichnend. Er beginnt mit einem leisen angenehmen Gezwitscher und endet mit einem lauten flüssigen »Klappern«, etwa »lillillillil«, das zur Namensgebung beigetragen hat. Aus der Entfernung ist oft nur dieser Schlußteil zu hören. Als häufigsten Ruf hört man ein scharfes »zeck«, wie das Aufeinanderschlagen zweier Kieselsteine. Ähnliche Rufe bringen allerdings auch andere Grasmücken.

Die Klappergrasmücke kommt von Nordchina und Ostsibirien bis nach Mittelskandinavien, England und Mittelfrankreich vor. In Südeuropa fehlt sie. Als Zugvogel überwintert sie vornehmlich in Nordostafrika. Frühjahrszug: Mitte April-Mai; Herbstzug: Ende Juli-Anfang Oktober.

Sie ist ein Vogel des dichten nicht zu niedrigen Gebüsches, der Hecken und des Latschendickichts im Gebirge. Gebüschgruppen, die von einzelnen höheren Bäumen beschattet werden, sagen ihr besonders zu. So kommt es, daß sie auch in städtischen Parks und größeren Gärten anzutreffen ist. Im allgemeinen ist sie seltener als die anderen Grasmücken (mit Ausnahme der Sperbergrasmücke).

Die Klappergrasmücke läßt sich nicht leicht sehen, da sie sich größtenteils im dichten Zweig- und Blattgewirr aufhält. Hier sucht sie ihre Nahrung, die aus kleinen Insekten, darunter auch Blattläusen, besteht. Im Spätsommer nimmt sie zusätzlich Beeren zu sich. Der Aktionsradius eines Paares ist während der Brutzeit recht klein, beträgt er doch kaum einige Dutzend Meter im Umkreis des Nestes.

In seinem kleinen Revier singt das

Männchen gleich nach seiner Ankunft, meistens aber viel weniger ausdauernd als andere Grasmücken und manchmal sogar ausgesprochen selten. Bei Beginn des Brütens stellt es seine Gesangstätigkeit ganz ein. Anscheinend hängt die Häufigkeit des Gesanges von der Siedlungsdichte ab. Je enger benachbarte Reviere aneinanderliegen, umso stärker fühlen sich die Männchen zur gesanglichen Verteidigung ihrer Grenzen gedrängt. Das Nest steht im Inneren dichten Gebüsches zwischen eng stehenden dünnen Zweigen, denen es aufliegt, ohne mit ihnen verflochten zu sein, meistens in einer Höhe von 50–120 cm. Es ist ein sehr hinfälliger Bau aus dünnen Halmen, durch den man oft hindurchsehen kann. Ein Ring aus Grasblättern bildet den oberen Rand der Mulde. Die Polsterung besteht aus zarten Gräsern, manchmal mit Haaren untermischt. Die Eier sind auf bräunlich überhauchtem Grund mit grauen und verschieden getönten braunen Flecken bedeckt, oft am stumpfen Pol gehäuft. Beide Eltern brüten auf dem Gelege von 4–6 Eiern. Bei Störungen hüpft das Weibchen vom Nest auf den Boden, stellt sich flügellahm und versucht, den Störenfried vom Nest fortzulocken. Nach (10–) 11–12 (–13) Tagen schlüpfen die Jungen, die nach weiteren 11–12 (–15) Tagen flügge sind. Die meisten Paare brüten nur einmal im Mai, einige wenige aber Ende Juni ein zweites Mal.

90. Dorngrasmücke
Sýlvia commúnis
Länge: etwa 14 cm. Unter unseren Grasmücken zeichnet sie sich durch die rostbraune Färbung der Flügel aus. Sie wirkt recht langschwänzig, und die weißen Außenränder des Schwanzes sind noch auffälliger als bei der Klappergrasmücke. Die Abbildung zeigt ein altes Männchen. Weibchen sind matter gefärbt, ihr Oberkopf ist bräunlich statt grau. Allerdings gibt es auch Männchen, vor allem jüngere, die weibchenartig gefärbt sind, so daß eine Unterscheidung der Geschlechter nicht immer möglich ist. Dorngrasmücken sträuben oft das Kopfgefieder.

Der Gesang ist rauher und nicht so klangschön wie bei den anderen Grasmücken. Oft singt ein Männchen immer wieder das gleiche Motiv, das man annähernd mit »didudídoídida« wiedergeben kann. Manchmal wird ein kurzes Zwitschern vorgeschaltet. Die Männchen singen sowohl im Sitzen wie während eines Singfluges, der von einer Singwarte zur anderen führen kann, oft in einem steilen Bogen. Charakteristisch ist ein breites »wäd-wäd-wäd-...«, das die Dorngrasmücke bei jeder Beunruhigung hören läßt. Außerdem ruft sie »zäck« und rauh und tief »tarrr«.

Die Dorngrasmücke bewohnt Europa mit Ausnahme Nordskandinaviens, Nordschottlands und Sardiniens. Ostwärts geht sie bis zum Baikalsee. Sie ist Zugvogel, der in Afrika südlich der Sahara überwintert. Bei uns erscheint sie im April und Mai und zieht ab Ende Juli bis September wieder ab. Die Dorngrasmücke gehörte zu den häufigsten Brutvögeln Mitteleuropas, im Jahr 1969 aber erschienen in West- und dem westlichen Mitteleuropa plötzlich nur noch 20–40% der ehemaligen Populationen. Dieser katastrophale Rückgang ist bisher nicht wieder ausgeglichen worden. Zum gleichen Zeitpunkt wurden mehrere andere Arten ebenfalls schlagartig seltener. Man nimmt an, daß chemische Giftstoffe in den Überwinterungs- und Durchzugsgebieten dafür verantwortlich sind.

Diese Art besiedelt offenes Gelände mit kleinflächigen Gebüschgruppen, vor allem, wenn dornige Gehölze darunter sind. Sie ist ein Charaktervogel der unregelmäßigen Hecken an Feldwegen, Gräben und Bahndämmen. Ebenso brütet sie im Gebüsch an besonnten Waldrändern oder auf großen Lichtungen. Innerhalb menschlicher Siedlungen ist sie selten zu finden.

Die Dorngrasmücke ist ein lebhafter Vogel. Dem Beobachter verrät sie sich sofort durch ihre Stimme. Außerdem sitzen vor allem die Männchen oft völlig frei auf einem herausragenden Zweig oder auf Telegraphenmasten und -leitungen. Wenn sie sich gefährdet glauben, tauchen sie allerdings geschwind in die dichte Vegetation. Wie alle Grasmücken ernährt sich auch diese von Insekten, die sie aber niedriger über dem Boden, oft sogar in der Krautschicht sucht.

Niedrig steht auch das Nest, und zwar meistens mitten in einem von Gräsern und anderen Kräutern durchwucherten Strauch, seltener auch allein zwischen kräftigen Kräutern. Als Baumaterial dienen hauptsächlich Grashalme, die beim Bau nicht gebogen, sondern geknickt werden; andere Grasmücken tun das auch, aber nicht in so starkem Maße. Die Polsterung besteht aus feinem Gras. Recht veränderlich sind die Eier. Ihre Grundfärbung reicht von weißlich über graugrünlich bis kräftig olivfarben. Die Flecken sind grau, gelblichbraun und dunkel olivbraun; oft stehen sie am stumpfen Pol besonders dicht. Beide Geschlechter brüten. Das Männchen singt noch regelmäßig bis zum Schlüpfen der Jungen, dies erfolgt nach 12–13 Tagen. Mit weiteren 9–12 Tagen sind die Jungen flügge. In der Regel findet nur eine Brut statt, und zwar im Mai. Manche Paare brüten ab Ende Juni noch einmal.

91. Sperbergrasmücke*
Sýlvia nisória

Länge: etwa 15 cm. Diese Grasmücke ist als Altvogel durch ihre »gesperberte« Unterseite und das gelbe Auge unverkennbar. Durch ihre Größe, die kräftigen Beine und Schnäbel macht sie für eine Grasmücke einen sehr robusten Eindruck. Das Weibchen ist unterseits matter gezeichnet und etwas bräunlicher. Jungvögel haben eine nahezu ungezeichnete rahmfarbene Unterseite und dunkle Augen; sie ähneln großen Gartengrasmücken, doch ihre Schwingen und Flügeldecken zeigen helle Spitzen.

Den Gesang könnte man wegen seiner Klangschönheit und Lautstärke mit dem der Gartengrasmücke (92) verwechseln, aber er wird in viel kürzeren Abschnitten vorgetragen und erscheint vollends unverwechselbar durch ab und zu eingeschobene, heiser schnarrende »errr«. Ähnlich der Dorngrasmücke vollführt das Männchen manchmal kurze Singflüge. Das «errr» wird auch sonst oft ausgestoßen und verrät die Anwesenheit der Sperbergrasmücken. Ein weiterer Ruf ist ein hartes »zäck«.

Die Sperbergrasmücke brütet in Osteuropa und im gemäßigten Asien fast bis zur mongolischen Westgrenze. Im Westen geht sie etwa bis zu einer Linie zwischen Schleswig-Holstein und Triest mit zungenförmigen Ausläufern in der Poebene und in Südwestdeutschland. Im Süden erreicht sie Mazedonien, im Norden den äußersten Süden Schwedens und Finnlands. In der Bundesrepublik ist sie ein äußerst seltener Brutvogel. Sie überwintert in Ostafrika. Frühjahrszug: Ende April-Mai; Herbstzug: August-Oktober.

Als Lebensraum dienen ihr Gebüschgruppen zwischen Feldern und Wiesen, nicht zu dichte Auwälder, Sträucher an Wegen und Wasserläufen und ähnlich aufgelockerte Gehölze. Sie meidet menschliche Siedlungen.

Die Sperbergrasmücke ist ein versteckt lebender und ziemlich scheuer Vogel. In manchen Gegenden fällt auf, daß sie häufig in enger Nachbarschaft mit dem Neuntöter lebt; beide stellen offensichtlich ähnliche Ansprüche an den Lebensraum. Ihre Nahrung besteht aus verschiedenem Kleingetier, besonders Insekten, später im Sommer auch aus Beeren. Bei Erregung schlagen Sperbergrasmücken mit dem Schwanz.

Sperbergrasmücken bauen ein größeres und stabileres Nest als die übrigen Grasmücken. Es steht gewöhnlich

30–60 cm, manchmal aber auch über 2 m hoch und stets auf der Sonnenseite des Gebüschs. Mit Vorliebe werden dornige Sträucher als Nistplatz gewählt. Das Baumaterial setzt sich aus leicht verholzten Halmen von Kräutern und verrotteten Pflanzenteilen zusammen. Letztere fehlen bei anderen Grasmücken. Vom Nest des Neuntöters ist das Sperbergrasmückennest unter anderem daran zu unterscheiden, daß die Halme am äußeren Nestumfang geknickt und nicht gebogen sind. Zum Polstern verwenden die Vögel zarte Gräser. Die Eier sind auf hell graugrünem oder, seltener, graugelblichem Grund blaßgrau und hell lilagrau gefleckt, wobei die Fleckung schwach und verwaschen wirkt. Das Gelege enthält meistens 4, seltener 3 oder 5–6 Eier. Beide Eltern brüten. Das Weibchen, das den größeren Anteil der Brutzeit bestreitet, stellt sich bei Gefahr flügellahm. Während des Nestbaus und der Eiablage verlassen Sperbergrasmücken bei Störungen leicht ihr Nest. Nach 14–15 Tagen schlüpfen die Jungen, die mit 13–16 Tagen flügge sind. Das Paar brütet nur einmal jährlich (Ende Mai, Anfang Juni). Bei Gelegeverlust kann die Brut wiederholt werden.

92. Gartengrasmücke
Sýlvia bórin

Länge: etwa 14 cm. Diese Art hat keinerlei hervorstechende Merkmale, es sei denn, daß man ihre Unscheinbarkeit dafür hielte. Die Gartengrasmücke ist ein einfarbig olivbrauner Vogel mit bleigrauen Beinen. Sie wirkt rundköpfig und kurzschnäbeliger als die verwandten Arten.
Auffallend ist allerdings der herrliche Gesang. Er ist ein typisches Grasmückengeplauder, aber mit lauter und klangschöner Stimme vorgetragen. Zwar erreicht diese Grasmücke nur ausnahmsweise den reinen Flötenton des sog. Mönchsgrasmücken-»Überschlags«, aber dafür sind ihre Strophen wesentlich länger. Wenn mehrere Reviere aneinanderstoßen, geben die Männchen auf dem Höhepunkt der Balz zur Revierabgrenzung oft stundenlange, wahrhaft »orgelnde« Konzerte. Während des Singens hüpfen die Vögel vielfach durch das Gebüsch, nur selten sitzen sie auf einer herausragenden Singwarte. Bei der eigentlichen Balz und beim Präsentieren eines Nistplatzes läßt das Männchen einen leiseren und merkwürdig gequetschten Gesang hören. Der gewöhnlichste Ruf ist ein schnalzendes »tscheck«, etwas weniger hart als bei der Mönchsgrasmücke. Außerdem hört man ein leises »wit« und bei Ärger ein kurzes Schnarren, aber nicht so rauh wie bei der Sperbergrasmücke.
Die Gartengrasmücke ist Brutvogel in Europa mit Ausnahme des hohen Nordens und des größten Teils Südeuropas; ostwärts geht sie etwa bis zum Jenissej. Sie erscheint bei uns frühestens Ende April, meistens sogar erst im Mai und zieht Ende Juli bis Anfang Oktober wieder ins tropische Afrika.
Gebüschreiche Auen scheinen der vorteilhafteste Lebensraum für sie zu sein, doch besiedelt sie auch anderes parkähnliches Gelände sowie Waldränder und Feldgehölze. In großen Friedhöfen, Parks und Gärten ist sie ebenfalls anzutreffen. Ohne ihren Gesang würde man kaum auf sie aufmerksam werden, denn sie hält sich viel im dichten Buschwerk auf (»Grasmücke« hat etwas mit »grau« und »schmiegen« zu tun, bezeichnet also einen »grauen Vogel, der sich durchs Gebüsch drückt«). Dabei ist die Gartengrasmücke keineswegs besonders scheu. Sie frißt Insekten, vor allem auch deren Larven, etwa kleine Raupen, und im Spätsommer auch Beeren.
Das Brutrevier ist nicht groß (etwa 50 m im Umkreis des Nestes), und die Männchen durchstreifen es singend, solange noch keine Jungen da sind. Das Nest steht im Halbschatten auf den Außenzweigen eines Strauches, meistens

nur 30–100 cm hoch. Zuerst legt das Männchen mehrere Nestanfänge an und zeigt sie dem Weibchen, das sich dann für einen entscheidet. Danach bauen beide Partner ein Nest zuende. Es ist ein typisches, dünnwandiges Grasmückennest und besteht aus geknickten Grashalmen und Wurzeln. Kennzeichnend sind die zahlreichen nach außen ragenden Halmenden, die man bei anderen Grasmücken kaum findet. Als Polsterung dienen Haare und feines Gras. Die Eier sind auf heller oder dunkler rahmfarbenem Grund bräunlich und grau gefleckt. Das Gelege enthält 4–5 Eier, die von beiden Eltern bebrütet werden. Nach 12–14 Tagen schlüpfen die Jungen, die mit knappen 2 Wochen flügge sind. Es findet nur eine Brut im Jahr statt.

93. Mönchsgrasmücke
Sýlvia atricapílla

Länge: etwa 14 cm. Diese Art ist leicht an der Kopfplatte zu erkennen, die beim Männchen schwarz, beim Weibchen rotbraun ist. Sumpf- und Weidenmeise (68, 69), die ebenfalls einen schwarzen Scheitel haben, zeigen eine schwarze Kehle und hellere Kopfseiten, außerdem ist ihr Verhalten völlig anders. Junge Mönchsgrasmücken gleichen dem Weibchen.

Man kann sich über die musikalische Qualität von Vogelgesängen gewiß streiten, aber sehr viele Kenner bewerten den Gesang dieser Art höher als den der Gartengrasmücke. Er besteht im Regelfall aus zwei Teilen, einem einleitenden plaudernden Grasmückengezwitscher, das leiser ist als bei der Gartengrasmücke, und einer ± verschlungenen Melodie in lauten und prachtvoll reinen Flötentönen, dem sogenannten »Überschlag«. Mitunter werden beide Teile getrennt vorgetragen. Länge und »Einfallsreichtum« des Gesanges kann sehr stark individuell variieren. Bei keiner andern Grasmücke gibt es so unterschiedlich gute Sän-

ger. Dazu kommt, daß jedes Männchen im Laufe der Zeit seinen Gesang stark abwandeln kann. Einige Männchen erreichen eine schier unglaubliche Meisterschaft nicht nur im Ausbau ihrer eigenen Strophen, sondern auch im Nachahmen anderer Vögel. So hörte ich eines, das neben seinem eigenen stark ausgeweiteten Überschlag und neben in Ton und Lautstärke vollendet imitierten Strophen von Singdrossel, Nachtigall und Kohlmeise auch lange Passagen des Sumpfrohrsängers brachte, samt dessen bruchstückhaften Imitationen, so daß die Mönchsgrasmücke also Nachahmungen »zweiten Grades« in ihrem Programm hatte. Von den Rufen sind zu erwähnen ein hartes »teck«, das auch zu einem gedämpften »tz« werden kann, dann ein heiseres »rrä« und ein hohes »siii«, ganz ähnlich wie bei Amsel und Rotkehlchen.

Die Mönchsgrasmücke brütet in ganz Europa mit Ausnahme des Peloponnes, des größten Teiles Irlands und des Nordens von Schottland und Skandinavien. Wir finden sie außerdem auf den Kanaren, in Nordwestafrika, Vorderasien und Westsibirien. In Nord-, Ost- und Mitteleuropa ist sie Zugvogel, der in Südeuropa und Afrika überwintert. Frühjahrszug: Ende März-Mai; Herbstzug. Juli-Oktober.

Die Mönchsgrasmücke fühlt sich anscheinend überall wohl, wo es Baumbestände mit Unterholz gibt, und so findet man sie sowohl mitten im Wald wie in Parks, Feldgehölzen und Gärten. Lediglich ausgesprochen trockene Nadelwälder meidet sie. Sie verhält sich ganz grasmückenhaft. Da sie aber durchschnittlich etwas höhere Zonen als die Gartengrasmücke aufsucht, wo das Zweiggewirr nicht mehr ganz so dicht ist, kann man sie leichter zu sehen bekommen, vor allem, wenn das Männchen laut singend sein Revier durchstreift. Sie frißt Insekten und anderes Kleingetier. Später im Jahr ernährt sie sich auch von Beeren und geht ebenfalls an reife, weiche Früchte. Von den Holunderbeeren, die sie in großen Mengen zu sich nimmt, färben sich ihre Ausscheidungen violett.

Das Nest steht an schattiger Stelle auf den äußeren Zweigen eines Strauches oder einer kleinen Fichte, meistens 50–120 cm hoch. Es ist oft kaum versteckt. Der Bau ist etwas stabiler als bei Klapper- und Gartengrasmücke und mit wenigen Halmen oder Wollfäden auf der Unterlage befestigt. Als Material werden Halme von Gras und Kräutern verwendet, am oberen Rand der Mulde sind sie besonders eng zu einem Ring geflochten. Die dünne Polsterung besteht aus kleinen Würzelchen und Haaren. Die Eier sind auf hellbraunem Grund dunkler bräunlich gefleckt, sie ähneln stark Gartengrasmückeneiern. Beide Partner brüten auf dem Gelege von 4–6 Eiern, das Männchen aber nur kurz und unregelmäßig. Nach 13–14 Tagen schlüpfen die Jungen und sind mit weiteren 10–14 Tagen flügge. Das Männchen singt während der ganzen Brutzeit, auch noch wenn es mit dem Weibchen die flüggen Jungen führt. Die erste Brut beginnt gewöhnlich Mitte Mai. Manche Paare brüten Ende Juni noch einmal.

94. Gelbspötter
Hippoláis icterína

Länge: 13–14 cm. Dieser Vogel erinnert einerseits an Laubsänger, andererseits an Rohrsänger (Band 2). Mit letzteren ist die Gattung *Hippoláis* wohl auch näher verwandt. Der Laie wird den Gelbspötter aber wegen seiner Färbung und seines Aufenthaltes eher mit einem Laubsänger verwechseln, vor allem mit dem Waldlaubsänger (88). Der Gelbspötter hat aber die ganze Unterseite hellgelb, seine Beine sind bläulichgrau, und sein Schnabel ist kräftiger und vor allem an der Basis breiter. Beim singenden Vogel ist die orangefarbene Mundhöhle zu sehen. Außerdem tragen Gelbspötter die Scheitelfedern oft leicht gesträubt, so daß der Oberkopf ein uneben gewölbtes Profil zeigt. Jungvögel sind matter und mehr grau gefärbt.

Kaum zu verwechseln ist der Gesang, der zu den abwechslungsreichsten gehört, die man bei uns vernehmen kann. Nicht umsonst sind dieser Vogelart volkstümliche Namen wie »Sprachmeister« oder »Siebenstimmer« beigelegt worden. Der Gesang besteht aus einer Vielzahl verschiedener Strophen, die wiederholt und in raschem Tempo vorgetragen werden, wobei wohltönende Motive neben heiser kratzenden stehen. Ein wenig erinnert alles an den Sumpfrohrsänger, klingt aber schneidender und strenger rhythmisch. Ein bekannter Text, den man dem Gelbspötterlied unterlegt hat, gibt eine recht gute Vorstellung von Rhythmus, Hebungen und Senkungen, wenn man ihn schnell spricht. Er lautet:
»Schmied, Schmied, Schmied. Hatte sieben Töchter, hatte sieben Töchter Töchter, sieben, Töchter sieben, Töchter sieben, beinah heiratsreif, beinah heiratsreif, Schmied, Schmied, Schmied.« Selbstverständlich läuft nicht jeder Gesang nach diesem Schema ab, sondern er kann immer wieder anders kombiniert werden. Bestimmte Motive sind aber meistens vorhanden und somit kennzeichnend, etwa das durch die Worte »Töchter sieben« angedeutete oder ein als Arpeggio hochgezogenes »zirrrit«. Manche Männchen ahmen auch fremde Gesänge nach, doch gelingt es ihnen selten, die heisere Tönung ihrer Stimme dabei abzulegen, so daß Imitationen, etwa der Pirolpfiff oder der Buchfinkenschlag, recht verfremdet klingen. Neben dem Gesang hört man ein angenehmes, fragendes »dideroid«, außerdem »tek« und »hüid« (ähnlich Zilpzalp). Bei Ärger und Wut knappen die Gelbspötter mit dem Schnabel und stoßen tiefe, heisere Laute aus, wobei sie den Schnabel weit öffnen und den gelbroten Mundraum zeigen; oft drohen sie

dabei zusätzlich, indem sie einen Flügel emporstrecken.

Der Gelbspötter bewohnt hauptsächlich Mittel- und Osteuropa mit Ausläufern ins südliche und westliche Skandinavien und ins südliche Westsibirien. Ein isoliertes Brutgebiet liegt am Südrand des Kaspischen Meeres. Er ist Zugvogel und überwintert im tropischen Afrika. Frühjahrszug: Mitte April–Mai; Herbstzug: August–September. Dieser sympatische Vogel ist in den letzten Jahren deutlich seltener geworden. Einst gehörte er zu den häufigsten Sommervögeln Mitteleuropas.

Er ist ein Vogel der Parklandschaft im weitesten Sinn und kommt sowohl in den Randzonen lichter Laub- und Mischwälder als auch in Parks und Gärten vor. Er fehlt in reinen Nadelwäldern.

Der Gelbspötter hält sich im Gebüsch sowie im mittleren und unteren Kronenbereich der Bäume auf. Hier findet er auch seine Nahrung: Insekten und Spinnen, im Spätsommer und Herbst auch Beeren. Die Insekten liest er von den Blättern ab, er kann sie aber auch in der Luft erhaschen. Er ist einer der letzten Singvögel, die im Frühjahr zurückkehren, dafür singt er oft noch im Sommer, wenn andere Arten bereits schweigen. Dadurch kann er dem aufmerksamen Beobachter kaum entgehen, auch wenn man ihn im dichten Laub erst einige Zeit suchen muß. Während des Singens sitzt er gewöhnlich an einem Ort, sonst aber durchstreift er ständig sein Revier. Er fliegt schnell und geschickt. Auf den Boden kommt er nur ausnahmsweise.

Das Nest steht meistens 1–3 m hoch in der Gabelung eines aufwärtsgerichteten Astes. Es ist ein sehr solider napfförmiger Bau aus eng verflochtenen Halmen, Moosfetzen, Wolle, Insektenkokons und Birkenrinde. Außen wird es sorgsam durch Einbinden der anliegenden Zweige auf der Unterlage befestigt; hierin erweist sich der Gelbspötter als Verwandter der Rohrsänger.

Die oberen Ränder des Napfes sind deutlich einwärts gezogen. Haare und Federn bilden die Polsterung. Nach meinen Beobachtungen baut das Weibchen allein und wird vom Männchen lediglich begleitet. Nach anderen Angaben sollen beide Partner bauen. Das Gelege enthält (3–) 4–5 Eier. Sie sind ganz ungewöhnlich gefärbt: auf schön rosafarbenem Grund zeigen sie zerstreute kleine schwarze oder violettbraune Flecke. Das Weibchen wird beim Brüten nur kurz vom Männchen abgelöst. Nach 12–13 (–14) Tagen schlüpfen die Jungen, die nach weiteren 12–13 Tagen ausfliegen. Gewöhnlich findet nur eine Brut statt (Beginn: Ende Mai). Selten brütet ein Paar im Juli ein zweites Mal. Es fällt auf, daß der Gelbspötter kaum als Kuckuckswirt bekannt geworden ist, ganz im Gegensatz zu anderen gleichgroßen Singvögeln.

94 a. Orpheusspötter
Hippoláis polyglótta

Länge: etwa 13 cm. Bereits im mittleren Frankreich, wo sich diese Art mit dem Gelbspötter trifft, kann man auf sie stoßen, sie ist im Freien nur sehr schwer vom Gelbspötter zu unterscheiden. Sie hat kürzere Flügel, die zusammengelegt mit der Spitze nur bis zur Schwanzwurzel reichen. Der Gesang ist weniger rauh und mehr fortlaufend schwatzend, dabei recht wohltönend. Manche Rufe erinnern an den Haussperling. Der Orpheusspötter bewohnt den Südwesten Europas, Italien und Nordwestafrika.

95. Schlagschwirl*
Locustélla fluviátilis

Länge: 13–15 cm. Nur selten wird man einen Schwirl eher sehen als hören, dann aber ist der stark abgerundete Schwanz kennzeichnend, der recht massig und schwer wirkt. Die vorliegende Art ist oberseits einfarbig, auf

Kehle und Brust aber verwaschen längs gefleckt.

Viel leichter zu erkennen ist der Gesang. Er besteht aus einer »endlosen« Reihe wetzender Laute; man hat ihn mit dem Geräusch einer entfernt fahrenden Dampflokomotive verglichen, wie er auch an eine Nähmaschine erinnert. Aus der Nähe bietet dieser eintönige Gesang ein überraschend bezauberndes Klangbild, das sich nur schwer beschreiben läßt. Man hört dann, daß sich das Lied aus zweisilbigen Elementen zusammensetzt, etwa »zewe-zewe-zewe …« mit Betonung auf der zweiten Silbe. Es wird so jeweils schnell gebracht, daß man Mühe hat, es nachzusprechen. Über jedem Element klingt zusätzlich ein ganz feiner Stakkato-Ton wie von einem winzigen Glasglöckchen. Immerhin ist dieser Ton, der manchmal fortzufallen scheint, stark genug, daß er auf einigen der käuflichen Schallplatten zu hören ist. Dieser merkwürdige »Geräusch-Gesang« kann viele Minuten lang ohne Unterbrechung ertönen.

Das Verbreitungsgebiet reicht vom östlichen Mitteleuropa bis zum Irtysch in Westsibirien. In der Bundesrepublik brüten die westlichsten Vorposten der Art nur in wenigen Paaren. Er überwintert im tropischen Afrika, aus dem er im Mai zurückkehrt, wenn der Pflanzenwuchs bereits ein beachtliches Ausmaß erreicht hat. Im August zieht er wieder fort.

In seinem Lebensraum müssen Sträucher mit üppigen, hohen Kräutern und Stauden ein dichtes Pflanzengewirr bilden. Er liebt feuchten Untergrund oder vielmehr die dichte Vegetation, die darauf wächst, kommt also häufig an den Rändern von Gewässern vor, aber auch auf Lichtungen feuchter Wälder. Wie alle Schwirle lebt er sehr versteckt. Lediglich singende Männchen sitzen häufig etwas freier, verschwinden aber gleichsam mit einem Kopfsprung, sobald sie sich beobachtet fühlen. Im dichten Pflanzenwuchs bewegen sie sich ungemein behende und entziehen sich meisterhaft den Blicken. Ihre Lebensweise ist nur recht mangelhaft erforscht. Die Nahrung besteht aus verschiedenem Kleingetier wie Insekten, Spinnen, Würmern und kleinen Schnecken.

Das Brutrevier erstreckt sich in einem Umkreis von 50–60 m um das Nest. Das Männchen singt sehr fleißig, vor allem abends und nachts, bei trübem Wetter oft auch am Tage. Wenn das Brüten beginnt, läßt der Gesang schlagartig nach, und das Paar lebt noch heimlicher als sonst. Bei Störungen verhalten sich die Vögel still. Das Nest steht auf dem Boden oder knapp darüber in dichter Vegetation, oft in der Nähe eines Baumes. Es wird aus Halmen und Blättern von Gräsern und anderen Pflanzen gebaut und innen mit dünnem Gras, manchmal auch mit Haaren gepolstert. Die Eier sind auf weißem oder blaß rosa getöntem Grund reichlich mit rotbraunen und hellgrauen kleinen Flecken übersät. 4–5 Eier bilden das Gelege. Sie werden etwa 13 Tage bebrütet. Nach etwa 2 Wochen sind die Jungen flügge.

96. Feldschwirl
Locustélla náevia

Länge: etwa 13 cm. Im Gegensatz zu Schlagschwirl (95) und Rohrschwirl (2: 135) ist diese Art oberseits schuppig gefleckt, wobei die Flecken in Längsreihen angeordnet sind. Die Unterseite ist mit Ausnahme der Brustseiten ungefleckt. Der Schwanz hat die für Schwirle typische Form mit gerundetem Ende.

Wiederum ist der Gesang sehr bezeichnend. Er besteht aus einem hellen Schwirren auf einem Ton, etwa wie »sirrrr …« und erinnert stark an das Schwirren unserer großen Laubheuschrecken. Tatsächlich lehrt die Erfahrung, daß viele Leute diesen Vogel schon gehört haben, den Gesang aber stets einer Heuschrecke oder Grille zuschrieben, zumal der Feldschwirl auch in der Dämmerung und nachts singt. Man kann sich merken, daß »Heuschrecken«, die bei uns vor Juli singen, gewöhnlich keine Heuschrecken, sondern Feldschwirle sind. Der Gesang kann über viele Minuten pausenlos vorgetragen werden. Da der Vogel dabei den Kopf hin und her dreht, scheint die Lautstärke bald an-, bald abzuschwellen. Der ebenfalls schwirrende Gesang des Rohrschwirls klingt viel tiefer, der des Schlagschwirls ist wegen der oben beschriebenen Eigenschaften mit beiden nicht zu verwechseln. Die Rufe sind selten zu hören, am häufigsten noch ein kurzer, abgehackter Pieplaut.

Der Feldschwirl ist Brutvogel von Irland bis zum Altai. In Europa fehlt er in Schottland, in Skandinavien, mit Ausnahme eines begrenzten Gebietes in Südschweden, in Nordrußland sowie im Süden, wo er nur bis Nordspanien und Norditalien vordringt. Er zieht im August und September nach Nordafrika und Südwestasien und kommt Ende April/Anfang Mai wieder zurück. Er besiedelt Wiesen mit hohem Bewuchs und einzelnen Sträuchern, Waldlichtungen mit hochgewachsenen Kräutern, ganz junge, stark verkrautete Schonungen und Felder. Oft ist nicht zu erkennen, warum er in einem Gebiet häufig ist, während er woanders in ähnlichen Lebensräumen fehlt. Lokal kommt er in unmittelbarer Nachbarschaft bewohnter Häuser vor.

Wie alle Schwirle ist er nicht leicht zu beobachten, da er sehr versteckt lebt. Nur während des Singens setzt sich das Männchen auf herausragende Warten. Dabei hält es sich steil aufgerichtet und reißt den Schnabel weit auf. Die übrigen Lebensäußerungen spielen sich im Schutze der dichten Vegetation ab, wo die Feldschwirle sich mit mäusegleicher Behendigkeit bewegen. Insekten stellen die Hauptnahrung dar.

Feldschwirle beginnen im Mai zu brüten. Das Nest steht auf dem Boden oder knapp darüber in einem Grasbüschel, bzw. in einem dicht durchwachsenen Strauch. Beide Partner bauen es aus Halmen und Blättern von Gras und Kräutern. Das Material ist außen recht grob, wird aber innen immer feiner; oft werden Insektenkokons mit verarbeitet. Die Polsterung besteht aus dünnem Gras und Haaren. Die Eier sind auf weißem oder hell rosafarbenem Grund fein hell violettrötlich und rotbraun gefleckt. Das Gelege enthält 5–6 (–7) Eier und wird von beiden Eltern (12–) 13–15 Tage bebrütet. Die Jungen verlassen mit 10–12 Tagen das Nest; zu dieser Zeit können sie noch nicht gut fliegen, verstecken sich aber meisterhaft zwischen den Pflanzen. Einige Paare schließen Ende Juni oder im Juli eine zweite Brut an.

97. Trauerschnäpper
Ficédula hypoléuca

Länge: etwa 13 cm. Bei den mitteleuropäischen Brutvögeln ist der Geschlechtsunterschied nicht so stark ausgeprägt wie es die Abbildung zeigt. Die meisten Männchen sind hier ähnlich den Weibchen oberseits graubraun. Sie haben aber stets den weißen Stirnfleck und die reinweiße Unterseite, der Schwanz ist oft recht dunkel. Bereits in den Alpen und weiter südlich sowie in England und Skandinavien findet man die dunkleren Männchen; sie sind auf dem Durchzug auch in Deutschland zu beobachten. Die Art ist höchstens mit der folgenden zu verwechseln. Im Ruhekleid ähneln alle Männchen den Weibchen, behalten aber den Stirnfleck. Jungvögel sehen fast wie Grauschnäpper (100) aus, haben aber einen weißen Flügelfleck und weiße Schwanzränder.

Der Gesang des Trauerschnäppers kann je nach Gegend, aber auch individuell recht verschieden sein. Er erinnert etwas an den des Gartenrotschwanzes, klingt aber schwächer. Folgendes Schema kann als Andeutung dienen: »tschütí-tschütí-tschütitititit«. Häufige Rufe klingen wie »bitt« und »tik«, daneben auch »fütik«.

Das Verbreitungsgebiet ist in seinem westlichen Teil zerrissen und verteilt sich auf den größten Teil Spaniens, Englands (nicht im Südosten), einige isolierte Vorkommen in Frankreich, den größten Teil Skandinaviens und Deutschlands und setzt sich ostwärts durch das nördliche Rußland keilförmig bis Westsibirien fort. Der Trauerschnäpper zieht ab Ende Juli bis Anfang Oktober ins tropische Afrika und kommt Mitte April oder Anfang Mai wieder zurück. Durch das Anbringen von Nistkästen hat man die Bestandsdichte vielerorts enorm erhöhen können. Er besiedelt Laub- und Mischwälder, manchmal auch große Parks und Gärten. Nadelwälder meidet er nicht völlig, ist dort aber selten.

Der Trauerschnäpper gehört zu den am besten erforschten Vögeln, da er sich als leicht zu beobachten erwies und überdies durch reichliches Nistkastenangebot mit großer Sicherheit an ein bestimmtes Gebiet zu fesseln ist. Er liest Raupen und anderes Kleingetier von Blättern ab, macht aber auch vom Ansitz aus Jagd auf fliegende Insekten. Nach den kurzen Jagdflügen kehrt er meistens nicht zum Ausgangsort zurück. Ist fliegende Beute knapp, kann er auch Insekten vom Boden auflesen.

Da der Trauerschnäpper verhältnismäßig spät aus dem Winterquartier zurückkehrt, sind in unseren »gepflegten« Wäldern die meisten natürlichen Baumhöhlen bereits besetzt, so daß er hier wenig Brutmöglichkeiten findet, zumal er den meisten anderen Höhlenbrütern unterlegen ist. So ist der besondere Erfolg von Nistkastenaktionen bei dieser Art zu erklären. Am liebsten scheinen ihm Bruthöhlen in einer Höhe von 3–6 m zu sein. Das Brutrevier ist meistens nur klein. Die Männchen sind vor den Weibchen an den Brutplätzen und suchen passende Höhlen aus, die sie dann den Weibchen durch Gesang

und Zeigen des Einganges anpreisen. Vielweiberei kommt vor. Das Nest besteht aus trockenem Gras und verschiedenen Blättern, dagegen fehlt Moos als Baustoff, der bei Meisen und Gartenrotschwanz vorkommt. Die Polsterung wird aus feinem Pflanzenmaterial gemacht. Das Weibchen brütet allein auf dem Gelege von (3–) 6–7 (–8) einfarbig hellblauen Eiern, bis nach 13–15 Tagen die Jungen schlüpfen. Sie sind mit 14–16 Tagen flügge. In der Regel findet nur eine Brut statt. Die Männchen sind ortstreuer als die Weibchen und kehren oft an den gleichen Brutplatz zurück.

98. Halsbandschnäpper
Ficédula albicóllis

Länge: etwa 13 cm. Die Männchen sind im Prachtkleid am weißen Halsband und dem weißlichen Bürzel vom Trauerschnäpper zu unterscheiden. Im Ruhekleid sind sie oben dunkelbraun und fast ohne weiße Zeichnung. Das Weibchen ist im Freien vom Weibchen des Trauerschnäppers nicht mit Sicherheit zu unterscheiden.

Der Gesang ist einfacher als der des Trauerschnäppers und wird aus etwa einem halben Dutzend abgehackter Pfeiflaute gebildet, deren Höhe sich nur gegen Ende ein wenig ändert. Manche Männchen bringen auch Imitationen anderer Stimmen; vielleicht ist das der Grund dafür, daß von einigen Autoren der Gesang des Halsbandschnäppers als der beste unter unseren Schnäppergesängen bezeichnet wird. Von den Rufen ist ein hohes gedehntes »sieb« und ein trauerschnäpperähnliches »tik« zu nennen.

Das Verbreitungsgebiet erstreckt sich von der mittleren Wolga westwärts bis zur Oder und nach Bulgarien und Südjugoslawien; noch weiter westwärts liegen zerstreute Vorkommen in Mittel- und Süddeutschland, in der Schweiz, in Italien und auf einigen südschwedischen Inseln. Weitere isolierte Brutgebiete befinden sich in Ostanatolien, Transkaukasien sowie südlich und südwestlich des Kaspischen Meeres. Insgesamt schließt die Verbreitung, allerdings mit großräumigen Überschneidungen, südlich an das Gebiet des Trauerschnäppers an. Der Halsbandschnäpper überwintert im tropischen Afrika. Frühjahrszug: Mitte April–Anfang Mai; Herbstzug: Juli–September.

Er besiedelt Laub- und Mischwälder, auch solche mit überwiegendem Nadelbaumanteil, außerdem Obstbaumpflanzungen und Parks.

In Verhalten und Lebensweise ähnelt diese Art weitgehend dem Trauerschnäpper. Das Männchen sucht auch hier die Bruthöhle aus und präsentiert sie dem Weibchen, das dann allein das Nest baut. Oft hat ein Männchen mehrere Weibchen. Bisweilen kommen auch Kreuzungen mit dem Trauerschnäpper vor. Im Durchschnitt liegt die Bruthöhle niedriger als bei der vorigen Art, manchmal sogar kaum einen halben Meter über dem Boden. Es werden ebenfalls Nistkästen angenommen. Das Nest enthält gewöhnlich weniger Gras, dafür mehr altes Laub und in der Polsterung mehr Haare als beim Trauerschnäpper. Die hellblauen Eier sind dagegen nicht von denen des Trauerschnäppers zu unterscheiden. 5–7 Eier bilden das Gelege und werden etwa 13–15 Tage bebrütet. Beide Eltern füttern. Nach reichlichen 2 Wochen fliegen die Jungen aus.

99. Zwergschnäpper
Ficédula párva

Länge: 11–12 cm. Erst im zweiten Lebensjahr zeigt das Männchen die orangerote Kehle sowie graue Wangen und Halsseiten; oft hebt sich deutlich ein schmaler weißlicher Augenring ab. Weibchen und junge Männchen haben eine weißliche Kehle und bräunliche Halsseiten. In allen Kleidern ist aber die Schwanzfärbung kennzeichnend; die weißen Seitenflecken fallen besonders im Flug auf. Daran sind auch ausgefärbte Männchen sofort vom Rotkehlchen (75) zu unterscheiden.

Das Männchen verfügt über einen recht klangschönen Gesang. Er beginnt oft mit kurzen leisen Schnarrlauten, wie »trr-trr«, geht dann in metallische Stakkato-Töne über und endet mit geschwungenen Pfeiflauten, die bisweilen einen hübschen Flötenklang haben können, nicht unähnlich der Pfeifstrophe des Waldlaubsängers. Man vernimmt außerdem als Ruf ein flüssiges »jülip« oder »ile«, ein platzendes »tschick« und schnurrendes »zrrr«, ähnlich, aber wesentlich schwächer als beim Zaunkönig.

Das Brutgebiet reicht vom östlichen Mitteleuropa und Südfinnland ostwärts bis Kamtschatka und Sachalin. Zwei westliche Ausläufer erstrecken sich durch Norddeutschland bis Hamburg und im Süden entlang des nördlichen Alpenrandes bis Bayern. Außerdem brütet diese Art lokal in Südschweden sowie zwischen Schwarzem und Kaspischem Meer und im Nordiran. Sie überwintert in Süd- und Südostasien. Frühjahrszug: Ende April–Ende Mai; Herbstzug: August–September.

Dieser kleinste einheimische Schnäpper lebt in alten Laub- und Mischwäldern mit reichem Unterholz. Dabei bevorzugt er feuchte und schattige Bestände. Auf dem Zug trifft man ihn auch in anderen Lebensräumen an.

Er ist ein lebhafter Vogel, der oft bei hängenden Flügeln mit dem Schwanze zuckt. Da er sich viel in den höheren Kronenbereichen aufhält, entzieht er sich leicht der Beobachtung. Er fängt auch Insekten aus der Luft, aber mehr als die anderen Schnäpper-Arten durchstreift er, kurze Rüttelflüge einlegend, laubsängerartig das Gezweig. Zu Beginn der Brutzeit singen die Männchen sehr eifrig, unverpaart gebliebene hört man sogar noch Ende Juni. Als Nistplatz dient eine Höhlung mit großer Öffnung, etwa in einem ausgefaulten Stamm, im Zwickel hinter abstehender Rinde oder zwischen Stamm und einem dicken Ast. Das Nest steht meistens 2–4 m hoch und ist aus halbverrottetem Laub, Moos und Gras gebaut; in der dünnen, aber gut verflochtenen Polsterung finden wir neben Gras auch Haare. Das Weibchen legt 5–6 (–7) Eier, die auf rahmfarbenem oder weißlichem, grün überhauchtem Grund fein hell rostfarben gefleckt sind. Nach 13–14 Tagen schlüpfen die Jungen, die von beiden Eltern gefüttert werden. Nach etwa 2 Wochen verlassen sie das Nest. Es findet im Jahr nur eine Brut statt. Die einzelnen Paare können damit Ende Mai bis Mitte Juni beginnen.

100. Grauschnäpper
Muscícapa striáta

Länge: etwa 14 cm. Dieser unscheinbare graue Vogel mit der verwaschenen, aber deutlich längsgestreiften Brust ist durch sein Verhalten dennoch leicht zu erkennen. Charakteristisch ist vor allem die aufrechte Haltung. Jungvögel sind auch oberseits gefleckt und wirken unterseits geschuppt.

Unauffällig wie das Gefieder ist auch die Stimme. Gewöhnlich hört man nur ein scharfes, aber nicht sehr lautes »pst« oder ein kurzes »zi«, manchmal mit einem hastigen »tek-tek« verbunden. Diese Rufe werden mit ermüdender Eintönigkeit wiederholt. Der Gesang besteht aus einer rhythmischen Folge ähnlicher, bescheidener Laute.

Der Grauschnäpper bewohnt Nordwestafrika, Vorderasien und ganz Europa mit Ausnahme Islands, Nordrußlands und des äußersten Nordens Skandinaviens. Ostwärts geht er bis zum Baikalsee. Er ist ein Zugvogel, der in Mitteleuropa Ende August oder im September fortzieht, um im tropischen Afrika zu überwintern, von wo er Ende April–Anfang Mai wiederkehrt.

Als Lebensraum wählt er aufgelockerte gut durchsonnte Baumbestände wie Waldränder, Feldgehölze, Parks und Gärten, oft unmittelbar bei Gebäuden. In viel ausgeprägterem Maße als die anderen Schnäpper jagt diese Art Insekten vom Ansitz aus. Meistens sitzt der Grauschnäpper auf einer freistehenden, nicht zu hohen Warte, etwa einem herausragenden Zweig, einem Zaunpfosten, einem Hausgiebel oder einem Leitungsdraht, um von dort in raschen anmutigen Flattersprüngen vorüberfliegende Insekten zu erhaschen; man kann dabei mitunter ein deutliches Schnabelknappen vernehmen. Ziemlich regelmäßig nimmt er im Spätsommer auch Beeren zu sich. Im Sitzen läßt ihn die aufrechte Haltung sehr aufmerksam erscheinen. Oft, besonders nach dem Landen, zuckt er auffällig mit den Flügeln und dem Schwanz. Durch sein Verhalten ist er trotz schlichter Färbung recht auffallend und leicht zu beobachten, zumal er oft gar nicht scheu ist. Gewöhnlich trifft man diese Vögel nur einzeln oder paarweise an.

Das Nest steht in der Regel 2–6 m über dem Boden in einer Halbhöhle oder Nische auf Bäumen sowie in Fels- und Hauswänden, häufig werden auch Schlingpflanzen wie Efeu oder Wilder Wein als Nistplatz gewählt. Für den Bau verwenden die Vögel vor allem Gras und feine Wurzeln. Bei wenig verdeckten Nestern werden außen Tier- und Pflanzenwolle, Flechten oder Birkenrinde eingearbeitet. Ähnlich richtet der Buchfink (115) sein Nest her, doch baut er meistens Moos mit ein und verflicht alles viel solider miteinander. Die Polsterung beim Grasschnäpper besteht aus feinem Gras und wenigen Haaren oder Federn. Der Hausrotschwanz (3: 60), der ebenfalls in Mauernischen brütet, hat eine viel reichere Federpolsterung. Das Rotkehlchen (75) schließlich, das auch in Halbhöhlen brüten kann, verwendet Blätter von Laubbäumen und grünes Moos; beide Materialien findet man nicht beim Grauschnäpper. Die Eier sind auf hell grünlichem Grund ziemlich grob rostbraun gefleckt. Das Gelege enthält (3–) 5–6 Eier. Es wird allein vom Weibchen bebrütet. Nach 12–14 Tagen schlüpfen die Jungen, die mit weiteren 13–14 Tagen flügge sind. Die meisten Paare in Mitteleuropa brüten nur einmal, sie beginnen damit frühestens Ende Mai. Manchmal findet Ende Juni eine zweite Brut statt.

101. Baumpieper
Ánthus triviális

Länge: 15–16 cm. Diese Art ist im Feld nur schwer vom Wiesenpieper (3: 64) zu unterscheiden, wenn es um das Aussehen geht. Doch ist das Gefieder oberseits etwas bräunlicher und zeigt auf der Brust einen blaß bräunlichgelben Grundton. Die Beine sind heller als beim Wiesenpieper. Lerchen (vgl. 3: 46–48) wirken plumper und auf der Brust streifiger, aber weniger grob gefleckt, außerdem haben sie eine auffallende oder wenigstens angedeutete Haube. Baumpieper machen stets einen aufgeräumten Eindruck, durch die gefleckte, rahmfarbene Brust erinnern sie fast etwas an kleine Drosseln. Sie haben aber wie alle Pieper einen am Ende leicht ausgeschnittenen Schwanz, dessen Außenfedern weißlich sind.

Der Gesang ist sehr kennzeichnend und wird sowohl im Sitzen wie während eines Singfluges vorgetragen. Dabei schwingt sich der Vogel mit energischen Flügelschlägen in die Luft, um dann mit ausgebreiteten Flügeln, gespreiztem und leicht angehobenem Schwanz und hängenden Beinen fallschirmartig einem mehr oder minder entfernten Landeplatz zuzuschweben. Die Strophe setzt sich aus 2–6 (meistens 4) Tonreihen zusammen, unter denen kanarienähnlicher »Roller« und schöne ab- oder aufwärts gezogene Töne besonders auffallen. Das vollständige Baumpieperlied kann sehr reizvoll und wohltönend klingen. Man könnte es etwa so umschreiben: »dip dip dip dip dip, wis wis wis, törrrr, zija

zija zija, zuit zuit zuit«. Stört man die Baumpieper in ihrem Revier, rufen sie ausdauernd »sib«. Der Flugruf klingt wie ein hohes und nicht sehr reines »psieh«, ganz anders als der des Wiesenpiepers.

Das Brutgebiet umfaßt den größten Teil Europas, den Norden Kleinasiens sowie Asiens bis Ostsibirien. In Europa fehlt der Baumpieper auf Irland, auf der Iberischen Halbinsel mit Ausnahme des Nordens, auf den Mittelmeerinseln, im größten Teil Griechenlands sowie im äußersten Norden und den höheren Gebirgen Skandinaviens; in Italien besiedelt er nur die Apenninen. Er überwintert in Afrika und im südlichen Asien. Die Zugzeiten dauern von April bis Mai sowie von Ende August bis Oktober. Der Baumpieper ist bei weitem die häufigste Pieper-Art in Deutschland.

Er besiedelt lichte, sonnige Baumbestände mit üppiger Krautschicht auf nicht zu feuchten Standorten, z.B. Waldränder, Lichtungen, Heiden, Feldgehölze und Obstbaumgelände. Auf dem Zug erscheint er auch auf baumfreien Wiesen und Feldern. Obwohl er sich viel mehr auf Bäumen aufhält als andere Pieper, verbringt er doch einen großen Teil der Zeit auf dem Boden. Hier läuft er in trippelnden Schritten umher, sucht bei Beunruhigung aber sofort einen Strauch oder Baum auf. Als Nahrung dienen ihm vornehmlich Insekten und Spinnen, die er meistens am Boden fängt. Hier fallen ihm besonders Käfer und die kleinen Arten der Feldheuschrecken zum Opfer. Daneben frißt er auch noch anderes Kleingetier und nicht zu grobe Sämereien.

Das Brutrevier kann recht groß sein und eine Fläche von 1 ha bedecken. Das Männchen singt hier sehr ausdauernd, besonders wenn es noch kein Weibchen hat oder die Nachbarreviere unmittelbar angrenzen. Das Nest steht auf dem Boden in einer kleinen Mulde, durch überhängende Pflanzen – Gräser oder Farne – gut gegen Sicht geschützt. Besonders gern wird es auf Böschungen angelegt. Sein Rand ragt nicht über die Ebene des umgehenden Bodens hinaus. Das Weibchen baut allein und verwendet hauptsächlich Grashalme und -blätter, die beim Bau gebogen und nicht geknickt werden, wie es etwa bei der Goldammer (117) der Fall ist. Auch die Polsterung enthält nur feine Gräser (keine Haare wie bei der Heidelerche, **3**: 47). Die Eier sind äußerst veränderlich. Die Grundfärbung kann von hell rotbräunlich bis bläulichgrau variieren, die Fleckung von schwarzbraun über hellbraun bis grau. Nicht selten häufen sich die Flecke am stumpfen Eipol, so daß dieser fast einfarbig wirkt. (3–) 5–6 Eier bilden das Gelege. Es wird 12–14 Tage nur vom Weibchen bebrütet. Die Jungen haben einen hellroten Sperrachen mit gelben Randwülsten. Beide Eltern füttern. Nach 12–14 Tagen verlassen die Jungen das Nest. Gewöhnlich findet nur eine Brut statt, die im Mai beginnt. Einige Paare brüten noch ein zweites Mal Ende Juni. Baumpieper müssen oft einen jungen Kuckuck aufziehen. Sie sind während der Zeit des Nestbaus und der Eiablage recht empfindlich und lassen bei Störungen häufig das Nest im Stich.

102. Kernbeißer
Coccothráustes coccothráustes

Länge: etwa 18 cm. Dieser stattliche Finkenvogel ist schon allein wegen seines mächtigen Schnabels unverkennbar, aber auch die Färbung ist charakteristisch. Es überwiegen braune Pastelltönungen, von denen eine kleine schwarze Gesichtsmaske, der graue Nacken und die Schwarzweißzeichnung der Flügel abstechen. Bei guter Sicht nimmt man die auffällig verbreiterten Spitzen der mittleren Schwingen wahr. Der Schnabel ist im Frühjahr und Sommer blaugrau, sonst horngelb. Im Flug zeigen die Flügel 2 helle Streifen, einen vom Flügelbug schräg einwärts

(dieser Streifen ist auch am zusammengelegten Flügel zu sehen), den anderen auf dem Basisabschnitt der Schwingen. Der Schwanz hat eine weißliche Endbinde. Der Flug ist schnell und leicht wellenförmig, dabei fällt die gedrungene Gestalt mit dem dicken Kopf und dem kurzen Schwanz auf. Das Weibchen ist ähnlich wie das Männchen, aber matter gefärbt. Jungvögel sind noch blasser, ihre Kehle ist statt schwarz gelblich, und die Federn der Unterseite tragen dunkle Ränder, wodurch sich eine gewölkte Zeichnung ergibt.

Über die Stimme ist nicht viel zu berichten. Am häufigsten hört man ein scharfes, gleichsam ausspuckend herausgeschleudertes »pitts«, auch wohl ein etwas gedehnteres »zie«. Der scharfe Ruf ist sehr bezeichnend und leicht zu merken. Den Gesang vernimmt man selten. Er ist ein schwächliches Gezwitscher, das größtenteils aus den genannten Rufen besteht.

Der Kernbeißer brütet in Europa nordwärts bis Südschottland und Südschweden; er fehlt in Irland, in Westportugal, Nord- und Ostspanien sowie in Süditalien. Ostwärts geht er bis Japan und brütet auch in Nordwestafrika, zwischen Schwarzem und Kaspischem Meer, im Norden Anatoliens sowie auf der Nordseite des Elburs. Die mitteleuropäischen Populationen bleiben meistens das ganze Jahr im Lande, die nördlichen ziehen teilweise südwärts und überwintern im Mittelmeergebiet oder auch in Mitteleuropa. Lichte Laub- und Mischwälder mit hohem Hainbuchenanteil bilden den bevorzugten Lebensraum. Doch kommt der Kernbeißer auch in Obstbaumkulturen, in Feldgehölzen und in Parks vor. Nadelwälder und ausgesprochen sumpfige Waldungen meidet er. Da der Kernbeißer sich großenteils in den Baumkronen aufhält und überdies recht schweigsam ist, kann er trotz seiner Größe leicht übersehen werden. Kernbeißer machen ihrem Namen

Ehre, indem sie tatsächlich harte Samen bis zur Stärke eines Pflaumenkernes knacken und den Inhalt verzehren, das Fruchtfleisch lassen sie fallen. Wenn die wilden Kirschen reifen, besuchen sie regelmäßig die Kirschbäume ihres Gebietes. Bedächtig pflücken sie Frucht um Frucht, nur das regelmäßige Geräusch berstender Kerne und der herabrieselnde »Abfall« verraten ihre Anwesenheit. Minunter sammeln sie auch auf dem Boden herabgefallene Samen und Früchte, z. B. Bucheckern. Hier bewegen sie sich in kraftvollen Sprüngen fort, oder sie legen watschelnde Schrittfolgen ein. Dabei fallen sie dann leicht ins Auge, vor allem auch beim Abfliegen, wenn die kontrastreiche Flügelzeichnung sichtbar wird. Sie fressen auch Knospen und im Frühjahr und Sommer Insekten. Sollte man in die Lage kommen, einen Kernbeißer in die Hand nehmen zu müssen, empfiehlt es sich, dicke Handschuhe anzuziehen, denn wo ein Kernbeißer hinbeißt, gibt es leicht eine Blutblase.

Ihr Nest bauen die Kernbeißer meistens in einer Höhe von 3–7 m, manchmal auch wesentlich höher, und zwar in den Zwickel einer Verzweigung. Das Nest wird nicht an der Unterlage befestigt, sondern nur zwischen die Zweige »gedrückt«. Es besteht aus ziemlich dicken (bis 5 mm) Zweigstücken, Wurzeln und Halmen; die freien Enden der Stücke stehen meistens wirr nach außen ab. Für die Polsterung nehmen die Vögel feine Würzelchen, manchmal auch Flechten und Haare. Es baut nur das Weibchen, das aber vom Männchen, wie bei vielen Finkenvögeln, fast ständig begleitet wird. Da das Paar bei dieser Beschäftigung den Boden aufsucht, ist es zu dieser Zeit besonders leicht zu bemerken und zu beobachten. Die Eier zeichnen sich durch eine hellgrünliche oder hellbräunliche Grundfarbe aus und zeigen darauf olivgraue bis schwärzliche Spritzer, Kritzel und Flecke. Das Weibchen wird beim Brüten nur für kurze Zeit vom Männchen abgelöst, aber oft gefüttert. Ein Gelege enthält 3–5 (–6) Eier. Die Jungen schlüpfen nach 12–14 Tagen. Sie haben einen ungewöhnlich bunten Sperrachen in den Farben blau, violett und rot. Ihr Futter setzt sich größtenteils aus Insekten zusammen. Nach 11–14 Tagen sind die Jungen flügge. Es findet nur 1 Brut jährlich statt, sie beginnt in der zweiten Aprilhälfte oder Anfang Mai.

103. Grünling
Carduélis chlóris

Länge: etwa 15 cm. Dieser häufige Vogel dürfte allbekannt sein. Von anderen grünlichen Finkenvögeln (105, 108 und 3: 73) unterscheidet er sich schon allein durch die Größe. Ein gelblicher Flügelspiegel und gelbliche Seitenflecken an der Schwanzbasis fallen besonders im Fluge auf. Das Weibchen ist matter und mit deutlichem Braunstich gefärbt. Die grünlichbraunen Jungvögel sind dunkel längsgefleckt, haben aber bereits die gelben Abzeichen im Schwanz.

Den gewöhnlichen Lockruf könnte man mit einem nicht zu harten »gig« umschreiben; dieser Ruf wird oft zu einer klingelnden Folge gereiht. Etwas kanarienähnlich klingt ein weiches »kiwi«, wobei das »w« nur gehaucht zu denken ist. Im Frühjahr hört man oft einen merkwürdig gequetschten und gedehnten Ruf, das »Schwunschen«. Es läßt sich kaum wiedergeben, allenfalls mit »queeensch« andeuten. Der Gesang ist eine angenehme Folge flüssiger, sanfter Pfeiflaute und kanarienartiger Triller, von C. König recht treffend mit »tjoitjoitjoi-krürrr-düdüdüdüdüdüdüdüt« nachgeahmt. Länge und Zusammensetzung der Strophe können stark wechseln, häufig ist auch das »queeensch« darin enthalten. Die klingelnde Klangfarbe seiner Töne hat dem Grünling in manchen Ländern den Namen »Glöckner« eingebracht. Der Grünling singt sowohl im Sitzen wie in einem Singflug, bei dem er mit extrem ausgespannten Flügeln fledermausartig gaukelnd umherfliegt. Übrigens muß der Grünling, wie sehr viele Singvögel, seinen Gesang größtenteils erlernen. Gelegentlich ahmen die Männchen auch fremde Stimmen nach.

Der Grünling ist hauptsächlich eine europäische Art; hier fehlt er nur im Norden und im Nordosten. Außerdem ist er Brutvogel auf den Azoren, in Nordwestafrika und in Kleinasien bis zum Südufer des Kaspischen Meeres. Nur die nördlichsten Populationen zeigen Zugverhalten, die anderen streifen außerhalb der Brutzeit nur ± weit umher. In Mitteleuropa ist er einer der häufigsten Vögel.

Er besiedelt parkartiges Gelände, auch Stadtparks, Friedhöfe und Gärten. In Wäldern findet man ihn nur in denjenigen Teilen, von denen aus er leicht offene, mit krautigen Pflanzen bestandene Flächen erreichen kann. Am leichtesten ist der Grünling im Winter an künstlichen Futterstellen zu beobachten, an denen er sich selbst in Städten regelmäßig einstellt. Gegen die anderen Besucher, wie Meisen, wirkt er etwas plump. Auf dem Boden hüpft er meistens. Sein Flug ist kraftvoll und fördernd und verläuft in einer Wellenbahn. Als Nahrung dienen Samen, die er am liebsten in unreifem Zustand frißt, außerdem Knospen, Beeren, die Teile mancher Blüten sowie Insekten. Sehr gern besucht er fruchtende Sonnenblumen.

Das Nest wird an gut versteckter Stelle in einer Höhe von 1,5–4,5 m gebaut, in Parks und Gärten, mit Vorliebe in dichten Hecken. Das Weibchen baut allein, wird aber beim Sammeln des Baumaterials ständig vom Männchen begleitet. Der Bau wird aus Halmen, Wurzeln und Moos errichtet und mit dünnen Würzelchen und Haaren oder Federn ausgepolstert. Das Gelege enthält 4–6 (–7) Eier. Diese sind auf hell bläulichgrauem Grund zerstreut dunkelrotbraun und grauviolett gefleckt, am stumpfen Pol manchmal etwas dichter. Das Weibchen brütet allein und wird vom Männchen gefüttert. Nach (12–) 13–14 (–15) Tagen schlüpfen die Jungen. Sie haben einen karminroten Sperrachen. Beide Eltern füttern. Im Alter von 13–14 (–16) Tagen sind die Jungen flügge. Die meisten Paare brüten zweimal, und zwar beginnen sie Ende April oder Anfang Mai und im Juni. Einige Paare unternehmen im Juli oder August noch eine dritte Brut.

104. Stieglitz
Carduélis carduélis
Länge: reichlich 12 cm. Die sehr charakteristische Färbung ist nicht zu verwechseln. Am fliegenden Vogel fällt vor allem das breite gelbe Flügelband auf. Dieses Band ist in blasser Form auch bei den Jungvögeln vorhanden, die jedoch einen bräunlichen Kopf haben, der wie die Unterseite und der Rücken gefleckt ist.

Der Name dieses sehr ruffreudigen Vogels ist seinem Lockruf nachgebildet. Dieser ist ein helles, flüssiges »tiglitt«, manchmal auch dreisilbig »tigelitt«. Bei Angst oder Schreck ertönt ein aufwärts gezogenes »a-ih«. Im Streit äußern die Stieglitze ein halblautes Kreischen und ein schnatterndes Zetern, dabei nehmen sie oft eine geduckte Haltung ein und breiten die bunten Flügel aus. Der Gesang ist eine muntere Folge zwitschernder Laute, die meistens an den Lockruf erinnern, daruntergemischt sind kleine Triller und wetzende Laute. Beim Singen vollführt das Männchen oft pendelnde Bewegungen.

Der Stieglitz bewohnt wie der Grünling ganz Europa, geht aber im Norden nur bis Südschweden, dafür ostwärts bis zum Jenissej und zum Himalaja. Er ist ein Teilzieher, der mitunter große Entfernungen durchmißt, anderswo aber an Ort und Stelle bleibt. Seine Häufigkeit kann lokal stark schwanken. In Nordwestdeutschland ist er im allgemeinen seltener.

Er ist ein typischer Vogel der Parklandschaft. Darin ähnelt er dem Grünling, doch legt er – wenigstens in Mitteleuropa – zur Brutzeit größeren Wert auf das Vorhandensein höherer Bäume. Zur Futtersuche begibt er sich noch öfter als der Grünling auf offene Flächen, und außerhalb der Brutzeit kann er weitab von jedem Gehölz auftauchen.

Stieglitze sind äußerst anmutige und lebhafte Vögel. Meistens wird man auf sie durch ihre Stimme aufmerksam, denn ihre hübsche Färbung macht sie keineswegs so auffällig wie man meint. Eher lassen die scharf abgesetzten Farbflächen die Konturen des Vogels sogar mit der Umgebung verschwimmen. So ist man oft ganz überrascht, wenn sich aus einer Gruppe fruchtender Disteln ein ganzer Schwarm Stieglitze erhebt, dessen Umfang man zuvor nicht annähernd bemerkt hatte. Seine Vorliebe für Disteln, aber auch für Kornblumen und andere Korbblütler hat dem Stieglitz auch den Namen »Distelfink« eingetragen, (auch *Carduélis* geht auf den lateinischen Namen für Distel »*Carduus*« zurück). Zum Herausziehen der tief sitzenden Früchte ist der verhältnismäßig lange und zugespitzte Schnabel gut eingerichtet. Daneben frißt der Stieglitz auch die Samen von vielerlei Kräutern und Bäumen, sie dürfen nur nicht zu groß und zu hart sein. Man trifft ihn deshalb oft auf Ruderalflächen an, wo die Herbizide noch nicht jedes »Unkraut« ausgerottet haben. Im Frühjahr, vor allem zur Fütterung der Jungen, nimmt er zahlreiche Blattläuse. Sein Flug ist leicht und über kurze Strecken, etwa bei der Futtersuche über einem Feld, tänzelnd. Auf längeren Strecken beschreibt er eine deutliche Wellenbahn. Außerhalb der Brutzeit schließen sich Stieglitze gern zu kleinen Schwärmen zusammen. Sonst sieht man sie paarweise, wenn nicht das Weibchen gerade brütet. Aber sogar während der Brutzeit können Stieglitze außerhalb der Reviere zu größeren Gruppen zusammenkommen, etwa an Badeplätzen, ohne daß es Streit gibt.

Das Nest befindet sich meistens 3–6 m hoch, nahe dem äußersten Ende eines Laubbaumastes. Es sitzt dem Ast auf und umgreift ihn teilweise mit seiner Basis, ohne jedoch daran festgebunden zu sein. Auffallenderweise stehen die Nester in Städten oft an oder gar über verkehrsreichen Straßen oder Gehsteigen. Gelegentlich findet man das Nest auch in Sträuchern, etwa in Flieder. Vom Männchen treulich begleitet, bringt das Weibchen das Nistmaterial häufig von weither, wie ja Brutrevier und Aktionsgebiet dieser Vögel keineswegs zusammenfallen. Verbaut wird vor allem Pflanzenwolle, die mit dünnen Würzelchen, Bast und dürrem Gras sehr fest verflochten wird. Die Polsterung enthält außer Pflanzenwolle auch Haare. Die Eier, von denen (3–) 4–5 (–6) ein Gelege bilden, sind auf weißlichem Grund dunkel weinrot und rosa gefleckt. Die Anzahl der Flecke variiert, selten kommen sogar ungefleckte Eier vor. Es brütet nur das Weibchen, das vom Männchen gefüttert wird. Nach (12–) 13–14 Tagen schlüpfen die Jungen. Sie sind nach 13–15 Tagen flügge. Die einzelnen Paare beginnen zu recht verschiedenen Zeitpunkten mit der Brut. Oft singen die Männchen schon im Januar, und man kann dann bereits erkennen, welche Vögel innerhalb des Schwarms ein Paar bilden, weil sie besonders eng zusammenhalten. Mit dem Nestbau beginnen sie aber erst Ende April oder gar Mitte Mai. Viele Paare, die früh mit der ersten Brut begonnen haben, brüten im Juni oder Juli ein zweites Mal.

105. Zeisig
Carduélis spínus

Länge: etwa 12 cm. Diese Art unterscheidet sich vom Girlitz (108) unter anderem durch die gelben Schwanzflecke und den längeren Schnabel, vom Zitronengirlitz (**3**: 73) zusätzlich durch die dunkle Fleckung, vom Grünling (103) durch die dunkle Fleckung und die geringere Größe. Das Männchen hat außerdem als einziger grünlicher Finkenvogel eine schwarze Kopfplatte und einen schwarzen Kinnfleck. Jungvögel ähneln dem Weibchen, sind aber grauer.

Der Zeisig ist noch geschwätziger als der Stieglitz, man hört ihn beständig rufen und zwitschern. Kennzeichnend ist ein zweisilbiges, gezogenes »diäh«, die zweite Silbe viel länger als die erste, daneben auch ein eiliges »djetdjetdjet« und ein sanftes »pie«. Der Gesang ist keine Meisterleistung, klingt aber ungemein fröhlich und gutgelaunt. Man kann ihn kaum wiedergeben, denn er besteht aus einem dicht gedrängten Gemisch zwitschernder und gequetscht näselnder Laute, am Schluß steht meistens ein breites »... äätsch« oder »dää«.

Das Verbreitungsgebiet des Zeisigs ist stark zersplittert. Ein verhältnismäßig geschlossenes Kerngebiet umfaßt Süd- und Mittelskandinavien, Finnland, das östliche Mitteleuropa, Osteuropa, ohne Nord- und Südrußland, sowie Westsibirien. Isolierte Vorkommen liegen beispielsweise in Schottland, Irland, auf Korsika und Sardinien, in den mittleren Apenninen, den östlichen Pyrenäen und einigen weiteren Gebirgen Westeuropas und des Balkans, außerdem in Teilen Klein- und Ostasiens. Selbst in seinem »geschlossenen« Brutgebiet kommt der Zeisig nicht überall vor. In Deutschland ist er vor allem in den Mittelgebirgen und den Alpen zu finden, während er in den Niederungen nur lokal brütet. Außerdem kann sich der Bestand von Jahr zu Jahr stark ändern, wobei das Nahrungsangebot den Ausschlag zu geben scheint. Die nördlichen und östlichen Populationen ziehen und überwintern in Mittel-, West- und Südeuropa. So ist der Zeisig hierzulande im Winter ungleich häufiger zu beobachten als zur Brutzeit.

Der Zeisig brütet in Nadelwäldern oder in Mischwäldern mit einem Übergewicht des Nadelholzanteils. Außerhalb der Brutzeit besucht er auch andere Baumbestände, vornehmlich aber Erlen (deshalb wird er oft Erlenzeisig genannt). Es macht Spaß, Zeisigen zuzuschauen, wenn sie äußerst geschickt durchs Geäst turnen. Selbst an dünnsten Zweigen halten sie sich fest, und oft hängen sie bauchaufwärts an den Fruchtständen der Erlen, aus denen sie mit ihrer feinen Schnabelspitze die Samen holen. Ab und zu erhebt sich der Schwarm mit unablässigem Rufen und strebt in raschem, leichtem Flug einem anderen Futterplatz zu. Ebenso »ernten« sie die Samen der Birken, Fichten und Tannen. Weiterhin stehen Samen verschiedener Kräuter, Knospen und sogar der Pollen von Weiden auf dem Speisezettel. Im Frühling und Sommer kommen noch kleine Insekten hinzu. Nach Auflösung der Winterschwärme sind Zeisige nur noch schwer zu beobachten, zumal sie sich viel im oberen Kronenbereich aufhalten, und so mancher Brutplatz mag schon übersehen worden sein.

Kaum ein anderes einheimisches Vogelnest ist so schwer zu finden wie das des Zeisigs. Nach dem Volksglauben benutzt dieser Vogel sogar zauberkräftige Steine oder Wurzeln, die das Nest unsichtbar machen. Der Hauptgrund für die »Unauffindbarkeit« ist aber die Höhe des Bauplatzes. Sie beträgt wohl stets mehr als 5 m, meistens sogar über 8 m und selbst um die 25 m wurden schon gemessen. In so luftigen Regionen steht das Nest vom Stamm entfernt in der Verzweigung eines dicht benadelten Astes. Es ist ein fester, napfförmiger Bau aus dicht verflochtenen Würzelchen, trockenen Gräsern, Moos und Pflanzenfasern. Außen wird es mit Flechten, Spinnweben und zerzupften Insektenkokons getarnt, während die Polsterung aus Haaren, Pflanzenwolle und Federn besteht. Die Eier zeigen einen weißlichen, blau oder grün überhauchten Grund, darauf sind sie rötlich und rostbraun gefleckt. 4–6 Eier bilden das Gelege. Das Weibchen, das vom

Männchen gefüttert wird, brütet allein, und zwar 11–14 Tage. Die Jungen sind mit 13–15 Tagen flügge. Die Beobachtungen über das Brutverhalten des Zeisigs sind noch verhältnismäßig mager. Man darf aber annehmen, daß mindestens ein Teil der Paare zweimal jährlich brütet.

106. Birkenzeisig
Acánthis flámmea

Die Ansichten über das System der Finkenvögel befindet sich noch im Fluß. So werden in manchen Werken die Acánthis-Arten zu Carduélis gestellt oder andererseits noch weiter gattungsmäßig aufgesplittert.

Länge: 12,5–13 cm. Die rosarote Brust und rötliche Tönung des Bürzels trägt nur das Männchen, den roten Kopffleck aber zeigen beide Geschlechter. Vom Hänfling (107) und Berghänfling (3: 74) unterscheidet sich diese Art unter anderem durch die schwarze Umgebung des Schnabels. Die blassen Ränder der Flügeldecken bilden helle Flügelbinden, die dem Hänfling fehlen. Der Schnabel ist horngelb. Den Jungvögeln fehlt sowohl die Rotfärbung wie der schwarze Fleck um den Schnabelgrund. Der Birkenzeisig bildet mehrere Rassen, von denen die auf den Britischen Inseln und in Mitteleuropa lebende Rasse (Acánthis flámmea cábaret) etwas kleiner und dunkler ist als die nordeuropäische.

Wegen des charakteristischen Rufes »tschäd«, oft zu »tschädtschädtschäd …« gereiht, heißt dieser Vogel mancherorts »Zätscher«. Er läßt auch ein etwas melancholisches »diluit« oder »diduit« hören, dessen erste Silbe manchmal nur schwach zu vernehmen ist oder ganz wegfällt. Der Gesang der Alpenbirkenzeisige erinnert mit seinen wie »tirrrr-düdüdüt …« klingenden Folgen stark an den Grünling (103), doch fehlt das »queeensch«. Die nordeuropäischen Vögel singen etwas weniger klangvoll. Birkenzeisige singen sowohl im Sitzen wie in einem Singflug.

Der Birkenzeisig kommt zirkumpolar vor. In Europa ist er im Norden (südwärts bis Mittelskandinavien) einschließlich Islands verbreitet, außerdem auf dem größten Teil der Britischen Inseln, auf mehreren Nordseeinseln, in den Alpen, der Tatra, in den Sudeten sowie im Böhmerwald. Er ist ein Teilzieher. Im Winter erscheinen in Mitteleuropa in jährlich wechselnder Menge Gäste aus nördlichen und östlichen Gebieten.

Er besiedelt lockere Bestände von Birken, Erlen und Weiden, wie sie für die nordischen Wälder typisch sind. In den mitteleuropäischen Gebirgen wählt er ähnliche Bestände, aber auch stark aufgelockerte Nadelwaldungen. Außerhalb der Brutzeit kann er überall auftauchen, wo entsprechende Bäume wachsen, auch mitten in Städten. In Bewegung und Verhalten erinnert er stark an den Zeisig. Ebenso geschäftig wie dieser sammelt er die kleinen geflügelten Früchte von Birke – besonders Zwergbirke – und Erle, doch scheint er öfter auf den Boden zu kommen oder die Samen von Kräutern zu holen. Er fliegt leicht und in einer Wellenbahn und ist sehr ruffreudig. Die Winterschwärme können oft nach Hunderten zählen. Ihr unregelmäßiges Erscheinen hängt von der Nahrungsmenge und vielleicht auch den klimatischen Gegebenheiten ihrer Heimatgebiete ab.

Das Nest steht meistens 2–5 m über dem Boden, manchmal aber auch erstaunlich tief. Es wird gewöhnlich in die äußerste Verzweigung eines Astes gebaut, aber so, daß es gut verdeckt ist. Würzelchen, Moos und dünne Halme bilden das hauptsächliche Baumaterial. Außen kaschiert das Weibchen, das allein baut, das Nest mit Flechten, vornehmlich solchen, die auf dem Nestbaum wachsen. Die Polsterung stellt es aus Haaren und Federn her. Das Weibchen brütet allein auf dem Gelege von (3–) 4–5 (–6) Eiern und wird vom Männchen gefüttert. Wie bei den meisten Finkenvögeln üblich, zeigt es dabei ein jungvogelhaftes Verhalten mit Bettellauten und Flügelzittern. Die Eier sind auf blauweißlichem Grund braun gefleckt, wobei die Flecken am stumpfen Eipol oft gehäuft auftreten. Nach 11–12 Tagen schlüpfen die Jungen, die nach etwa gleicher Zeit das Nest verlassen. Die meisten Paare brüten zweimal jährlich.

107. Hänfling
Acánthis cannábina
Länge: 13–14 cm. Beide Geschlechter dieser Art unterscheiden sich in allen Kleidern von Birkenzeisig (106) und Berghänfling (3: 74) durch die gestrichelte Kehle. Der Schnabel ist niemals gelb, sondern braungrau. Die Abbildung zeigt das Männchen im Prachtkleid, in dem es unverwechselbar ist, nicht nur durch die Rotfärbung, sondern auch durch den Kontrast zwischen zimtbraunem Rücken und grauem Kopf und Bürzel. Sein Ruhekleid gleicht weitgehend der Weibchenfärbung, die roten Gefiederpartien sind dann gar nicht oder nur andeutungsweise zu sehen. Die weißen Ränder der Schwingen und Schwanzfedern ergeben vor allem im Flug ein recht kennzeichnendes Muster. Jungvögel ähneln dem Weibchen.

Gut zu erkennen ist der Hänfling an seinem wie »gegegege …« klingenden Ruf, dessen Silbenzahl wechseln kann und der bald mehr nach »gig« bald mehr nach »gäck« hinneigt. Daneben hört man ein dünnes, etwas an einen Geigenton erinnerndes »dju« oder »djip« und bei Beunruhigung ein melodisches »tschedwi«. Sehr abwechslungsreich ist der Gesang der Männchen. Meistens wird er durch einige »gege«-Rufe eingeleitet. Darauf folgen angenehme Triller und hübsche Pfeiffiguren, immer wieder von den geckernden Lockrufen unterbrochen. Das Lied ist reicher gestaltet und »kunstvoller« als das der bisher beschriebenen Finkenvögel, doch nicht sehr laut. Es kommen individuelle Unterschiede vor.

Der Hänfling ist eine vornehmlich europäische Art. Sein Brutgebiet umfaßt Europa mit Ausnahme Nordskandinaviens. Von Südfinnland im Norden und der Ukraine im Süden erstreckt sich ein zunehmend schmaler werdender Keil ostwärts bis nach Westsibirien. Daneben brütet der Hänfling in Nordwestafrika und in Vorderasien. Er ist ein Teilzieher, dessen nördliche und östliche Populationen in Mittel- und Südeuropa sowie in Nordafrika überwintern. In Deutschland gehört er zu den häufigsten Finkenvögeln. Sein typischer Lebensraum ist nicht zu feuchtes, mit dichten Gebüschgruppen durchsetztes offenes Gelände. Wir finden ihn deshalb in Feldgehölzen, auf Heiden, Weinbergen, Ruderalflächen, in den Hecken an Bahndämmen, in Friedhöfen und Gärten, die ans offene Feld grenzen. Hierzulande ist er oft auf sogenannten Sozialbrachen anzutreffen. Der Hänfling ist in stärkerem Maße »Körnerfresser« als die meisten anderen Finkenvögel, denn er lebt fast ausschließlich von verschiedenen Sämereien, nur gelegentlich nimmt er auch andere Pflanzenstoffe oder gar Insekten zu sich. Er ist auf vielerlei Kräuter als Nahrungsquelle angewiesen. Dort, wo man mit Unkrautvernichtungsmitteln die Vegetation wahllos »verbessern« zu müssen glaubt, ist auch der Hänfling bald verschwunden. Hänflinge sind gesellige Vögel, die manchmal auch während der Brutzeit gemeinsame Futterplätze aufsuchen. Im Winter kann man große Schwärme antreffen, oft vermischt mit Berghänflingen und Grünlingen. Sie besuchen dann die aus dem Schnee ragenden Fruchtstände von Knöterich, Ampfer und anderen Pflanzen.

Zur Brutzeit ist das Männchen ein schmucker Vogel, dessen Betrachtung sich wohl lohnt. Es singt dann häufig auf stets den gleichen Warten, oder es begleitet in wellenförmigem Flug das Weibchen, wobei es auch außerhalb des Brutreviers singt. Das Nest steht meistens 0,5–2 m hoch und mit Vorliebe in einem Wacholder oder Lebensbaum nahe am Stamm, aber auch in anderen dichten Sträuchern. Das Weibchen baut allein und verwendet dabei Wurzeln, Halme und Stroh. Darauf folgt eine dichte Schicht aus tierischer und pflanzlicher Wolle, schließlich die Auskleidung aus Haaren und – seltener – Federn. Pferdehaare werden besonders gern genommen. Die Eier sind auf weißbläulichem Grund braunrot bis rosafarben gefleckt, besonders am stumpfen Pol. Das Weibchen brütet allein auf dem Gelege von 4–6 Eiern, bis nach (11–) 13 (–14) Tagen die Jungen schlüpfen. Die Eltern werfen die Eischalen aus dem Nest und füttern mit im Kropf vorgequollener Nahrung. Die Jungen, deren Augen sich mit 4–5 Tagen öffnen, verlassen mit 11–14 Tagen das Nest. Es finden gewöhnlich 2 Bruten statt, die erste beginnt im April, die zweite Anfang Juni. Manchmal brüten Hänflinge recht dicht beieinander, so daß man fast von lockeren Kolonien reden kann, anderswo haben sie größere Reviere; das Futter wird großenteils außerhalb des Brutreviers gesammelt.

108. Girlitz
Serínus serínus

Länge: 11–12 cm. Dieser kleinste mitteleuropäische Finkenvogel könnte eigentlich nur mit dem Zeisig verwechselt werden. Es fehlen ihm jedoch die gelben Flecken am Schwanz, und der Schnabel ist bedeutend kürzer. Girlitze sind kleine zierliche Vögel, die sehr rundköpfig wirken und durch einen gelben Bürzel auffallen. Das Weibchen ist matter und grauer gefärbt als das Männchen. Den Jungvögeln fehlt die Gelbfärbung des Bürzels, und sie sind kräftiger gestreift als die Alten.
Die stimmlichen Äußerungen des Girlitz zeichnen sich meist durch einen klirrenden Klang aus. Wie beim Stieglitz ist hier der Name eine lautmalerische Nachahmung des häufigsten Lockrufs, den man mit »girrrlitt« wiedergeben könnte, wobei in der ersten Silbe »i« und »r« als gleichzeitig tönend vorzustellen sind. Dieser ersten Silbe ähnlich, nur länger und voller, ist ein ebenfalls häufig geäußerter, leicht abfallender Triller. Beunruhigte Girlitze rufen weich »duit«. Ganz unverkennbar ist der Gesang, obwohl er sich nicht annähernd durch Buchstaben wiedergeben läßt. Er besteht aus einer recht langen, pausenlosen Folge auf und ab pendelnder Klirr- und Schwirrlaute. Singt das Männchen im Sitzen, dann schwenkt es oft den Körper abwechselnd nach beiden Seiten, oder aber es startet zu einem gaukelnden Singflug, bei dem es überraschend groß wirkt, weil es die Flügel bis zum Äußersten spreizt und weit ausholend durchschlägt. Der Girlitz war ursprünglich ein Vogel des Mittelmeerraums. Seit ungefähr 150 Jahren breitet er sich aber nordwärts aus. 1875 war er in Mitteleuropa etwa bis zum 51. Breitengrad vorgestoßen, heute bewohnt er den ganzen Kontinent nordwärts bis Süd-Dänemark und zur Ostseeküste und ostwärts bis zu einer ungefähren Linie zwischen Peipus-See und Odessa. Er taucht ± regelmäßig bereits auch in England, in Südschweden und Südfinnland auf. In manchen der neuen Gebiete ist er noch recht lückenhaft verteilt, so etwa in Nordwestdeutschland. Er lebt außerdem in Nordwestafrika und Kleinasien. Der Girlitz ist ein Teilzieher, der in den Mittelmeerländern überwintert, manchmal aber auch schon in Mitteleuropa bleibt.
Der Girlitz bewohnt parkähnliches Gelände, aber auch sonnige Waldränder. Die wichtigste Bedingung scheint ein ausreichender Bestand bestimmter »Unkräuter« zu sein, deren Samen er frißt. In Mitteleuropa ist diese Art weitgehend ein »Kulturfolger«. Man findet Girlitze hier vor allem in und bei menschlichen Siedlungen, so in Parks, auf Friedhöfen, in Dörfern oder in Vil-

lenvierteln. Fernsehantennen sind eine beliebte Singwarte der Männchen.

Trotz ihrer geringen Größe, sind Girlitze nicht so leicht zu übersehen, da sie sehr offen ihr Wesen treiben. Zur Nahrungssuche begeben sie sich meistens auf den Boden. Ihre Lieblingsnahrung sind die Samen von verschiedenen anspruchslosen Kräutern wie Wegerich oder Hirtentäschel. Daneben verzehren sie auch kleine Baumsamen, grüne Pflanzenteile und gelegentlich kleine Insekten, z. B. Blattläuse. Sie klettern jedoch auf Bäumen nie so meisenartig herum, wie es Zeisige tun, und wenn sie sich auch häufig bei der Nahrungssuche auf die Pflanzen setzen, so halten sie sich doch sehr viel auf dem Boden selbst auf. Sie fliegen rasch und in einer Wellenbahn.

Das Nest steht in einer Höhe von 1–8 m, meistens im äußersten Abschnitt eines waagerecht abstehenden Baumastes. Beliebt sind vor allem Roßkastanien, aber auch Obstbäume und Robinien. Manchmal wählen die Vögel auch kleinere Nadelbäume oder hochstämmige Beerensträucher (vor allem Stachelbeeren) in Gärten. Als Baumaterial dienen dünne Reiser und Würzelchen, die mit Wolle verflochten werden. Wolle, Haare und Federn bilden die Polsterung. Die Eier zeigen auf bläulichweißem Grund blaßrote und dunkelrote oder dunkelbraune Flekken, manchmal auch wenige Haarstriche. Das Gelege enthält 3–5 Eier, die vom Weibchen (10–) 12–14 Tage bebrütet werden. Währenddessen wird das Weibchen vom Männchen mit Futter versorgt, wobei das Weibchen hohe Bettellaute von sich gibt und mit den Flügeln zittert. Die Jungen haben einen hellroten Sperrachen und sind mit ungefähr 2 Wochen flügge; bei groben Störungen springen sie aus dem Nest, bevor sie fliegen können. Die erste Brut beginnt Anfang Mai; zahlreiche Paare brüten im Sommer ein zweites Mal.

109. Karmingimpel
Carpodacus erythrinus

Länge: etwa 14,5 cm. Ausgefärbte Männchen dieser Art sind mit keinem mitteleuropäischen Vogel zu verwechseln. Im ersten Jahr sehen die Männchen wie die Weibchen aus, denen auch die Jungvögel gleichen. In diesem Kleid unterscheiden sich die Karmingimpel von Berghänflingen (3: 74) und Hänflingsweibchen (107) durch den plumperen Schnabel, die beiden hellen Flügelbinden und das mehr olivbraune Gefieder, vom Weibchen des Haussperlings (121) durch die gefleckte Brust und von der Grauammer (3: 78) durch die geringere Größe und die Flügelbinden.

Unter den Rufen sind ein kurzes »slit« und ein klagendes »dschäüb« oder »dschäju« besonders zu nennen. Der Gesang ist individuell verschieden, besteht aber immer aus einer recht lauten 2silbigen bis 6silbigen Pfeifstrophe, die durch die Reinheit der Töne und die auf- und abschwingende Melodie etwas an den Pirol (53) erinnert, dessen runden Flötenklang sie aber nicht erreicht. Man könnte manche Varianten mit »djü-dunja« oder »dü-dü-di-düidju« wiedergeben.

Der Karmingimpel scheint seit der Jahrhundertwende immer wieder zögernde Versuche zu machen, sich westwärts auszubreiten, doch sind nicht alle Vorstöße in eine Daueransiedlung übergegangen. Das geschlossene Brutgebiet reicht heute im Westen bis Südfinnland, Mecklenburg und Polen, dort südwärts bis in die Gegend von Krakau. In etwa gleicher Breitenausdehnung zieht sich das Gebiet durch Rußland und dehnt sich in Asien bis Kamtschatka und zum Himalaja aus. Isolierte Brutgebiete sind aus Schweden bekannt. Der Karmingimpel überwintert in Indien. Die mitteleuropäischen Vögel ziehen Ende August oder Anfang September fort und kommen im Mai wieder. Vor allem jüngere Vögel streifen nicht selten bis nach Westeuropa.

Feuchte Flußauen mit dichten Gebüschgruppen sind der typische Lebensraum. Lokal brüten sie aber auch in strauchreichen Dorfgärten und sogar in Stadtparks (Leningrad).

Karmingimpel ernähren sich vornehmlich von Samen, die sie ähnlich wie Grünlinge von den Pflanzen holen. Wo sie häufig sind, können sie in großen Scharen auf Feldern einfallen. Daneben verzehren sie auch Insekten, besonders kleine Käfer, die sie von Blüten picken. Ihre Fluchtdistanz vor dem Menschen schwankt örtlich sehr beträchtlich.

Das Nest steht recht niedrig (0,3–2 m) in Sträuchern, die dicht von Schlingpflanzen, Kräutern und Stauden durchwuchert sind, manchmal auch allein in der Krautschicht. Der napfförmige Bau besteht aus dünnen Reisern und Halmen, deren freie Enden nach außen ragen. Nach innen zu wird das Material immer feiner und dichter. Die Polsterung setzt sich aus dünnem Gras und Haaren zusammen. Sowohl Nestbau wie Bebrütung werden allein vom Weibchen ausgeführt. Die Eier sind auf schön hellblauem Grunde zerstreut dunkelrot und schwärzlich rotbraun gefleckt. Das Gelege enthält 4–5 (–6) Eier und wird vom vorletzten Ei an etwa 2 Wochen bebrütet. Nach weiteren 11–14 Tagen verlassen die Jungen das Nest. Gewöhnlich findet nur eine Brut jährlich statt.

110. Gimpel
Pýrrhula pýrrhula

Länge: etwa 15–16 cm. Diese Art ist nicht zu verwechseln. In beiden Geschlechtern sind die schwarze Kopfzeichnung, die schwarzen Flügel mit weißer Binde, der auffallende weiße Bürzel und der schwarze, am Ende kaum ausgeschnittene Schwanz kennzeichnend. Der einzige andere Finkenvogel ähnlicher Größe mit weißem Bürzel, der Bergfink (116), ist völlig anders gefärbt. Junge Gimpel ähneln dem Weibchen, haben aber kein Schwarz am Kopf. Der rötliche Fleck am Flügel, den die Abbildung zeigt, ist oft von anderen Federn verdeckt und nicht zu sehen. Der Gimpel bildet Rassen, von denen mindestens 3 auch in Mitteleuropa beobachtet werden können. Sie unterscheiden sich nur etwas in der Größe und in der Intensität der Färbung. Die nordeuropäische Rasse ist dabei die größte und am leuchtendsten gefärbte.

Der gewöhnliche Lockruf des Gimpels ist sehr kennzeichnend; er läßt sich leicht nachpfeifen und klingt weich und etwas schwermütig »dü« oder »güp«, oft am Ende kurz abwärts gezogen, und dadurch fast 2silbig wirkend. Leiser und kürzer ertönt ein »bütt«. Der Gesang, der auch vom Weibchen gebracht wird, besteht aus ähnlichen sanften, oft auch gepreßten Pfiffen und leisem bauchrednerischem Murmeln oder Knirschen. Er ist recht unscheinbar und muß erlernt werden, das heißt, Gimpel »wissen« von Natur aus nicht, wie ihr Gesang zu klingen hat. Sie singen das, was sie von ihrem Vater gehört haben. Läßt man sie von anderen Vögeln aufziehen, singen sie später ein artfremdes Lied. So ist es verständlich, daß jung aufgezogene Gimpel in Gefangenschaft lernen, ganze Liedstrophen nachzupfeifen. Die Kunst, Gimpel entsprechend abzurichten, war früher in manchen Gegenden, etwa im Vogelsberg, weit verbreitet.

Der Gimpel bewohnt in mehreren Rassen Eurasien von Irland bis Japan. In Europa fehlt er im Norden Skandinaviens und Rußlands sowie im größten Teil Südeuropas, wo er nur in Nordspanien, in den Apenninen und in den Gebirgen des Balkans brütet. Allerdings weitet der Gimpel mancherorts sein Brutgebiet aus; so trat er in weiten Teilen des polnischen Tieflandes als Brutvogel erst im Laufe dieses Jahrhunderts auf. Gimpel sind bei uns Jahresvögel. Im Winter kommen oft zusätzlich nordische Vögel nach Mitteleuropa.

Der Gimpel war wohl ursprünglich ein Vogel des Nadelwaldes, vor allem der Fichtenwaldungen. Besonders in Westeuropa, schon in Deutschland, ist er aber auch in Mischwäldern mit geringem Nadelholzanteil, in Parks und sogar in Gärten anzutreffen, wo er eine Vorliebe für dichtes Gebüsch zeigt. Das Eindringen in neue Lebensräume scheint sogar noch fortzuschreiten. Diese liebenswerten Vögel führen eine recht unauffällige Lebensweise. Im Sitzen wirken sie leicht etwas phlegmatisch und bedächtig. Ihr wellenförmiger Flug aber ist rasch und energisch. Sie fressen vornehmlich Samen (z. B. Koniferen, deren Samen sie aber nicht aus den Zapfen holen können, sondern nach dem Ausfallen vom Boden auflesen), Früchte (z. B. Esche, Ahorn, Liguster sowie Ebereschen, die sie oft nur zerbeißen, um an die Samen zu kommen) und Knospen. Im Sommer trifft man sie meistens paarweise. Die Partner halten fest zusammen. Am leichtesten entdeckt man Gimpel im Winter, wenn sie sich zu kleinen Schwärmen zusammenschließen. Auf schneebedeckten Zweigen bieten die farbenprächtigen Männchen ein besonders reizvolles Bild.

Das Nest steht im Osten des Brutgebietes meistens in einer Fichte oder einem anderen Nadelbaum, hierzulande auch in dichten Sträuchern oder in Kletterpflanzen. Die Höhe über dem Boden beträgt meistens 0,8–2 m, zuweilen aber auch wesentlich mehr. Nur das Weibchen baut, wird aber vom Männchen stets begleitet. Dünne Reiser und Halme dienen als Baumaterial. Die flach napfförmige Nestschale, aus deren Außenwand die einzelnen Baustücke hervorragen, wird innen mit dünnen Wurzeln, Haaren und manchmal mit Sporenträgern von Moosen ausgepolstert. (3–) 4–5 (–6) Eier, die auf blaßblauem Grund mit recht zerstreuten, aber am stumpfen Pol gehäuften dunkelroten und graurötlichen Flecken versehen sind, bilden das Ge-

lege. Das Weibchen brütet allein und wird vom Männchen gefüttert. Nach 13–15 Tagen schlüpfen die Jungen, die einen schön rotvioletten Sperrachen haben. Sie verlassen mit (12–) 15–16 (–18) Tagen das Nest.

111. Hakengimpel
Pinícola enucleátor

Länge: 20–21 cm. In der Färbung erinnern die größten europäischen Finkenvögel an Kreuzschnäbel. Sie unterscheiden sich aber durch ihre Größe, den ungekreuzten Schnabel und von Fichten- und Kiefernkreuzschnabel zusätzlich durch die weißen Flügelbinden. Jungvögel sehen den Weibchen ähnlich, sind aber matter gefärbt, und ihr Gefieder wirkt gefleckt. Nicht alle Männchen zeigen die volle rosarote Färbung, möglicherweise handelt es sich bei den blasseren um einjährige Vögel.

Hakengimpel verfügen über eine wohltönende Stimme. Der Lockruf klingt wie ein hohes gepfiffenes »tü-tü-tjü«. Beunruhigte Vögel lassen ein weiches »tschiwli« hören. Der Gesang besteht aus melodischen Flötenreihen wie »pili-pjü-plju«, die entfernt an Singdrossel oder Pirol erinnern. Dazwischen ertönen gequetschte, näselnde Laute sowie sanfte, leise Triller und Pfiffe.

Die Art bewohnt die hochnordischen Nadelwälder der Alten und Neuen Welt. Im Winter streifen die Vögel meistens nur in geringer Entfernung vom Brutgebiet umher. Manchmal aber ziehen sie invasionsartig nach Süden und erscheinen dann auch in Mitteleuropa, aber nur ausnahmsweise südlicher und westlicher als Pommern. Die Invasionen waren im vorigen Jahrhundert offensichtlich häufiger als heute.

Der Hakengimpel lebt in Nadelwäldern, aber auch in Mischwäldern und sogar in reinen Birkenwäldern. Er bevorzugt die Randzonen des Waldes, besonders solche, die an Gewässer grenzen. Wie manche anderen nordischen Vögel ist der Hakengimpel oft recht zutraulich, so daß er Beobachter nahe an sich herankommen läßt. Er ernährt sich vornehmlich von Samen, wobei er eine besondere Vorliebe für Koniferensamen zeigt, aber er frißt auch Knospen, junge Nadeln und Beeren, darunter sehr gern Ebereschenbeeren. Im Sommer nimmt er zusätzlich Insekten auf. Sein Flug ist ausgeprägt wellenförmig. In den Schwärmen, die sich außerhalb der Brutzeit bilden, sind die voll ausgefärbten Männchen meistens in der Minderzahl.

Das Nest steht gewöhnlich in einem Nadelbaum, etwa 2–4 m über dem Boden. Es wird aus dünnen Reisern, Wurzeln und Halmen gebaut. Feine Gräser und Haare, oft von Rentieren, bilden die Polsterung. Das Gelege enthält (3–) 4 (–5) Eier, die vom Weibchen allein bebrütet werden. Das Männchen versorgt seine Partnerin währenddessen mit Futter. Nach etwa 2 Wochen schlüpfen aus den bläulich grundierten und grauviolett bis dunkelbraun gefleckten Eiern die Jungen. Sie werden von beiden Eltern gefüttert und auch noch nach dem Ausfliegen geführt.

112. Fichtenkreuzschnabel
Lóxia curviróstra

Länge: etwa 16,5–18 cm. Alle Kreuzschnabel-Arten sind je nach Geschlecht und Alter ähnlich gefärbt. Sie wirken gedrungen und kurzschnäbelig. Außerdem sind sie an der Stimme und am Verhalten zu erkennen, während aus der Entfernung die Kreuzung der Schnabelhälften nur selten zu sehen ist. Die vorliegende Art läßt sich nicht immer sicher von der nächsten unterscheiden, am besten noch durch den schwächeren Schnabel. Junge Männchen sind in sehr wechselndem Maße bald schwächer, bald intensiver rot gefärbt. Jungvögel haben ein düster grünbraunes und vor allem unterseits deutlich längsgestreiftes Gefieder.

Wenn man sich den Lockruf merkt, wird man Fichtenkreuzschnäbel stets daran erkennen können. Er klingt wie »gipp, gipp …« und wird vor allem im Flug sehr hart und metallisch angeschlagen, im Sitzen kann er gelegentlich auch etwas sanfter klingen. Er erinnert zwar etwas an den Ruf des Grünlings (103), ist aber stets betonter und voller und wird nie zur klingelnden Folge gereiht. Daneben hört man nicht selten einen kurzen aufwärtsgezogenen Triller. Auch an den Grünling kann der Gesang erinnern, der sehr variabel und meistens reicher und vielfältiger als das Grünlingslied ist. Man vernimmt hübsche Triller, pfeifende, zwitschernde und geräuschhafte Laute in munterem Fluß. Immer wieder werden auch einzelne Lockrufe eingeflochten.

Der Fichtenkreuzschnabel ist Brutvogel in der Nadelwaldzone der Nordhalbkugel. In Europa ist er die häufigste Kreuzschnabel-Art, fehlt aber gebietsweise, so z.B. im größten Teil Englands und Frankreichs. Doch führt diese Art ein nomadisierendes Leben und taucht bald hier, bald ± vorübergehend auf. Gelegentlich erscheinen invasionsartig große Scharen, wo sonst kaum Kreuzschnäbel vorkommen. In Deutschland ist er ziemlich regelmäßig in den Nadelwäldern der Gebirge anzutreffen, seltener auch in denen des Tieflandes.

Er bevorzugt Fichtenbestände, kommt aber auch auf Lärchen und Kiefern vor und meidet selbst Mischwälder nicht völlig. Bei den Fichtenkreuzschnäbeln scheint sich der gesamte Lebensrhytmus nach dem Samenangebot bestimmter Nadelbäume zu richten, wobei die Fichte die wichtigste Rolle spielt, während Kiefernzapfen den Vögeln größere Mühe machen. Sogar die merkwürdige Schnabelbildung läßt sich als Anpassung an die Nahrungsquelle deuten, denn der Vogel vermag mit den gekreuzten Schnabelspitzen die Schuppen der Zapfen abzuspreizen, um so zu den Samen zu gelangen. Je nachdem, ob die Spitze des Unterkiefers nach links oder rechts gebogen ist, muß der Vogel seinen Kopf in eine bestimmte Lage zum Zapfen bringen. Durch diese beständige »Einseitigkeit« entwickeln sich Kiefergelenke sowie Kiefer- und Halsmuskeln asymmetrisch. Bei der Futtersuche turnen die Kreuzschnäbel recht papageienähnlich im Gezweig herum, wobei sie den Schnabel als drittes Greiforgan einsetzen können. An größeren Zapfen klammern sie sich an, kleinere reißen sie ab und halten sie mit den Zehen fest. Die bearbeiteten Zapfen sind leicht an ihrem »struppigen« Aussehen und den längs zerschnittenen Schuppen zu erkennen. Zur Nahrung zählen außerdem die Samen einiger Laubbäume wie Ahorn oder Buche, aber auch Knospen und Unkrautsamen und sogar Insekten, darunter vor allem Blattläuse. Mit dem hohen Anteil an Harzen in ihrer Nahrung hängt vielleicht zusammen, daß tote Kreuzschnäbel kaum verwesen und als natürliche Mumien jahrelang erhalten bleiben können. Dieser Umstand, wie auch die Schnabelform und das ungewöhnliche Brutverhalten, haben zu zahlreichen Legendenbildungen um diesen Vogel geführt.

Brütende Fichtenkreuzschnäbel kann man zu jeder Jahreszeit antreffen, am häufigsten sogar mitten im Winter, nämlich von Januar bis März. Schnee und harter Frost stören sie nicht. Auch die Brutzeit hängt mit dem jeweils verfügbaren Samenangebot der Fichte zusammen. Das Nest ist ein festgefügter napfförmiger Bau aus Nadelbaumreisern, die mit Halmen und Moos durchwirkt werden. Feine Würzelchen und Hälmchen bilden die dicke Polsterung. Der Nistplatz befindet sich fast immer höher als 4 m über dem Boden auf einem Nadelbaum. Die Eier zeigen auf schmutzigweißem, manchmal graubläulich überhauchtem Grund zerstreute hellrote und schwarzbraune Flecken und kurze Kritzel. Das Gelege von 3–4 Eiern wird vom Weibchen al-

lein bebrütet, und zwar vom ersten Ei an. Das Männchen versorgt seine Partnerin mit Futter. Nach 14–16 Tagen schlüpfen die Jungen. Beobachtungen deuten darauf hin, daß die Nestlinge niedrige Temperaturen gut vertragen. Ihre Schnäbel sind übrigens zunächst gerade und kreuzen die Spitzen erst nach etwa 3 Wochen. Mit (14–) 16 (–18) Tagen verlassen die Jungvögel das Nest.

113. Kiefernkreuzschnabel
Lóxia pytyopsíttacus

Länge: etwa 18–19 cm. Dieser Vogel wird von manchen Fachleuten nur als eine Rasse der vorigen Art angesehen, was aber wohl nicht zutrifft, da beide, ohne sich zu vermischen, im gleichen Gebiet vorkommen, wenn auch oft in getrennten Lebensräumen. Im Freien ist er allenfalls an dem stärkeren Schnabel vom Fichtenkreuzschnabel zu unterscheiden. In der Färbung gleichen sich beide Arten. Die Stimme klingt lauter und tiefer, der Lockruf etwa wie »göpp-göpp«.

Der Kiefernkreuzschnabel brütet vor allem in Skandinavien, Finnland und Nordrußland etwa bis zum Polarkreis nordwärts und südlich bis Estland. Mehr oder minder sporadische Bruten kennt man auch noch weiter südlich, so aus Polen und Ostdeutschland. Auf Streifzügen kann er auch in anderen Teilen Europas auftauchen, im Süden jedoch nur selten. Er hält sich mit Vorliebe in Kiefernwäldern auf, die andere Kreuzschnäbel kaum aufsuchen. Daneben ist er aber auch in gemischten Nadelwaldungen zu finden.

In seinem Verhalten gleicht er weitgehend dem Fichtenkreuzschnabel, doch vermag er ohne Schwierigkeiten die gröberen Kiefernzapfen zu bearbeiten, wozu ihn der kräftige Schnabel befähigt. Ebenso gleicht seine Fortpflanzungsbiologie derjenigen der vorigen Art. Die meisten Bruten findet man im März und April.

114. Bindenkreuzschnabel
Lóxia leucóptera

Länge: etwa 14 cm. Diese Art ist von den beiden anderen Kreuzschnäbeln leicht an den weißen Flügelbinden zu unterscheiden. Die Binden sind auch im Flug gut zu sehen. Das Rot der Männchen ist lebhafter als beim Fichtenkreuzschnabel und hat einen leicht rosafarbenen Ton, der an den Hakengimpel (111) erinnert. Die Weibchen sind heller als bei den anderen Kreuzschnäbeln und etwas deutlicher dunkel gestreift.

Die häufigsten Rufe klingen wie »giff-giff« und »pieb«. Der Gesang ist ein klangvolles Gemisch aus hellen Pfiffen, leiserem Gezwitscher und langen Trillern. In der Tonqualität erinnert er an den Kanarienvogel. Das Männchen soll gelegentlich auch kurze Singflüge ausführen.

In Europa brütet der Bindenkreuzschnabel in Nordrußland sowie selten in Nordfinnland und Nordschweden. Darüberhinaus ist er Brutvogel in Nordasien und im nördlichen Nordamerika. Er streift südwärts bis in die baltischen Länder, selten und unregelmäßig gelangt er nach Mitteleuropa. Sein bevorzugter Lebensraum sind Lärchenwälder. Im Verhalten ähnelt diese Art den anderen Kreuzschnäbeln. Sie hat den schwächsten Schnabel von allen, wohl als Anpassung an die kleinen Lärchenzapfen.

Das Brutverhalten wurde erst sehr lückenhaft untersucht, es dürfte aber dem der anderen Kreuzschnäbel ähneln. Die meisten Bruten finden im März und April statt. Das Nest steht auf einem Nadelbaum, bevorzugt auf einer Lärche und nicht immer so hoch wie beim Fichtenkreuzschnabel. Das Gelege enthält 3–4 (–5) Eier.

115. Buchfink
Fringílla cóelebs

Länge: 15–16 cm. In allen Kleidern ist der Buchfink an den beiden weißen Flügelbinden zu erkennen, von denen besonders die vordere recht breit und im Flug gut zu sehen ist. Ebenfalls weiß sind die Schwanzseitenränder. Im Prachtkleid sind die Männchen auffallende Erscheinungen und unverwechselbar. Bei keinem anderen einheimischen Vogel findet sich der Kontrast zwischen graublauem Oberkopf und bräunlich-weinroter Unterseite. Die Stirn ist samtschwarz, der Bürzel grünlich, der Schnabel stahlblau. Im Winter verdecken bräunliche Federränder ± die Blaufärbung des Kopfes, und der Schnabel erscheint hornfarben. Weibchen und Jungvögel sind wesentlich unscheinbarer gefärbt, aber an der erwähnten Flügelzeichnung stets von anderen schlicht gefärbten Vögeln, etwa Haussperlingsweibchen (122), zu unterscheiden.

Der Buchfinkenschlag gehört zu den einprägsamsten Vogelgesängen, obwohl er in Einzelheiten abgewandelt sein kann und die Finkenhähne in verschiedenen Gegenden deutlich unterscheidbare »Dialekte« bilden. Stets unverkennbar ist die schmetternde und energische Vortragsweise. Man könnte den Gesang etwa so wiedergeben: »dididüdüdüdüdúturutschíju«. Vor allem der Schlußschnörkel erscheint in vielfach abgewandelter Form, bald 4silbig wie hier angegeben, bald 3-2silbig. Besonders »schmissig« klingt der Schlag, wenn unmittelbar daran ein betontes »kik« angehängt wird. Unter den Rufen sind hervorzuheben ein kräftiges »pink« (Fink!), das an die Kohlmeise (65) erinnert, ein sanfteres »jüp«, das man vor allem beim Auffliegen hört, sowie ein schwer wiederzugebendes rülschendes »hirrrd«, das die Bezeichnung »Regenruf« trägt und ebenfalls der Dialektbildung unterliegt, so daß es lokal ziemlich rauh, andernorts aber fast rotschwanzartig wie »füit« klingt.

Der Buchfink bewohnt, mit Ausnahme des äußersten Nordens, ganz Europa sowie Westsibirien bis zum Jenissei, außerdem die Azoren, Kanaren, Madeira, Nordwestafrika und Vorderasien bis Nordiran. Er gehört zu den häufigsten europäischen Vögeln und ist ein Teilzieher. In Mitteleuropa ziehen vor allem die Weibchen (der Artname »coelebs« bedeutet »ehelos«). Die Überwinterungsgebiete liegen in West- und Südeuropa.

Der Buchfink kommt nahezu überall vor, wo Bäume wachsen. Wir finden ihn sowohl im Wald wie in baumbestandenen Grünanlagen mitten in der Stadt. Außerhalb der Brutzeit kann er sich sogar in der baumlosen Feldflur aufhalten. Am leichtesten sind Buchfinken in Parks zu beobachten, wenn sie hüpfend oder in trippelnden Schritten den Boden nach Futter absuchen. Sie erscheinen verhältnismäßig hochbeinig, und ihr Flug beschreibt eine deutliche Wellenbahn. Gewöhnlich ist ihre Fluchtdistanz klein, so daß man nahe an sie herankommen kann. Sie ernähren sich sowohl von pflanzlichen Stoffen wie Sämereien und Knospen als auch von Insekten; die Nestlinge werden sogar hauptsächlich mit Insekten gefüttert. Offensichtlich sind Buchfinken nicht sehr wählerisch, denn sonst hätten sie sich nicht so gut an die unterschiedlichsten Lebensräume anpassen können. Zur Brutzeit streng territorial, vereinigen sie sich danach gern zu kleinen Flügen, die sich oft mit anderen Finkenvögeln vergesellschaften. Bei uns sind in solchen Winterschwärmen größtenteils nur Männchen anzutreffen.

Das Männchen ist in der Brutzeit bis zum Schlüpfen der Jungen ein unermüdlicher Sänger, der sein kleines Revier mit lauter Stimme, aber notfalls auch »handgreiflich« gegen Nebenbuhler verteidigt. Für den Nestbau ist das Weibchen allein zuständig. Das Nest hat die Form eines halbkugeligen Napfes und besteht hauptsächlich aus dicht verfilztem Moos, Wurzeln und trockenem Gras. Innen wird es mit Haaren und Federchen gepolstert. Es steht häufig wenig versteckt, aber da die Außenwand äußerst geschickt mit Flechten, Birkenrinde, Insektenkokons und Spinnweben getarnt wird, ist das Nest dennoch nicht leicht zu finden. Als Standort werden Verzweigungen auf Bäumen oder Büschen gewählt, nicht selten unmittelbar am Hauptstamm. Die Höhe über dem Boden beträgt (1,5–) 3–5 m, häufig aber auch wesentlich mehr. Die Eier zeigen auf ± schmutzig blaßbläulichem oder bräunlichem Grund zerstreute braunrote Flecken und Fadenstriche. Einfarbige Eier kommen vor. Die meisten Eier sind aber an der Fleckenform zu erkennen. Die Flecken haben nämlich blassere »zerfließende« Randzonen, so, als hätte man mit einer glühenden Nadel Brandmale angebracht. Das Weibchen brütet allein auf dem Gelege von (3–) 4–5 (–6) Eiern. Nach 12–13 Tagen schlüpfen die Jungen. Sie sind mit 13–14 Tagen flügge. Ab Ende April findet man die Eier der ersten Brut, Ende Juni oder Anfang Juli folgt eine zweite, aber nicht bei allen Paaren.

116. Bergfink
Fringílla montifringílla

Länge: etwa 15 cm. Das Männchen im Prachtkleid ist unverwechselbar. In allen Kleidern und bei beiden Geschlechtern ist der weiße Bürzel charakteristisch, der besonders im Flug ins Auge fällt. Nur der Gimpel (110) hat unter den Finkenvögeln Europas noch einen weißen Bürzel, ist aber sonst völlig anders gefärbt. Das Weibchen unterscheidet sich vom weiblichen Buchfinken außerdem durch die orangebräunliche Brust und die Fleckung des Rückens und der Flanken. In Mitteleuropa sieht man meistens nur die Wintergäste im Ruhekleid, im Spätwinter aber zeigen die Hähne bereits alle Übergänge zum Prachtkleid, das übrigens durch Abnutzung der bräunlichen Federränder entsteht.

Die Stimme ist weniger klangvoll als bei der verwandten Art (115). Am häufigsten hört man ein »quäik« und im

Flug ein hänflingartiges Geckern wie »gäg« oder »jär«. Der Gesang besteht hauptsächlich aus wiederholtem kratzendem »schrräng«, dem einige leise zirpende Laute beigegeben werden.

Der Bergfink brütet im Norden Eurasiens von Norwegen bis Kamtschatka. Gelegentlich sind auch weiter südlich (z. B. Helgoland) Bruten festgestellt worden. Er überwintert hauptsächlich in Mittel- und Südeuropa. In Deutschland ist er zwischen September und Mai ein regelmäßiger Gast.

In seinem Brutgebiet besiedelt er die Randzonen aufgelockerter Wälder, wobei er Birkenwälder bevorzugt. Im Winter kommt er auch in anderen Lebensräumen vor, besonders in Buchenwäldern.

In Verhalten und Lebensweise ähnelt der Bergfink dem Buchfink, mit dem er sich im Winter oft vergesellschaftet, dem er aber in vielen Situationen unterlegen ist. Er besucht auch künstliche Futterstellen. Als Futter dienen ihm Knospen und Samen verschiedener Bäume, Sträucher und Kräuter. Daneben verzehrt er viele Insekten, mit denen er auch seine Jungen füttert. Ziehende Bergfinken können sich zu eindrucksvollen Schwärmen von mehreren Millionen vereinigen. Früher wurden sie in manchen Gegenden Deutschlands besonders nachts gejagt. Da die Bergfinken in kühlen Nächten dichtgedrängt auf Ästen schlafen, waren sie dann leicht zu erbeuten.

Das Nest steht meistens auf einer Birke. Es ist ein halbkugeliger Bau aus Moos, Halmen und Flechten und wird mit Haaren und Federn gepolstert. Nur das Weibchen baut. Es brütet auch allein auf dem Gelege von (4–) 5–7 (–8) Eiern, die auf bräunlichem Grund dunklere Flecken aufweisen. Wie beim Buchfink sehen die Flecken teilweise wie eingebrannt aus. Die Jungen schlüpfen nach 12–14 Tagen. Nach etwa gleicher Zeit verlassen sie das Nest. Da die Brut gewöhnlich erst Ende Mai beginnt, ist wohl nur mit einer Jahresbrut zu rechnen, doch fehlen noch eingehende Untersuchungen.

117. Goldammer
Emberíza citrinélla

Länge: 16–17 cm. Kennzeichnend ist die Zusammenstellung: Gelbtöne am Kopf und Unterseite und zimt- bis kastanienbrauner Bürzel, eine Farbkombination, die sonst bei keinem europäischen Kleinvogel vorkommt. Im Flug sind die weißen Schwanzseitenränder auffällig. Alte Männchen zeigen mitunter besonders prächtig ausgeprägte Farben, während Weibchen immer sehr viel matter sind. Manche Weibchen sehen allerdings schwach gefärbten Männchen recht ähnlich. Jungvögel haben gewöhnlich noch weniger Gelb als die Weibchen.

»Wie, wie, wie hab ich dich lieb«, diese volkstümliche Unterlegung des Goldammerngesanges trifft recht gut Rhythmus und Tonführung der einförmigen Strophe. Die Länge kann von 5–11 Silben variieren, und auch Tempo und Tonfall können etwas wechseln, aber die Strophe bleibt doch stets leicht erkennbar. Das Goldammerlied behält deshalb auch der Anfänger der Vogelkunde leicht im Gedächtnis. Außerdem hört man von dieser Ammer ein scharfes, aber nicht sehr lautes »zick« und beim Auffliegen ein »zikzur«. Als Warnruf kann dünnes »zieh« gelten, das kaum von dem ähnlichen Ruf bei Amsel und Rotkehlchen zu unterscheiden ist.

Das Brutgebiet erstreckt sich von Irland bis zum Baikalsee. In Europa fehlt die Goldammer im äußersten Norden, im größten Teil der Iberischen Halbinsel und in fast allen Küstenregionen des Mittelmeeres. Isolierte Vorkommen liegen im Kaukasus und an der Südküste des Kaspischen Meeres. Sie ist in Europa sicherlich die häufigste Ammer. Gewöhnlich ziehen nur die nördlichen Populationen, um in Süd- und Mitteleuropa zu überwintern.

Die Goldammer lebt dort, wo offene Flächen mit Baum- und Strauchgruppen zusammentreffen, also vor allem in parkähnlichem Gelände, an Waldrändern, auf Lichtungen, in Weinbergen und Feldgehölzen. Dabei bevorzugt sie gut durchsonnte Orte. In Parks im Inneren der Städte fehlt sie oder tritt nur selten auf, dagegen ist sie, vor allem im Winter, in bäuerlichen Siedlungen anzutreffen.

Wie die meisten Ammern stellt die Goldammer in der warmen Jahreshälfte eifrig verschiedenen Insekten nach, die auch das ausschließliche Aufzuchtfutter der Jungen darstellen. Daneben frißt sie Sämereien, von denen sie besonders im Winter abhängt. In dieser Jahreszeit versammelt sie sich in lockeren kleinen Schwärmen bei Scheunen, Ställen und Misthaufen. Früher, als es noch mehr Arbeitspferde gab, teilte sie sich mit den Sperlingen in die Roßäpfel auf der Dorfstraße. Goldammern sammeln ihr Futter meistens auf dem Boden, und sie sind dort im freien Feld gar nicht so leicht zu sehen. Sie haben einen wellenförmigen Flug und zucken im Sitzen häufig mit dem Schwanz. Bisweilen tragen sie ihre Scheitelfedern leicht gesträubt. Obwohl das Männchen ein ausgesprochen schmucker Vogel ist, wirkt die Goldammer – wie die meisten Ammern – in ihren Lebensäußerungen leicht ein wenig hölzern und nicht so »gemütsbewegend« wie viele andere Kleinvögel, wobei die zwar anheimelnde, aber doch »langweilige« Stimme eine gewisse Rolle spielen mag. Das zeigt aber nur, daß vermenschlichende Betrachtungsweisen den Eigenarten und besonderen Anpassungen der verschiedenen Tierarten nicht gerecht werden.

Die Männchen haben in ihrem Revier einige Singwarten, von denen sie mit großer Regelmäßigkeit ihr einfaches Lied vortragen. Das Nest steht meistens auf dem Boden, besonders häufig an Böschungen im Schutze überhängender Pflanzen. Manchmal findet man es aber auch im dichten Gezweig von Büschen oder kleinen Bäumen. Es besteht aus trockenen Grasblättern und Halmen, die beim Bau geknickt werden. Ab und zu ist etwas Moos daruntergemischt. Als Polsterung verwendet die Goldammer feine Gräser, Würzelchen und Haare. Die Grundfarbe der Eier ist weiß mit einem bräunlichen, blaßvioletten oder grauen Stich. Darauf befinden sich dunkelgraue und braunviolette Flecke und Schnörkel. Das Gelege umfaßt (3–) 4–5 Eier, die allein vom Weibchen ausgebrütet werden. Nach (11–) 12–13 (–14) Tagen schlüpfen die Jungen. Sie werden von beiden Eltern gefüttert, die meistens in einiger Entfernung vom Nest landen und die letzten Meter zu Fuß zurücklegen. Nach (9–) 12–14 Tagen verlassen die Jungen das Nest. Die Eiablage zur ersten Brut beginnt ab Ende April. In der zweiten Junihälfte schreiten die Paare zur zweiten Brut. Manchmal folgt sogar noch eine dritte Brut.

118. Ortolan
Emberíza hortulána

Länge: etwa 16 cm. Der olivgrünliche Kopf mit gelbem Augenring und ebensolcher Kehle nebst gelbem Streif unter der Wange sowie die zimtfarbene Unterseite sind kennzeichnend. Das Weibchen ist matter gefärbt und auf Kopf und Brust gestrichelt. Jungvögel sind noch stärker gestreift und ohne Gelb, aber am blaß rötlichen Schnabel und hellen Augenring zu erkennen.

Die meisten Stimmäußerungen des Ortolans klingen weich und schwermütig. Man vernimmt viele verschiedene Rufe wie »zijep«, »zi« und »ziüh«, letzterer wird stark gedehnt. Der Gesang ist sehr wandelbar und reich an Dialekten. In der Regel besteht er aus einer langsamen Reihe von Pfeiflauten, deren letzter deutlich tiefer liegt, etwa »didididi-didi-düh« oder »zijezijezije-züh«, wobei das letzte Tonintervall wohl immer wesentlich größer ist als bei der Goldammer, die an dieser Stelle meistens nur einen Halbtonschritt macht. Bisweilen sind statt einer, 2–3 Silben tiefer gesetzt. Wenn man den Gesang einmal kennengelernt hat, wird man ihn meistens auch in seinen Varianten an der sanften Klangfarbe wiedererkennen. Zweifellos trägt der Gesang des Ortolans wesentlich zur Stimmung der weiträumigen Landschaft bei, die sein Lebensraum ist. Ab und zu vollführen die Männchen über ihrem Revier einen schleifenförmigen Singflug. Seltener führt sie ein solcher Flug ein kurzes Stück steil empor.

Der Ortolan ist Brutvogel in Vorderasien, Südsibirien, ostwärts bis zum oberen Jenisséi, und in Europa. Er ist aber seltsam ungleichmäßig verbreitet. Obwohl er in Skandinavien noch jenseits des Polarkreises vorkommt, fehlt er z. B. auf den Britischen Inseln, in Dänemark, in großen Teilen Frankreichs, Spaniens und der Schweiz. In Deutschland ist er eigentlich nur im Norden und Osten etwas häufiger, aber auch das nur lokal; in der Mittelgebirgs- und Voralpenzone fehlt er fast völlig, bis auf einige inselhafte Vorkommen. Unter allen einheimischen Ammern ist er der ausgeprägteste Zugvogel, der südlich der Sahara und in Arabien überwintert. Frühjahrszug: April-Mai; Herbstzug: August-September.

Sein Lebensraum sind offene, nicht zu feuchte Landschaften mit einzelnen höheren Bäumen und Gebüschgruppen wie etwa Alleen zwischen Feldern. Er zieht dabei Getreidefelder allen anderen vor. Im Süden lebt er auch in gestrüppbewachsenen Felshängen und in lockeren Buschwäldern, meistens in höheren Lagen als in nördlicheren Gebieten.

Wie die Goldammer hält sich der Ortolan viel auf dem Boden auf. Hier findet er seine Nahrung wie etwa kleine Heuschrecken und Käfer, Schmetterlinge und Raupen. Daneben hält er sich auch an Sämereien. Er führt eine unauffällige Lebensweise und wird, wenn er seine Stimme nicht hören läßt, wohl meistens übersehen.

Jedes Männchen verteidigt ein Revier, das mindestens einen höheren Baum oder Strauch als Singwarte enthalten muß. Das Nest steht auf dem Boden zwischen nicht zu hoher Vegetation, selten auch wenige Handbreit darüber. Wurzeln, Halme und halbverrottete Blatteile bilden das Baumaterial, zarte Würzelchen und Haare die Polsterung. Nur das Weibchen baut, wie es auch allein brütet. Es sitzt sehr fest und verläßt das Nest erst im letzten Augenblick, oft unter Vortäuschung eines lahmen Flügels. Das Gelege besteht aus (3–) 4–5 (–6) Eiern, die auf weißem, leicht rosa oder grau überhauchtem Grund schwärzliche Flecken und Schnörkel zeigen; letztere sind weit weniger zahlreich als bei der Goldammer oder fehlen fast ganz. Nach 11–13 Tagen verlassen die Jungen das Nest. Der Beginn der Eiablage richtet sich nach der Witterung und der Entwicklung der Vegetation; man kann mit ihm ab Mitte Mai rechnen. Die meisten Paare scheinen nur einmal zu brüten, einige aber brüten im Juli ein zweites Mal.

119. Waldammer
Emberíza rústica

Länge: knapp 15 cm. Unter den europäischen Vögeln könnte man sie am ehesten mit der Rohrammer (2:136) verwechseln, doch haben beide Geschlechter einen rotbraunen Bürzel, während dieser bei der Rohrammer grau ist. Im Winter, wenn die Federn hellere Ränder tragen, kann die Unterscheidung jedoch schwierig sein. Im Brutkleid ist das Männchen eindeutig an der weißen Kehle und dem rotbraunen Brustband zu erkennen, im Winter sieht es dem Weibchen ähnlich.

Waldammern äußern ein spitzes rotkehlchenartiges »tick« oder »ksit«, das sie auch wiederholen können, außerdem ein hoch pfeifendes »twüit«. Der Gesang des Männchens erinnert im Tonfall weniger an andere Ammern als vielmehr an Grasmücken oder an das Rotkehlchen, denn er besteht aus einer zwar kurzen, aber wohlklingenden und wandelbaren Zwitscherstrophe.

Die Waldammer brütet im Norden Eurasiens von Mittelskandinavien bis Kamtschatka. Sie ist Zugvogel und überwintert in Turkestan und Ostasien. In Mitteleuropa taucht sie nur als Irrgast auf, aus Deutschland liegen reichlich 2 Dutzend Beobachtungen vor.

Ihr Lebensraum sind sumpfige oder wenigstens feuchte Wälder sowie Weiden- und Birkenbestände an Gewässern oder auf Mooren. Nach der Brutzeit können diese Ammern aber auch in trockeneren Gegenden auftauchen.

In der Lebensweise ähnelt die Waldammer anderen Ammern. Sie frißt Insekten und Sämereien. Oft zuckt sie mit dem Schwanz und sträubt bei Erregung die Scheitelfedern. Das Nest steht niedrig über oder am Boden. Es wird aus Halmen und Moos gebaut und mit Haaren, gewöhnlich von Elch und Ren, ausgepolstert. Ab Ende Mai findet man das Gelege von 4–5 Eiern, aus denen nach einer Bebrütung von 12–13 Tagen die Jungen schlüpfen. Sie sind nach etwa 2 Wochen flügge. Es findet nur eine Brut statt.

120. Zaunammer
Emberíza círlus

Länge: 16–17 cm. Das Männchen im Prachtkleid ist eindeutig zu erkennen; die kastanienbraune Färbung der Brustseiten kann mitunter weiter ausgedehnt sein als es die Abbildung zeigt. Weibchen und Jungvögel sind wesentlich matter gefärbt und könnten mit den entsprechenden Kleidern der Goldammer (117) verwechselt werden. Sie zeigen aber meistens weniger Gelb, und ihr Bürzel ist olivfarben, statt zimtbraun.

Der lateinische Artname bezieht sich lautmalerisch auf den Gesang der Männchen. Dieser stellt sich als einfacher klirrender Roller dar, etwa »zirrrl«. Sein Klangbild liegt zwischen dem »Klappern« der Klappergrasmücke (89) und dem abschließenden Klirren der Grauammer (3:78). Außerdem vernimmt man ein dünnes »zib«, im Flug ein hastiges »sissi-sissi-sip«.

Die Zaunammer lebt hauptsächlich in Südeuropa, geht aber im Westen ihres Verbreitungsgebietes bis Südengland, Nordfrankreich und Südwestdeutschland, hier tritt sie aber nur sehr lokal und selten auf. Außerdem brütet sie in Nordwestafrika und in der westlichen Türkei. Sie braucht trockenes, warmes Gelände, das zerstreuten Strauch- oder Baumbewuchs aufweist. Man findet sie deshalb unter anderem auf sonnigen Hängen mit Obstbaum- oder Weinpflanzungen. Lokal kommt sie auch in Gärten und ländlichen Parks vor. Wie die meisten Ammern ernährt sich die Zaunammer im Frühling und Sommer vor allem von Insekten, die sie am Boden und in niedriger Vegetation fängt. Die Jungen werden ausschließlich mit Insekten, vor allem mit Raupen und ähnlichen Larven, aufgezogen. Im Winter allerdings hält sich auch die Zaunammer an Sämereien. Sie kann sich dann mit ihresgleichen und Goldammern oder anderen Körnerfressern vergesellschaften und Felder und Dorfränder besuchen.

Das Nest steht durchschnittlich höher als bei anderen einheimischen Ammern, denn es befindet sich nur selten am Boden und meistens im unteren Gezweig von Büschen. Ausnahmsweise sind sogar Nester bekannt geworden, die über 2 m hoch standen. Als Baumaterial dienen Moos, Würzelchen, Gras und gelegentlich welke Laubstücke, für die Polsterung werden Haare und feines Gras verwendet. Durch die recht solide Bauweise erinnert das Nest etwas an das des Grünlings. Das Gelege enthält (2–) 3–5 (–6) Eier. Sie ähneln denen der Goldammer, sind aber im Durchschnitt etwas weniger gemustert.

Das Weibchen allein brütet 11–13 Tage. Nach weiteren 10–13 Tagen verlassen die Jungen das Nest. Man beobachtet jährlich 2 Bruten, von denen die erste Ende April, die zweite im Juni oder im Juli beginnt.

121. Feldsperling
Pásser montánus

Länge: etwa 14 cm. Sehr viele Leute wissen nicht, daß die Sperlinge, die sie alltäglich sehen, 2 Arten angehören können. Es wäre eine gute »Einübung« für den Anfänger-Ornithologen, beide Arten unterscheiden zu lernen. Die vorliegende Art zeigt die bekannte, aus Grau und Braun zusammengesetzte und mit schwarzen und weißen Abzeichen versehene Sperlingstracht. Die besonderen Kennzeichen aber sind die kastanienbraune Kopfplatte, ein fast geschlossenes hellgraues Halsband und der schwarze Fleck in der Ohrgegend. Außerdem ist der Feldsperling deutlich kleiner als der Haussperling, er hat den Kehlfleck nicht bis auf die Brust ausgedehnt, und der Bürzel ist gelbbräunlich statt grau. Beide Geschlechter sind gleich gefärbt.
Sperlinge bringen zwar nach menschlichen Maßstäben keinen schönen Gesang hervor, aber ihre Stimmäußerungen sind äußerst vielfältig, und es ist mancher angenehme Laut darunter zu hören. Die Rufe des Feldsperlings sind in der Regel etwas kürzer angeschlagen als die des Haussperlings. Besonders kennzeichnend ist der Flugruf, ein abgehacktes »ge-ge . . .«, an dem dieser Sperling sofort zu erkennen ist. Gefällig klingt ein hochgezogenes »dui«. Daneben hört man schilpende Laute in vielerlei Betonung und Klangfarbe, wie »tschip« »tschap«, »tschicktschicktschick . . .« und ähnlich. Bei Beunruhigung ertönt ein halblautes schnarrendes Zetern. Alle diese Laute können in bunter Folge aneinandergereiht werden, so daß sich ein Zwitschern daraus ergibt.

Der Feldsperling fehlt in Europa im größten Teil Irlands, im Südwesten der Iberischen Halbinsel, auf Korsika, in den balkanischen Küstenregionen, in Mittel- und Nordskandinavien mit Ausnahme der Küstenstreifen, in Finnland und Nordrußland. In Asien geht er bis nach Japan und durch Südostasien bis zum Sunda-Archipel. Er ist vom Menschen auch anderswo angesiedelt worden, konnte sich aber im allgemeinen nicht so gut durchsetzen wie der Haussperling. Nördliche und östliche Populationen ziehen im Winter in günstigere Gebiete, die anderen sind meistens Jahresvögel, obwohl sie oft recht weit umherstreifen.
In Europa ist der Feldsperling mehr an Baumbestände gebunden, und er kommt auch regelmäßig fern von menschlichen Siedlungen vor, so in Feldgehölzen, an Waldrändern und in Obstpflanzungen. In Ortschaften besiedelt er vor allem größere Gärten und Parks. Dort, wo der Haussperling fehlt, z.B. in Südostasien, nimmt er aber oft dessen Stelle in menschlichen Siedlungen ein.
Mit ihrem hübschen Gefieder und munteren Verhalten sind Feldsperlinge wirklich liebenswerte Vögel. Sie scheinen immer beschäftigt und sind sehr ruffreudig. Außerhalb der Brutzeit bilden sie Schwärme, manchmal mit Haussperlingen vermischt. Sie fliegen dann gemeinsam zur Futtersuche, oder sie sitzen auf einem Baum und lassen ein vielstimmiges Schilpkonzert hören. Im Herbst schlafen sie auch draußen im Schwarm, im Winter jedoch suchen sie Höhlen auf, in denen sie ihre Schlafnester haben. Ihr Speisezettel ist sehr vielseitig. Sie fressen vielerlei Pflanzenstoffe, sowohl Sämereien wie Blatt- und Blütenteile. Daneben vertilgen sie viele Insekten, besonders Raupen und Blattläuse. Der Feldsperling wird kaum schädlich, am ehesten noch dadurch, daß er ein erfolgreicher Nistplatzkonkurrent mancher Höhlenbrüter ist. Dank seiner geringen Größe kann er

auch Meisenkästen benutzen, in die Stare und Haussperlinge nicht hineinkommen.

Bereits im Spätwinter beginnen die Männchen ihren Bruthöhlenbesitz anzuzeigen, indem sie vor der Höhle oder in ihrem Eingang sitzend, ausdauernd ihre Stimme hören lassen. Mitbewerber werden energisch abgewehrt. Man kann zu dieser Zeit sehr gut das Imponier- und Balzverhalten der Feldsperlinge beobachten. Bei einer der Drohgesten recken sie den Schnabel hoch, so daß, von vorn gesehen, schwarzer Kehlfleck und schwarze Wangenflekken ein signalhaftes Muster bilden. Manche Männchen belegen mehrere Höhlen. Als Nistplatz kommen vor allem Baumhöhlen und entsprechende Nistkästen in Frage, manchmal auch Mauerlöcher und Hohlräume unter Hausdächern. Ziemlich regelmäßig treten sie als Einmieter in Horsten von Störchen oder anderen großen Vögeln auf, ebenso in Mehlschwalbennestern (3:44) und in den Niströhren der Uferschwalben (3:45) oder Bienenfresser (3:38). Freistehende Baumnester kommen bei uns kaum vor, eher schon in südlichen Ländern. Das Brutrevier umfaßt nur die engste Umgebung des Nistplatzes. So können viele Paare fast kolonieartig beieinander brüten. Das Futter wird oft weit vom Brutplatz entfernt geholt. Das Nest ist ein üppiger, aber locker und kunstlos gefügter Bau aus groben Gräsern, Wurzeln und Pflanzenfasern. Er ist, mit Ausnahme des Eingangs, nahezu rundum geschlossen und innen sehr reich mit Federn gepolstert. Sehr wandelbar ist die Eifärbung. Die Grundfarbe wechselt von schmutzig bläulichweiß bis blaß bräunlichgelb. Darauf befinden sich meist sehr dicht gestreute graue bis dunkelbraune Flecke. Manchmal wirken die Eier fast einfarbig dunkel. Beide Eltern brüten abwechselnd auf dem Gelege von (3–) 4–6 (–7) Eiern, bis nach 11–14 Tagen die Jungen schlüpfen. Sie werden mit Insekten gefüttert und sind mit (13–) 15–17 Tagen flügge. Es finden in der Regel 2, manchmal auch 3 Bruten statt (Mitte April, Anfang Juni, Juli).

122. Haussperling
Pásser domésticus

Länge: etwa 15 cm. Anders als beim Feldsperling sind bei dieser Art die Geschlechter verschieden gefärbt. Wäre der Haussperling nicht eine Alltäglichkeit, die man kaum noch beachtet: das gedeckt, aber harmonisch gefärbte Gefieder des Männchens würde sicherlich öfter bewundert werden. Kennzeichnend sind die schwarze »Krawatte« die im Winter allerdings durch helle Federränder teilweise verdeckt ist, sowie der graue Scheitel und Bürzel. Ein dunkler Ohrfleck fehlt; daran kann man auch die italienische Rasse des Haussperlings, deren Männchen eine kastanienbraune Kopfplatte haben, vom Feldsperling unterscheiden. Hinter dem Auge befindet sich ein kleiner weißer Fleck (auf dem Bild nicht zu sehen), der sich beim Italiensperling bis vor das Auge verlängert. Mitunter kommen Fehlfärbungen vor. So gibt es Männchen, deren Brustlatz ± braun gefärbt ist, oder es treten albinotische Veränderungen verschiedenen Ausmaßes auf. Solche ganz oder teilweise weißen Haussperlinge können sogar einen beträchtlichen Teil der Population ausmachen, wie zur Zeit etwa in der Innenstadt von Linz an der Donau. Normal gefärbte Weibchen tragen ein schlichtes graubraunes Kleid, das nur auf Vorderrücken und Flügeln streifig erscheint. Die Weibchen einheimischer Ammern sind stets auch auf Kopf und Brust gefleckt oder gestreift. Die Hekkenbraunelle (71) hat einen viel dünneren Schnabel und bleigraue Brust und Halsseiten.

Die vielfältigen Rufe klingen einerseits flüssiger, andererseits aufdringlicher als beim Feldsperling. Am bekanntesten ist wohl das laute »schilp«, das auch zweisilbig wie »schilip« klingen kann und den Hauptbestandteil des Gesanges bildet. Daneben hört man ein metallisches, abwärts gezogenes »diä«, ein recht angenehmes »ürrr« oder »trrü« und ein schimpfendes Zetern, aus »tet« und »terrr« verschiedenartig zusammengesetzt. Bei der Paarung ertönt ein wimmerndes »wiwiwi . . .«.

Das Brutgebiet des Haussperlings erstreckt sich über Europa und Asien bis nach China und Ceylon. Außerdem finden wir ihn in Nordafrika und Arabien. Die Verwandtschaftsverhältnisse des Haussperlings und damit auch die Aussagen über seine Verbreitung sind recht kompliziert. In Italien tritt eine besondere Form auf, die sich mit unserer Form am Südrand der Alpen trifft und vermischt und deshalb für eine Unterart des Haussperlings gehalten wird. Möglicherweise ist sie ihrerseits aus einer weiter zurückliegenden Vermischung des Haussperlings mit dem südeuropäischen Weidensperling (*Pásser hispaniolénsis*) hervorgegangen. Wie kaum ein anderer Vogel ist der Haussperling künstlich angesiedelt worden. Meistens mit durchschlagendem Erfolg, wie etwa in Amerika oder Südafrika.

Der Sperling ist ein ausgeprägt synanthroper Vogel, das heißt, er hat sich eng an den Menschen angeschlossen, sogar so sehr, daß man ihn weitab von menschlichen Siedlungen kaum mehr findet. Das trifft besonders für die gemäßigten und kühlen Breiten zu; ohne die erwärmten Behausungen des Menschen und seine Abfälle könnte der im Grunde recht kälteempfindliche Haussperling den Winter nicht überstehen. So finden wir ihn gleichermaßen in Dörfern wie in Großstädten. Die Stadtsperlinge sind oft von Ruß und Staub so verschmutzt, daß sie im Vergleich mit den sauberen Dorfsperlingen fast wie eine andere Art wirken. Obwohl der Haussperling den Menschen schon lange begleitet, kommt er keineswegs überall vor. So fehlt er in manchen Alpendörfern, aber selbst in tieferen Lagen oder im Mittelgebirge sucht man ihn bei vielen Einzelgehöften oder abgelegenen Mühlen vergeblich, vor allem, wenn diese Orte von Wald umschlossen sind.

Der beispiellose biologische Erfolg dieser Vogelart liegt zweifellos in 3 Eigenarten begründet: zum einen in der hohen Vermehrungsrate, zum zweiten in der großen Anpassungsfähigkeit an die verschiedensten Verhältnisse und zum dritten an der ausgeprägten Scheu vor allem Ungewohnten. Die beiden letzten Punkte widersprechen sich nur scheinbar. Sie bedeuten, daß der Haussperling zunächst einmal mißtrauisch ist und damit automatisch vielen Gefahren aus dem Wege geht. Hat er sich aber erst an Neuigkeiten gewöhnt und die Erfahrung der Gefahrlosigkeit gemacht, findet er sich selbst in komplizierten Gegebenheiten zurecht, wie etwa im hektischen Treiben einer Großstadt. Man darf ihn als Allesfresser bezeichnen. Wenn er in Scharen in reifende Getreidefelder einfällt oder sich über junge Salatpflanzen hermacht, kann er fühlbaren Schaden verursachen. Auch der Ziergartenbesitzer ist nicht erfreut, wenn die Sperlinge seine Krokusse und andere Frühjahrsblüher zerzupfen. Doch darf man nicht vergessen, daß der Haussperling auch viele schädliche Insekten, darunter sogar Kartoffelkäferlarven, vertilgt. Anderen Vögeln gegenüber legt der Haussperling ein rüdes Verhalten an den Tag, was man auch an Winterfutterplätzen beobachten kann. Auffällig ist seine Vorliebe für Sandbäder, oft sieht man ganze Schwärme mit Hingabe diese Form der Gefiederpflege betreiben.

Haussperlinge brüten in den verschiedensten Hohlräumen, z. B. in Mauerlöchern, Baumhöhlen, Nistkästchen, Schwalbennestern, im Unterbau von Storchennestern und ähnlichem. Öfter als die Feldsperlinge bauen sie auch freistehende Nester auf Bäumen. Diese

Nester sind umfangreiche Kugelbauten, die einen Durchmesser von 30 cm haben können. Sie bestehen aus Stroh, Heu und Fetzen von Lumpen und Papier. Der seitliche Einschlupf bleibt recht klein und ist zwischen dem »unordentlich« nach außen abstehenden Baumaterial schwer zu entdecken. Innen ist das Nest mit sehr zahlreichen Federn weich gepolstert. Nester in Hohlräumen werden nicht so aufwendig gebaut, aber auch sie können oben geschlossen sein. Die Männchen vollführen mit hängenden Flügeln und schräg gestelztem Schwanz Balztänze, wobei sie unentwegt schilpen. Ihren Brutplatz verteidigen sie hartnäckig, in erster Linie durch ritualisiertes Imponiergehabe, aber wenn es darauf ankommt, auch in einer handfesten Rauferei. Die Eier sind wie beim Feldsperling sehr verschieden gefärbt, aber wesentlich größer. (3–) 4–6 Eier bilden das Gelege. Beide Eltern brüten. Nach (11–) 13–14 Tagen schlüpfen die Jungen, die mit Insekten (während der ersten Tage im Kropf vorverdaut) gefüttert werden. Im Alter von 13–17 Tagen verlassen die Jungen das Nest. Es finden 2–3, manchmal sogar 4 Bruten im Jahr statt.

Register

Die Zahlen beziehen sich auf die Nummern der Arten, nicht auf die Seiten!

Aaskrähe 48
Acanthis cannabina 107
   A. flammea 106
Accipiter gentilis 11
   A. nisus 12
Aegithalos caudatus 63
Aegolius funereus 32
Amsel 77
Anthus trivialis 101
Aquila clanga 6
   A. pomarina 6 a
Ardea cinerea 2
Asio otus 30
Auerhuhn 16

Bartkauz 27
Baumfalke 13
Baumpieper 101
Bergfink 116
Bindenkreuzschnabel 114
Birkenzeisig 106
Birkhuhn 15
Blaukehlchen 76
Blaumeise 66
Blauracke 35
Blauschwanz 76 b
Blutspecht 38 a
Bombycilla garrulus 56
Bonasia bonasia 17
Bubo bubo 26
Buchfink 115
Buntspecht 38
Buteo buteo 7

Caprimulgus europaeus 34
Carduelis carduelis 104
   C. chloris 103
   C. spinus 105
Carpodacus erythrinus 109
Certhia brachydactyla 60 a
   C. familiaris 60
Ciconia nigra 1
Circaetus gallicus 5
Clamator glandarius 25 b
Coccothraustes coccothraustes 102

Columba oenas 23
   C. palumbus 24
Coracias garrulus 35
Corvus corax 46
   C. corone cornix 48
   C. c. corone 48
   C. monedula 47
Cuculus canorus 25
   C. saturatus 25 a

Dendrocopos leucotos 40
   D. major 38
   D. medius 41
   D. minor 39
   D. syriacus 38 a
Distelfink 104
Dohle 47
Dorngrasmücke 90
Dreizehenspecht 42
Dryocopus martius 43

Eichelhäher 51
Einfarbstar 54
Elster 49
Emberiza cirlus 120
   E. citrinella 117
   E. hortulana 118
   E. rustica 119
Erithacus rubecula 75

Falco subbuteo 13
Fasan 14
Feldsperling 121
Ficedula albicollis 98
   F. hypoleuca 97
   F. parva 99
Fichtenkreuzschnabel 112
Fischadler 4
Fitis 85
Fringilla coelebs 115
   F. montifringilla 116

Garrulus glandarius 51
Gartenbaumläufer 60 a
Gartengrasmücke 92

Gartenrotschwanz 72
Gelbspötter 94
Gimpel 110
Girlitz 108
Glaucidium passerinum 33
Goldammer 117
Graureiher 2
Grauschnäpper 100
Grauspecht 45
Grünlaubsänger 86
Grünling 103
Grünspecht 44

Habicht 11
Habichtskauz 29
Häherkuckuck 25 b
Hänfling 107
Hakengimpel 111
Halsbandschnäpper 98
Haselhuhn 17
Haubenmeise 64
Haussperling 122
Heckenbraunelle 71
Hieraaetus pennatus 6 b
Hippolais icterina 94
  H. polyglotta 94 a
Hohltaube 23
Hopfkuckuck 25 a

Italiensperling 122

Jynx torquilla 37

Karmingimpel 109
Kernbeißer 102
Kiefernkreuzschnabel 113
Klappergrasmücke 89
Kleiber 62
Kleinspecht 39
Kohlmeise 65
Kolkrabe 46
Kormoran 3
Kuckuck 25

Lagopus lagopus 18
Lanius collurio 57
  L. excubitor 55
  L. minor 56
  L. senator 58
Lapplandmeise 70
Locustella fluviatilis 95
  L. naevia 96

Loxia curvirostra 112
  L. leucoptera 114
  L. pytyopsittacus 113
Luscinia luscinia 73
  L. megarhynchos 74
  L. svecica 76

Mäusebussard 7
Milvus migrans 9
  M. milvus 8
Misteldrossel 79
Mittelspecht 41
Mönchsgrasmücke 93
Moorschneehuhn 18
Muscicapa striata 111

Nachtigall 74
Nachtschwalbe 34
Nebelkrähe 48
Neuntöter 57
Nucifraga caryocatactes 50

Oriolus oriolus 53
Orpheusspötter 94 a
Ortolan 118

Pandion haliaetus 4
Parus ater 67
  P. caeruleus 66
  P. cinctus 70
  P. cristatus 64
  P. major 65
  P. montanus 69
  P. palustris 68
Passer domesticus 122
  P. hispaniolensis 122
  P. montanus 121
Perisoreus infaustus 52
Pernis apivorus 10
Phalacrocorax carbo 3
Phasianus colchicus 14
Phoenicurus phoenicurus 72
Phylloscopus borealis 87
  Ph. collybita 84
  Ph. sibilatrix 88
  Ph. trochiloides 86
  Ph. trochilus 85
Pica pica 49
Picoides tridactylus 42
Picus canus 45
  P. viridis 44

Pinicola enucleator 111
Pirol 53
Prunella modularis 71

Rabenkrähe 48
Raubwürger 55
Rauhfußkauz 32
Regulus ignicapillus 83
R. regulus 82
Ringeltaube 24
Rotdrossel 80
Rotkehlchen 75
Rotkopfwürger 58
Rotmilan 8

Schelladler 6
Schlagschwirl 95
Schlangenadler 5
Schreiadler 6 a
Schwanzmeise 63
Schwarzmilan 9
Schwarzspecht 43
Schwarzstirnwürger 56
Schwarzstorch 1
Scolopax rusticola 20
Seidenschwanz 59
Serinus serinus 108
Singdrossel 78
Sitta europaea 62
Sommergoldhähnchen 83
Sperber 12
Sperbereule 31
Sperbergrasmücke 91
Sperlingskauz 33
Sprosser 73
Star 54
Stieglitz 104
Streptopelia decaocto 22
   St. turtur 21
Strix aluco 28
   St. nebulosa 27
   St. uralensis 29
Sturnus unicolor 54
   St. vulgaris 54
Sumpfmeise 68
Surnia ulula 31
Sylvia atricapilla 93
   S. borin 92

S. communis 90
   S. curruca 89
   S. nisoria 91

Tannenhäher 50
Tannenmeise 67
Tarsiger cyanurus 76 a
Tetrao tetrix 15
   T. urogallus 16
Tetrastes bonasia 17
Trauerschnäpper 97
Tringa ochropus 19
Troglodytes troglodytes 61
Türkentaube 22
Turdus iliacus 80
   T. merula 77
   T. philomelos 78
   T. pilaris 71
   T. viscivorus 79
Turteltaube 21

Uhu 26
Unglückhäher 52
Upupa epops 36

Wacholderdrossel 81
Waldammer 119
Waldbaumläufer 60
Waldkauz 28
Waldlaubsänger 88
Waldohreule 30
Waldschnepfe 20
Waldwasserläufer 19
Weidenmeise 69
Weidensperling 122
Weißrückenspecht 40
Wendehals 37
Wespenbussard 10
Wiedehopf 36
Wintergoldhähnchen 82

Zaunammer 120
Zaungrasmücke 86
Zaunkönig 61
Zeisig 105
Ziegenmelker 34
Zilpzalp 84
Zwergadler 6 b
Zwergschnäpper 99

Ravensburger Naturbücher in Farben

In derselben Ausstattung liegen vor:

Stefan Peters

Vögel der Gewässer in Farben

Ein Handbuch zum Bestimmen
und Kennenlernen der Lebensweise
Band 2

252 Seiten mit 128 Farbtafeln und zahlreichen
Zeichnungen von Henning Anthon und
Elfriede Michels

In diesem Band werden die Vögel beschrieben,
deren Existenz vom Vorhandensein von Wasser
abhängt. Das sind also hauptsächlich die Arten,
die ihre Nahrung ganz oder teilweise im Wasser
finden und deren Nester immer in Wassernähe
liegen.

Stefan Peters

Vögel in Feld, Heide und Gebirge in Farben

Ein Handbuch zum Bestimmen
und Kennenlernen der Lebensweise
Band 3

160 Seiten mit 48 Farbtafeln und zahlreichen
Zeichnungen von Henning Anthon und
Elfriede Michels

Hier werden in erster Linie die Arten beschrieben, die an die offene Landschaft als Lebensraum gebunden sind wie Ackerland, Heidege-
biete, Tundren. Auch Vögel, die typisch für
Bergwälder und Gebirge sind, werden hier behandelt.

Otto Maier Verlag Ravensburg